Anselm Grün

Gute Worte für das ganze Leben

topos premium
Eine Produktion der Verlagsgemeinschaft topos plus

Anselm Grün

Gute Worte für das ganze Leben

topos premium

Verlagsgemeinschaft topos plus
Butzon & Bercker, Kevelaer
Don Bosco, München
Echter, Würzburg
Lahn-Verlag, Kevelaer
Matthias Grünewald Verlag, Ostfildern
Paulusverlag, Freiburg (Schweiz)
Verlag Friedrich Pustet, Regensburg
Tyrolia, Innsbruck

Eine Initiative der
Verlagsgruppe engagement

www.topospluss.de

Bibliografische Information der Deutschen Nationalbibliothek
Die Deutsche Nationalbibliothek verzeichnet diese Publikation in der Deutschen Nationalbibliografie; detaillierte bibliografische Daten sind im Internet über http://dnb.d-nb.de abrufbar.

ISBN: 978-3-8367-0002-3
E-Book (PDF): ISBN 978-3-8367-5012-7
E-Pub: ISBN 978-3-8367-6012-6

Die Texte in diesem Buch sind verschiedenen, im Vier-Türme-Verlag bereits erschienenen Büchern des Autors entnommen.
Umschlagmotiv | © MauMyHaTa / photocase.de
Einband- und Reihengestaltung | Finken & Bumiller | Stuttgart
Satz | SATZstudio Josef Pieper | Bedburg-Hau
Herstellung | Friedrich Pustet | Regensburg
Printed in Germany

Inhalt

Vorwort

Der heilige Benedikt rät dem Cellerar, dem wirtschaftlichen Leiter des Klosters, er solle dem Bruder, dem er seine Wünsche nicht erfüllen kann, wenigstens ein gutes Wort geben. Und dann zitiert Benedikt das Buch des Jesus Sirach: „Ein gutes Wort geht über die beste Gabe“ (Sirach 18,16f.). In diesem Buch möchte ich Ihnen, liebe Leser, gute Worte mit auf den Weg geben. Ich kann – wie der Cellerar in der Regel Benedikts – Ihre Probleme nicht lösen und Ihnen nicht alle Steine aus dem Weg räumen. Doch wenn wir der Bibel trauen, so ist ein gutes Wort zwar nicht Ersatz für unterbliebene Hilfeleistung, aber es kann in sich eine heilende Kraft haben. Ein gutes Wort ist wie ein kostbares Geschenk, das wir mit uns nehmen. Wir können es immer im Herzen tragen. Und mit diesem guten Wort im Herzen können wir manche Situationen besser durchstehen. Das gute Wort, das im Herzen wohnt, verwehrt all den verletzenden und erniedrigenden Worten den Zutritt zu unserem Herzen.

In einer alten Mönchsgeschichte lesen wir: „Ein gutes Wort macht auch die Bösen gut.“ Das gute Wort, so glauben die Mönche, hat eine verwandelnde Kraft. Es verwandelt das Böse in uns in etwas Gutes. So wünsche ich Ihnen, dass die guten Worte, die hier in die verschiedensten Situationen des Lebens hineingesprochen werden, auch für Sie eine verwandelnde Kraft haben. Sie mögen Verzweiflung in Hoffnung verwandeln, Angst in Vertrauen, Müdigkeit in neue Lebendigkeit, Dunkelheit in Licht, Traurigkeit in Freude.

Im Psalm 119 heißt es: „Dein Wort ist meinem Fuß eine Leuchte, ein Licht für meine Pfade“ (Psalm 119,105). Worte können mein Dasein erhellen. So hat es uns auch Johannes in seinem berühmten Prolog verkündet. In dem Wort, das Gott zu uns spricht, ist Leben und Licht (Johannes 1,4). Worte zeigen uns den Sinn unseres Lebens. Wir erkennen auf einmal, was das Geheimnis von Geburt und Tod, das Geheimnis von Wachsen und Vergehen, von Erringen und Loslassen ist. So wünsche ich Ihnen, dass die Worte in diesem Buch Licht sind für Ihren Weg, dass Sie nicht im Dunkel gehen, sondern im Licht. Im Licht zu gehen macht das Herz weit und hell. Es gibt uns Zuversicht und Freude.

Als Maria ihren zwölfjährigen Sohn drei Tage lang gesucht und ihn schließlich im Tempel gefunden hatte, verstand sie nicht, was er zu ihr sagte. Das Wort, dass Jesus in dem sein muss, was seines Vaters ist, war für sie dunkel. Da heißt es von Maria, dass sie die Worte Jesu mit dem Geschehenen nicht zusammenschaute, sondern dass sie durch die Worte Jesu hindurchschaute („diaterein"). Sie verstand sie nicht, aber sie versuchte, durch die Worte auf den Grund ihrer Seele zu schauen. Dort, in der Stille, klärte sich das Unerklärliche auf. Dort war sie auf einmal trotz allen Nichtverstehens mit sich im Frieden. Manchmal werden Sie die Worte und das Geschehen nicht zusammenbringen. Dann können Sie von Maria lernen. Lassen Sie die Worte ins Herz fallen, kosten Sie sie und lassen Sie sich vom Wort hineinführen in das wortlose Geheimnis auf dem Grund Ihrer Seele, in den stillen Raum, in dem aber alles klar ist, obwohl Sie nichts erklären können.

So wünsche ich Ihnen, liebe Leserin, lieber Leser, dass die guten Worte Sie begleiten durch das ganze Jahr, durch das ganze Leben, dass sie Licht sind für Ihren Weg, dass Sie Ihren Weg im Licht Gottes gehen können und dass Sie die Worte und das Geschehen zusammensehen, um durch Wort und Geschehen hindurch Gott zu erkennen, der Ihr Leben trägt, der Sie begleitet und mit seinem Wort an die Hand nimmt und führt. Gottes gute Worte, Gottes Segensworte mögen Sie einhüllen wie ein schützender und wärmender Mantel. Und Gottes gute Worte mögen Ihr Leben verwandeln, mögen Sie in Berührung bringen mit dem einmaligen Wort, das Gott in Ihnen ausspricht und das nur für Sie bestimmt ist als ein Passwort, das nur für Sie passt.

Pater Anselm Grün

Gute Worte für goldene Zeiten

Geburt

Willkommen, kleines Wunder!

Herzlichen Glückwunsch zur Geburt eures Kindes! Ihr habt einem Kind das Leben geschenkt. Wenn ihr es betrachtet, wird euch das Geheimnis dieses neuen Lebens aufgehen. Da lebt ein Kind, in dem ganz viel von euch und euren Anlagen steckt. Aber dennoch ist es ein einmaliges Kind. Ihr erkennt vielleicht einige Züge von euch selbst wieder in seinem Gesicht. Und ihr überlegt, wem das Kind wohl mehr gleicht, dem Vater oder der Mutter, welche Züge die vom Vater oder von der Mutter sind.

Und dennoch ist es nicht nur ein Abbild von euch. Es ist dieses einzigartige Kind, das auf seine ganz persönliche Weise auf euch reagiert und das eigene Gefühle und Gedanken hat. Ihr könnt euch nicht sattsehen an diesem Wunder, das euer Kind ist.

Vertrauensvoll geborgen

Das Kind, das ihr in euren Armen haltet, sucht bei euch Geborgenheit. Und ihr freut euch, wenn ihr ihm Geborgenheit schenken könnt. Es ist auch ein Wunder, dass da ein Mensch sich euch ganz anvertraut, dass er sich in euren Armen einfach fallen lässt, dass er einschläft in euren Armen und sich an euren Leib schmiegt. Gebt eurem Kind das Gefühl, dass es willkommen ist auf der Erde, dass es in euren Armen ein tiefes Vertrauen lernen kann. Das Urvertrauen, das das Kind von euch geschenkt bekommt, soll es ein Leben lang begleiten und es befähigen, voll Vertrauen die neuen Schritte zu tun, die von ihm ständig gefordert werden.

Je mehr Vertrauen ihr ihm schenkt, desto vertrauensvoller wird es sich den Situationen stellen, in die es in seinem Leben kommen wird.

Einlassen und nachspüren

Es ist schön, wenn das Kind in euren Armen friedlich einschläft. Ihr könnt es beobachten, wie zufrieden es ist und dass es sich euch anvertraut. Doch leider wird es nicht immer so friedlich sein. Manchmal wird es schreien. Oft werdet ihr es schnell beruhigen können. Ihr wisst: Das Kind hat Hunger. Es will gestillt werden. Oder es will in den Arm genommen und getragen werden. Oder es will hin- und hergewiegt werden. Manchmal werdet ihr aber auch nicht wissen, was euer Kind hat. All eure Versuche, es zu beruhigen, gelingen nicht. Und ihr werdet unruhig und nervös. Umso wichtiger ist es dann, sich auf das Kind einzulassen und sich hineinzuspüren, was es wohl jetzt braucht.

Ein Kind schreit nie grundlos. Das Schreien ist seine Weise, sich zu Wort zu melden. Ich wünsche euch, dass ihr dann immer die richtige Antwort findet auf das, was euer Kind von euch möchte.

Ganz gegenwärtig

Euer Kind wird euren Rhythmus in den nächsten Wochen und auch in den nächsten Jahren bestimmen. Ihr könnt eure Zeit nicht mehr einfach verplanen. Ihr müsst euch nach den Bedürfnissen des Kindes richten. Manche Kinder sind pflegeleicht, andere sind typische Schreikinder. Dann solltet ihr nicht gleich die Schuld bei euch selbst suchen. Ihr solltet euch einfach einlassen auf dieses Kind, das vielleicht bedürftiger ist als andere. Wertet nicht. Das Kind ist, wie es ist. Und es will ganz und gar angenommen werden. Je mehr ihr euch auf das Kind einlasst, desto besser werdet ihr es kennenlernen und desto besser werdet ihr euch aufeinander einstellen. Euer Kind fordert euch auch heraus, Geduld und Hoffnung zu lernen. So lernt ihr euch auch selbst besser kennen. Das Kind deckt euch auf, wenn ihr gerade nicht bei euch seid. Und es lädt euch ein, ganz gegenwärtig zu sein.

Selbst wieder Kind werden

Wenn ihr euer Kind betrachtet, werdet ihr euch selbst wie in einem Spiegel erkennen. Ihr seid auch einmal so ein kleines Kind gewesen. Ihr wart auf die Liebe eurer Mutter und eures Vaters angewiesen. Ihr könnt euch vielleicht an diese Zeit nicht mehr erinnern. Aber euer Kind bringt euch in Berührung mit eurem eigenen Ursprung. Ihr seid auch einmal wie dieses Kind ein unbeschriebenes Blatt gewesen. Lasst euch von eurem Kind dazu einladen, das eigene Leben dankbar zu betrachten.

Was ist jetzt aus euch geworden? Und wem verdankt ihr, was und wer ihr geworden seid? Kommt mit eurem eigenen inneren Kind in Berührung. In euch ist auch etwas von der Ursprünglichkeit, die ihr in eurem Kind wahrnehmt. Euer Kind lädt euch ein, wieder selbst zum Kind zu werden und kindlich umzugehen mit eurem inneren Kind.

Einmalig und einzigartig

Euer Kind ist nicht festgelegt. Es wird nicht einfach ein Programm erfüllen, das in einem großen Computer gespeichert ist. Es wird sein eigenes Leben leben.

Die „Festplatte“ seines „Computers“ ist noch leer. Sie wird jetzt durch jede Begegnung mit euch ein wenig beschrieben. Meditiert über euer Kind: Was wünscht ihr ihm? Wie soll der Lebensweg einmal aussehen? Was möchtet ihr von eurem Kind auf seine „Festplatte“ schreiben lassen? Und: Welche Zukunft traut Gott eurem Kind zu? Traut eurem Kind zu, dass es das einmalige Kind wird, als das Gott es in euch und durch euch gebildet hat.

Es geht nicht darum, dass ihr dem Kind eure Erwartungen überstülpt. Ihr sollt die Einmaligkeit eures Kindes betrachten. Es ist nicht nur euer Kind, sondern auch ein Geschenk von Gott. Es gehört nicht allein euch. Es gehört Gott und es gehört sich selbst. Es will seinen eigenen Weg gehen und sein eigenes Leben leben.

Mutter sein

Mit deinem Kind wirst du dich selbst neu kennenlernen. Als Mutter wirst du neue Seiten in dir entdecken. Du spürst, wie schön es ist, Mutter zu sein. Die Mutter nährt das Kind. Sie gibt ihm Geborgenheit, sie vermittelt ihm, dass es auf Erden willkommen ist. Sie schenkt ihm Urvertrauen. Eine Mutter bewertet auch nicht. Sie urteilt nicht über das Kind, sie nimmt es einfach an, wie es ist. Wenn du nun selbst Mutter bist, kannst du deine eigene Mutter besser verstehen. Du wirst würdigen, was sie für dich getan hat. Das Mütterliche ist etwas Wesentliches in der Frau. Entdecke die Mütterlichkeit in dir als eine große Fähigkeit, die Gott dir geschenkt hat. Du erlebst das Schöne an deinem Muttersein, wenn du dein Kind stillst, es in deinen Armen hältst und ihm Geborgenheit schenkst. Genieße dein Muttersein. Er ist eine wichtige Erfahrung deines Menschseins.

Vater sein

Du bist nun Vater geworden. Auch als Vater wirst du neue Seiten an dir entdecken. Du bist nicht nur der Angestellte in deiner Firma oder der Jungunternehmer oder der Lehrer. Du bist nun Vater geworden. Vater sein bedeutet, dem Kind den Rücken zu stärken, damit es sich ins Leben hinaus wagt. Dein Kind braucht den Vater, der ihm Halt gibt, der ihm Mut schenkt, das Leben selbst in die Hand zu nehmen, etwas zu riskieren, voller Vertrauen auf andere Menschen zuzugehen. Und das Kind braucht den Vater, an den es sich lehnen kann, von dessen Kraft es zehren kann. Der Vater schützt das Kind. Er gibt ihm Sicherheit.

Spüre, wie schön es ist, Vater zu sein. Du hast diese Fähigkeiten in dir. Jetzt, mit deinem Kind, kannst du sie entfalten. Und du wirst erfahren, dass es dir selbst guttut, dein Vatersein bewusst zu leben. Du kannst dich jeden Tag auf dein Kind freuen, darauf, es in deine Arme zu nehmen und mit deinem Lächeln in ihm ein Lächeln hervorzurufen.

In die Welt sehen

Wenn du dein Kind betrachtest, dann meditiere dich in seine Sinne hinein. Du kannst dann deine Hand jeweils auf eines seiner Sinnesorgane legen, dein Kind segnen und ihm gute Wünsche sagen.

Lege deine Hand auf seine Augen und wünsche dem Kind, dass aus seinen Augen immer Güte strahlen möge. Mit den Augen möge dein Kind das Schöne in der Welt sehen und sich an der Schönheit freuen. Es möge aber auch das Schöne und das Gute in jedem Menschen sehen. Seine Augen mögen nicht bewerten, sondern die Menschen sein lassen, wie sie sind. Wenn die Augen deines Kindes das Schöne im Menschen sehen, dann vermag es die Menschen auch zu lieben. Und es kann sie sein lassen.

Seine Augen mögen immer strahlend sein und den Menschen, die sie anschauen, Lebendigkeit, Güte und Liebe vermitteln. Und seine Augen mögen in allen Menschen letztlich Christus erkennen als ihren wahren Grund und in aller Schöpfung Gott als das Geheimnis allen Seins.

Worte der Liebe und der Hoffnung

Halte deine Hände zärtlich auf den Mund deines Kindes und überlege, welche Wünsche dir dabei einfallen. Dein Kind möge Worte sprechen, die die Menschen erfreuen. Es sollen gute Worte sein, die gut vom Menschen sprechen. Und es mögen auch Worte sein, die ein Lächeln hervorrufen, die andere Menschen ermutigen und ihnen Hoffnung schenken.

Sein Mund möge bewahrt bleiben vor verletzenden und bitteren Worten, die die Atmosphäre vergiften. Die Kirchenväter sagen: Mit unseren Worten bauen wir ein Haus, entweder ein kaltes Haus, in dem niemand wohnen möchte, oder ein warmes Haus, in dem sich die Menschen wohlfühlen. Mögen die Worte deines Kindes ein Haus bauen, in dem die Menschen gerne wohnen, weil sie die Liebe in den Worten spüren und die Hoffnung, die davon ausgeht.

Hören und zuhören

Halte deine Hände an die Ohren deines Kindes und sprich alle guten Wünsche aus, die in dir aufsteigen. Dein Kind möge gut zuhören können. Vielleicht kennst du die Geschichte von Momo von Michael Ende? Momo konnte so gut zuhören, dass ihr Zuhören die Menschen verwandelt hat. Ihr Zuhören hat den Menschen vermittelt, dass sie alles aussprechen dürfen, dass ihre Worte nicht bewertet werden, dass alles, was sie sagen, sein darf.

Vielleicht wirst du deinem Kind aber auch wünschen, dass es keine bösen und verletzenden Worte zu hören bekommt und dass es die Ohren verschließt vor üblem Gerede, das das Miteinander der Menschen nur zerstört. Seine Ohren mögen auch in verletzenden Worten noch die Sehnsucht nach Liebe heraushören. Seine Ohren mögen zudem die Zwischentöne hören, die in den Worten der anderen auftönen. Dann wird von ihm Segen ausgehen für die Menschen, denen es vertrauensvoll und aufmerksam zuhört.

Das Leben in die Hand nehmen

Nimm die kleinen und zarten Hände deines Kindes in deine Hand. Wünsche deinem Kind, dass es mit seinen Händen sein Leben selbst in die Hand nimmt und es gut gestaltet.

Seine Hände mögen anpacken und Gutes tun. Von diesen Händen möge Segen ausgehen für die Menschen. Es sollen Hände sein, die zärtlich sein können, die anderen Menschen Geborgenheit und Halt geben, die andere liebevoll berühren und sie trösten.

Seine Hände mögen aber auch vor Verletzungen bewahrt werden, von den typischen Handwunden, die wir in den Wunden Jesu erkennen: Es sind die Wunden, festgenagelt zu werden, festgeklammert zu werden, entwertet oder geschlagen zu werden. Oder auch die Wunde, wenn andere die schützende und bergende Hand wegziehen und das Kind fallen lassen.

Seine Hände mögen immer Schutz vermitteln. Und sie mögen so handeln, dass von ihnen Segen ausgeht für die Menschen. Seine Hände mögen anderen Menschen die Hand reichen, wenn es einmal einen Konflikt gibt. Es sollen versöhnende und Frieden stiftende Hände sein.

Fest stehen und eigene Wege gehen

Berühre mit deinen Händen die kleinen Füße des Kindes und wünsche deinem Kind, dass es immer gut stehen kann, dass es zu sich selbst stehen, für sich einstehen und etwas durchstehen kann, wenn Schwierigkeiten auf es zukommen.

Es möge mit seinen Füßen gute Wege gehen, Wege, die in immer größere Lebendigkeit, Freiheit, Frieden und Liebe hineinführen. Dein Kind möge immer auf gutem Fuß mit anderen stehen. Und es möge kraftvolle Schritte ins Leben tun, es möge auf andere zugehen, wenn sie sich allein fühlen.

Dein Kind möge stehen wie ein Baum, tief verwurzelt in der Erde und seine Krone zum Himmel entfaltend. Es möge nicht umfallen, wenn es jemand umbiegen möchte. Es möge Stehvermögen zeigen wie ein Baum. Doch es möge auch nicht starr stehen wie ein Betonpfeiler, sondern wie ein Baum, der sich im Wind wiegt, ohne seinen Stand zu verlieren.

Wünsche deinem Kind, was der alte Zacharias im Lukasevangelium seinem Sohn gewünscht hat: dass Gott seine Schritte auf den Weg des Friedens lenke (Lukas 1,79).

Wünsche für euren gemeinsamen Weg

Was du deinem Kind wünschst, das wünsche ich auch dir als Mutter, als Vater. Eure Augen mögen in eurem Kind immer das Schöne und Gute sehen. Eure Augen mögen eurem Kind vermitteln: Du darfst sein. Wir bewerten dich nicht. Wir schauen auch dann, wenn wir dich nicht verstehen, tiefer in dich hinein und glauben immer an das Gute.

Sprecht Worte zu eurem Kind, die aus euren Herzen kommen, Worte, die ermutigen und Hoffnung und Liebe spenden. Auch wenn eure Worte dem Kind einmal Grenzen setzen, sollen sie nie verletzen, sondern immer einen Weg zum Leben weisen.

Hört gut zu, was euer Kind euch sagt. Hört auch auf das, was euer Kind nicht ausspricht, was aber in seiner Seele verborgen ist. Eure Hände mögen dem Kind immer Halt und Geborgenheit schenken und es liebevoll streicheln. Und steht zu eurem Kind, stellt euch immer vor euer Kind, wenn es von außen bedrängt wird. Steht für euer Kind ein, wenn es euren Beistand braucht. Und steht mit eurem Kind schwierige Situationen durch, damit es durch euch auch Stehvermögen lernt.

Ihr sollt ein Segen sein

Euer Kind möge für dich als Mutter oder Vater ein Segen sein. Und ihr sollt für das Kind ein Segen sein. Segen bedeutet einmal: gute Worte sagen. Sagt eurem Kind gute Worte, die das Gute in ihm hervorlocken. Und Segen bedeutet Fruchtbarkeit und Aufblühen. Wünscht eurem Kind, dass es immer Gottes Segen spürt, dass es unter diesem Segen aufblüht und gut heranwächst.

Segen meint immer auch: behütet und beschützt zu sein. Segnet euer Kind, damit Gottes Segen es immer einhüllt wie ein schützender Mantel. Und schaut euer Kind immer an mit Augen, die den Segen erkennen, der euch in eurem Kind entgegenkommt.

Euer Kind möge Segen sein für euch als Eltern, damit ihr durch das Kind neues Leben, neue Lebendigkeit und neue Liebe in euch entdeckt. Das Kind möge ein Segen sein für die ganze Familie. Es möge Licht bringen in das Leben der Familie. Und es möge eine Quelle der Freude sein für alle, die diesem Kind begegnen.

Segen zum Wachsen und Werden

Guter Gott, segne dieses Kind,
dass es sich nicht durch Enttäuschungen entmutigen lässt
und nicht resigniert,
wenn etwas nicht nach seinen Vorstellungen geht.
Schenke ihm Kraft, dass es sich dem Leben
mit seinen Herausforderungen stellt
und so innerlich wächst und stärker wird.
Begleite du es mit deinem Segen dorthin,
wohin ich es nicht begleiten kann.
Ich sende ihm meine Liebe und mein Wohlwollen.
Aber ich weiß nicht, ob es meine guten Gedanken
immer spürt.
Ich vertraue deinem Segen,
der es begleitet und seine Wege beschützt,
damit es immer mehr in das Bild hineinwächst,
das du dir von ihm gemacht hast.

Taufe

Die neue Identität

In der frühen Kirche war die Taufe ein Ritual, das sowohl bei den Täuflingen als auch bei den Mitfeiernden einen tiefen Eindruck hinterließ. Der Taufe ging eine mehrjährige Vorbereitung voraus. Darin wurden die Täuflinge in das Geheimnis des christlichen Lebens eingeführt.

Offensichtlich verstand es die frühe Kirche, die Menschen für ein Leben mit und aus Jesus Christus zu begeistern. Da erfuhren sie eine Alternative zu dem sinnlosen und gottlosen Treiben, wie es die ausgehende Antike kennzeichnete. In der Taufe vollzogen die Täuflinge einen Bruch mit ihrer bisherigen Biografie. Sie entschieden sich für ein Leben, das sich nicht nur an den Worten Jesu orientierte, sondern das aus einer anderen, einer göttlichen Quelle gespeist wurde. Sie hatten das Gefühl, durch die Taufe erst wirklich zum Leben zu kommen. Alles Bisherige war – wie es der Erste Petrusbrief beschreibt – „mataios", das heißt sinnlos und leer, bloße Illusion, ein „Scheinleben". In der Taufe gaben sie die alte Identität auf, um in Jesus Christus eine neue Identität zu finden. Das Leben der ausgehenden Antike war ja geprägt durch den Ruf nach „panem et circenses – Brot und Spiele". Es war eine dekadente Welt. Der Sinn des Lebens war verloren gegangen. Es drehte sich alles nur noch um Neugier und Sensationen, um Vergnügen und Belustigungen. Aus diesem leeren Treiben brachen die Täuflinge aus, um in Christus eine neue Identität zu finden. Der Bruch mit ihrer alten Identität wurde eindrucksvoll in der nächtlichen Tauffeier zum Ausdruck gebracht. Da stiegen die Täuflinge nackt in das Taufbecken und wurden dreimal mit Wasser übergossen. Sie widersagten dem Bösen und der Sinnlosigkeit eines gottfernen Lebens und entschieden sich, dieser Welt zu entsagen, sich nicht mehr von Erfolg und Leistung, von Vergnügen und Ausschweifung zu definieren, sondern von Christus her.

Neugeburt

Sie erfuhren ihre Taufe wie eine Neugeburt. In Christus haben sie eine neue Existenz bekommen. Die neue Existenz ist geprägt von der Erfahrung einer großen Freiheit. Jetzt definieren sich die Täuflinge von Gott her, jetzt sind sie freie Menschen. Sie haben keinen Kaiser mehr über sich. Sie sind nicht mehr dazu verdammt, die Erwartungen anderer zu erfüllen. Sie sind wahrhaft frei und können den Weg gehen, der sie zum wirklichen Leben führt. Und die Taufe vermittelte ihnen die Erfahrung einer neuen Nähe Gottes und einer Liebe, in der sie sich bedingungslos geliebt wussten. Taufe war für sie die Einweihung in das Geheimnis des erlösten und befreiten Lebens und in das Geheimnis eines Gottes, der sie hineinnahm in den Kreislauf seiner göttlichen Liebe.

Wenn die Täuflinge nackt aus dem Becken stiegen und dann vom Bischof – oder die Frauen von einer Frau – mit wohlriechenden Ölen gesalbt wurden, dann erfuhren sie sich wirklich als neue Menschen, als Menschen, die ganz und gar eingehüllt sind in die Liebe Gottes. Und sie erfuhren zugleich, dass sie in der Kirche neue Brüder und Schwestern fanden, eine Gemeinschaft, in der sie vorurteilslos angenommen waren, die sie aber auch herausforderte zu einem sinnvollen und erfüllten Leben.

Anteil an Gott

Die Sehnsucht nach einem erfüllten Leben, nach Freiheit von den Erwartungen und Ansprüchen dieser Welt bewegt sicher auch heute viele Menschen. Aber viele fragen sich, was diese Sehnsucht mit Jesus Christus zu tun hat, warum ausgerechnet die Gemeinschaft mit Christus ihnen die Freiheit und das Leben in Fülle schenken sollte. Es würde doch genügen, irgendwie einen spirituellen Weg zu gehen. Der könnte doch auch ohne Jesus gelingen. Es wäre sicher eine eigene Schrift nötig, um die Rolle Jesu auf unserem Weg der Menschwerdung zu beschreiben.

Für die frühen Christen war die Begegnung mit Jesus so faszinierend, dass sie die Gefahr der Verfolgung auf sich nahmen, um diese neue Lebensqualität in sich zu erfahren, die ihnen Jesus schenkte. Doch was war es, was die Menschen an Jesus so bewunderten und was sie bewog, ihr Leben aufs Spiel zu setzen? Der Zweite Petrusbrief, der die Botschaft Jesu in die Situation der hellenistischen Geisteswelt hinein übersetzt, sah die anziehende Wirkung Jesu darin begründet, dass Jesus uns alles schenkt, was für uns und unser Leben gut ist. In Jesus ist die Herrlichkeit Gottes aufgeleuchtet.

Bedeutung der Taufe

Als die Kindertaufe mehr und mehr zum Normalfall wurde, ging viel von der existenziellen Wirkung der Taufe verloren. Und bis heute bleibt ein Unbehagen, was denn wohl die Feier der Kindertaufe bedeuten solle. Das Kind bekommt doch gar nichts davon mit. In der Vergangenheit wurden dann manche Deutungen gegeben, die ein Verständnis der Kindertaufe eher erschwert haben, wie zum Beispiel, dass das Kind von der Erbsünde befreit werde, dass aus einem Heidenkind ein Gotteskind werde oder dass es durch die Taufe in die Kirche eingegliedert werde.

Das erste Verständnis klingt magisch und pessimistisch, als ob das Kind ohne Taufe kein Gotteskind sei und nicht in den Himmel kommen könne. Wenn die Taufe einseitig als Eingliederung in die Kirche verstanden wird, dann hat das den Beigeschmack von Vereinnahmung. Die Kirche wird dann wie ein Verein verstanden, der möglichst schnell seine Mitglieder an sich binden möchte. Die Frage ist, wie wir heute die Taufe verstehen können. Und wie können wir die Taufe so feiern, dass die Menschen fasziniert vor dem Geheimnis des Lebens stehen, dass sie sich freuen können über das Geschenk des Kindes, das Gott ihnen zugedacht hat?

Die Taufe ist zwar etwas genuin Christliches. Trotz aller Ähnlichkeiten mit den jüdischen Waschungen, wie sie in Qumran üblich waren, ist sie doch etwas Besonderes. Auf der anderen Seite gibt es in allen Religionen Riten um die Geburt eines Kindes herum. Alle Völker und Kulturen haben offensichtlich das Bedürfnis, das Geheimnis der Geburt und das göttliche Geschenk eines Kindes durch Riten auszudrücken. Und oft kreisen diese Riten um das Thema Wasser und Waschung. Es soll vom Kind alles abgewaschen werden, was sein wahres Wesen verhüllt. Und es soll in Berührung kommen mit der wahren Quelle des Lebens.

Ich möchte hier nicht eine vollständige Tauftheologie entfalten, sondern – wie die Kirchenväter – in einer bildhaften Sprache aufzeigen, was die Taufe (gerade auch die Kindertaufe) für uns bedeuten kann, wie wir sie feiern und wie wir aus der Wirklichkeit unserer Taufe als freie und bedingungslos geliebte Menschen leben können.

Das Sakrament der Taufe

Die Taufe ist ein Sakrament. Doch mit diesem Begriff können viele heute nichts mehr anfangen. Sakrament meint eine „Weihehandlung mit eidlicher Verpflichtung“ (Neunheuser, 825). „Sacramentum“ war eigentlich der Fahneneid des römischen Soldaten. Im Sakrament der Taufe bindet sich der Täufling an Christus. Er drückt damit aus, dass er gemeinsam mit Christus sein Leben gestalten möchte. Doch Sakrament meint noch etwas anderes. Es ist die Übersetzung des griechischen Wortes „mysterion“. Mysterium aber bedeutet die Einweihung des Glaubenden in das Geheimnis des Lebens, in das Geheimnis von Tod und Auferstehung Jesu Christi. Die Frage ist, wie uns diese beiden Begriffe helfen können, die Taufe eines Kindes zu verstehen.

Das Geheimnis des Kindes

In der Taufe feiern wir das Geheimnis des Kindes. Was macht sein Wesen aus? Wer ist dieses Kind in seiner tiefsten Wirklichkeit? Indem wir das Leben des Kindes mit dem Schicksal Jesu Christi in Berührung bringen, soll uns deutlich werden, wer dieses Kind eigentlich ist, was Leben bedeutet, wie wir es mit den Augen des Glaubens sehen können. Im Licht des Schicksals Jesu soll uns das Geheimnis des Kindes aufgehen, sollen wir erkennen, dass das Kind nicht nur irdisches Leben hat, sondern auch göttliches, dass der Tod keine Macht mehr über es hat, da es schon Anteil hat an der Auferstehung Jesu. Doch was soll der Ritus der Taufe im Täufling und in den Menschen, die die Taufe feiern, bewirken? Der Ritus öffnet uns die Augen, damit wir das Kind nicht nur als Kind dieser Eltern und dieser Großfamilie sehen, sondern als göttliches Kind, in dem Gott einen neuen Anfang setzt, in dem etwas Einmaliges und Einzigartiges in dieser Welt aufleuchtet.

Aber der Ritus bewirkt mehr. Im Ritus berührt Jesus Christus selbst das Kind, gießt ihm sein göttliches Leben und seine bedingungslose Liebe ein, berührt es, vermittelt ihm Gottes Schutz und zeigt ihm seine Schönheit auf. Wir reden nicht nur über das Kind. Wir feiern sein Geheimnis, indem wir es in das Geheimnis Gottes hineinhalten, wie es uns in Jesus Christus am klarsten aufgeleuchtet ist. Aber in einem Ritus geschieht nie nur etwas mit den Menschen, an denen der Ritus vollzogen wird, sondern immer auch mit denen, die am Ritus teilnehmen. Am kleinen Kind selbst wird die Wirkung des Ritus beschränkt bleiben, da es kaum bewusst mitbekommt, was da an ihm geschieht. Wir feiern die Taufe auch für uns, um das Kind mit neuen Augen zu sehen und neue Verhaltensweisen und Beziehungsmuster durch die vorgegebenen Rituale einzuüben. Das Kind ist nicht nur das Kind seiner Eltern. Es ist Kind Gottes. Es hat eine göttliche Würde. Es ist frei. Es gehört nicht den Eltern, sondern Gott. Es wird seinen eigenen Weg gehen. Es hat einen Engel zu seiner Seite, der es begleiten wird, der es auch durch die Gefährdungen des Lebens und durch die

Verletzungen gut gemeinter Erziehung sicher hindurchführt. So entlastet die Taufe die Eltern, die sich oft genug unter Druck setzen, dass sie auch ja alles richtig machen in der Erziehung. Denn Fehler der Erziehung könnten ja unheilvolle Folgen haben und dem Kind auf Dauer schaden. Die Taufe zeigt uns, dass Gott über das Kind seine schützende Hand hält, dass die heilende Kraft Christi stärker ist als die verwundenden Mechanismen unserer neurotischen Psyche, dass jedes Kind seinen Engel hat, der über es wacht.

Das Wasser

Wie das Leben beschaffen ist, das wir in der Taufe feiern, soll an einigen Bildern entfaltet werden, wie sie in den Taufriten aufleuchten. Da ist einmal das Bild des Wassers, wohl das zentrale Bild der Taufe. Für die frühen Christen, die nackt in das Taufbad stiegen, war es eindrücklicher als für uns, die wir nur ein paar Spritzer Wasser über den Kopf des Kindes gießen. Wasser ist einmal der Ursprung allen Lebens.

Alles Leben entspringt aus dem Wasser. In den Märchen wird vom Lebenswasser gesprochen, das die Wunden heilt und einen für immer leben lässt. Es gibt das Bild des Jungbrunnens. Wer daraus trinkt, bleibt immer jung. Quelle und Brunnen sind in allen Kulturen heilige Orte. Am Brunnen begegnen sich Menschen, da gehen Männer auf Brautschau, wie etwa Mose oder Isaak. Der Brunnen hat eine erotische Dimension. Und er ist Ort der Gottesoffenbarung. Hagar, die von Abraham verstoßene Magd, findet an der Wasserquelle wieder Mut zum Leben. Jesus begegnet der samaritischen Frau am Brunnen und spricht zu ihr von dem Wasser, das er geben wird. Wer davon trinkt, „wird niemals mehr Durst haben; vielmehr wird das Wasser, das ich ihm gebe, in ihm zur sprudelnden Quelle werden, deren Wasser ewiges Leben schenkt“ (Johannes 4,14). Der Taufbrunnen ist so ein Brunnen, an dem wir aus dem Wasser schöpfen, das in uns selbst zu einer Quelle wird, die nie versiegt. Auch die erotische Dimension der Quellen und Brunnen wird am Taufbrunnen sichtbar. Es ist letztlich die Liebe Gottes, die da über uns gegossen wird und die in uns zu einer unerschöpflichen Quelle wird. Unser tiefster Durst geht nach einer Liebe, die nie aufhört, weil sie von einer Quelle gespeist wird, die nie vertrocknet. Diese göttliche Liebe wird uns im Quellwasser der Taufe geschenkt. Aus ihr können wir immer trinken, wenn unsere menschliche Liebe brüchig wird, wenn sie uns zwischen den Fingern zerrinnt.

Wasser der Reinigung

Wasser hat in allen Religionen und Kulturen auch eine Reinigungs- und Erneuerungskraft. Das Wasser der Taufe reinigt uns von den Fehlern der Vergangenheit und erneuert uns, damit wir als neue Menschen leben. Das ist für einen Erwachsenen, der mit Wasser übergossen wird, verständlicher als für ein Kind.

Wovon soll das Kind gereinigt werden? Es hat doch noch nicht gesündigt. Wenn die Kirche des Mittelalters meinte, das Kind werde von der Erbsünde abgewaschen, so könnten wir das in unsere Sprache heute so übersetzen: Das Kind wird aus dem Schicksalszusammenhang herausgenommen. Alles, was das Kind belastet, angefangen von den Erbfaktoren bis hin zur psychischen Familiensituation, die bedingt ist durch die Kindheitserfahrungen der Eltern, der Großeltern und Urgroßeltern, wird in der Taufe abgewaschen.

Natürlich geschieht das nicht magisch. Man kann ja nicht sagen, dass alle psychischen Verwicklungen durch die Taufe einfach aufgelöst werden. Aber indem wir das Wasser über das Kind schütten, können wir uns vorstellen, dass das Kind nicht dazu verdammt ist, das Schicksal seiner Eltern und Großeltern zu wiederholen, dass es nicht einfach Ergebnis des Stammbaums ist, sondern ganz neu anfangen kann. Das Kind ist nicht festgelegt durch die Vergangenheit, sondern offen für das Neue, das Gott in diesem Kind wirken möchte. Nicht die dunklen Familiengeheimnisse werden das Kind prägen, sondern der Engel Gottes, der das Kind in die Freiheit und zum Leben führt, trotz aller Verstrickungen in die überkommene Familiensituation. Man kann sich auch vorstellen, dass das Wasser all die Trübungen abwäscht, die wir dem Kind antun, die Trübungen aufgrund unserer Bilder, die wir dem Kind überstülpen und die sein Wesen verstellen und beeinträchtigen. Das Taufwasser will das Kind reinigen von allem, was das einmalige Bild Gottes verdunkelt, das in ihm zum Ausdruck kommt.

Geistige Fruchtbarkeit

Wasser ist ferner ein Bild für die geistige Fruchtbarkeit. Es gibt Menschen, die in Routine erstarren, von denen nichts mehr ausgeht. Da ist alles vertrocknet und erstarrt. Die Taufe erinnert uns immer wieder daran, dass in uns eine Quelle sprudelt, die uns nie eintrocknen lässt. Es ist die Quelle des Heiligen Geistes, aus der wir immer schöpfen können. Da werden wir immer inspiriert zu neuen Ideen, da sind wir in Berührung mit der göttlichen Kreativität. Wer aus dieser Quelle heraus arbeitet, der wird nie erschöpft. Aus ihm wird die Arbeit herausfließen. Er hat Lust daran. Und er hat Freude an dem Leben, das in ihm aufblüht. Jeder von uns lebt auch in der Angst, dass seine Kraft versiegen könnte, dass er keine neuen Ideen mehr findet, dass er langweilig wird und leer. Die Taufe verheißt uns, dass die Quelle in uns unerschöpflich ist, weil sie göttlich ist. Sie wird uns immer frisch und lebendig halten und die Saat befruchten, die in uns aufgehen will.

Der offene Himmel

Wenn wir die Taufe Jesu betrachten, dann werden uns noch andere Aspekte des Wassers und der Taufe vor Augen geführt. Markus beschreibt die Taufe Jesu so: „In jenen Tagen kam Jesus aus Nazaret in Galiläa und ließ sich von Johannes im Jordan taufen, und als er aus dem Wasser stieg, sah er, dass der Himmel sich öffnete und der Geist wie eine Taube auf ihn herabkam. Und eine Stimme aus dem Himmel sprach: Du bist mein geliebter Sohn, an dir habe ich Gefallen gefunden" (Markus 1,9–11). Wenn Jesus ins Wasser hinabsteigt, dann ist das ein Bild dafür, dass er in die Tiefen der Erde eindringt. Das Wasser ist in der Psychologie ein Bild des Unbewussten. In der Taufe steigen wir hinab in die Tiefen des Unbewussten, in die Abgründe der eigenen Seele, in das Schattenreich, in das alles hineingedrängt wurde, was wir vom Leben ausgeschlossen haben. Und gerade indem wir hinabsteigen in die eigene Dunkelheit, öffnet sich über uns der Himmel. Das ist ein schönes Bild für das Geheimnis des Christen. Wir haben den Mut, unser eigenes Menschsein anzunehmen, mit allen Höhen und Tiefen, auch mit der Finsternis, die sich in unserem Unbewussten eingenistet hat. Wir verdrängen nichts. Aber gerade indem wir den Mut haben, in die eigene Tiefe zu steigen, öffnet sich über uns der Himmel. Der offene Himmel zeigt uns den Horizont an, in dem wir als Christen leben. Es ist der offene Horizont Gottes. Unsere Seele hat teil an der Weite des Himmels, am Glanz des Sternenhimmels, an der Farbenpracht des sommerlichen Himmels und am milden Licht des herbstlichen Himmels. Wir sollten nicht zu klein von uns denken. Über uns öffnet sich der Himmel. Unser Leben reicht bis in Gott hinein.

Bedingungslos angenommen

Aus dem Himmel spricht Gott uns zu, dass wir bedingungslos angenommen und daseinsberechtigt sind. Karl Frielingsdorf hat in seinem Buch „Vom Überleben zum Leben“ beschrieben, dass viele Kinder sich nur bedingt daseinsberechtigt fühlen. Sie erfahren, dass sie nur angenommen werden, wenn sie bestimmte Bedingungen erfüllen, wenn sie Erfolg haben, wenn sie etwas leisten, wenn sie den Eltern keine Sorgen machen, wenn sie pflegeleicht sind, wenn sie sich anpassen. Wenn ein Kind sich nur bedingt angenommen weiß, entwickelt es Strategien des Überlebens. Um beliebt zu sein, unterdrückt es immer die eigene Meinung, verdrängt es alle Traurigkeit und jeden Zorn, um den Eltern ja keine Sorgen zu machen. Um anerkannt zu werden, leistet es immer mehr, verausgabt sich völlig. Aber es wird nie die Bestätigung erfahren, nach der es sich sehnt. Somit lebt es nie wirklich. Es wird vom Leben abgeschnitten. Frielingsdorf nennt dieses reduzierte Leben „Überleben“. Damit das Kind überleben kann, braucht es diese Strategien des Leistens und Sich-Anpassens. Leben kann es nur, wenn es bedingungslose Daseinsberechtigung erfährt. In der Taufe hören wir die Stimme Gottes: „Du bist mein geliebter Sohn, du bist meine geliebte Tochter. An dir habe ich Gefallen.“ Nicht weil du etwas leistest, mag ich dich, sondern so, wie du bist, ist es gut. So bist du ganz und gar willkommen, angenommen, geliebt. Diese absolute Daseinsberechtigung, die wir in der Taufe erfahren, ist die Voraussetzung, dass wir nicht nur überleben, sondern wirklich leben können.

Wiedergeburt

Das Taufwasser, das vom Heiligen Geist befruchtet ist, wird auch als heiliger Schoß verstanden, aus dem die Menschen wiedergeboren werden. Das Bild der Wiedergeburt beschreibt einen wesentlichen Aspekt der Taufe. Im Johannesevangelium sagt Jesus zu Nikodemus: „Wenn jemand nicht von Neuem geboren wird, kann er das Reich Gottes nicht sehen" (Johannes 3,3). Als Nikodemus das nicht versteht, verdeutlicht ihm Jesus das Geheimnis der Wiedergeburt: „Wenn jemand nicht aus Wasser und Geist geboren wird, kann er nicht in das Reich Gottes kommen. Was aus dem Fleisch geboren ist, das ist Fleisch; was aber aus dem Geist geboren ist, das ist Geist" (Johannes 3,5f.).

Die Wiedergeburt meint, dass der Täufling eine neue Identität bekommt. Seine alte, seine biologische Identität war von natürlichen Zwängen bestimmt. Die Wiedergeburt aus dem Geist schenkt ihm Freiheit. In der Taufe wird das Kind wiedergeboren zum ewigen Leben, da wird es vergöttlicht. Es ist nicht mehr Fleisch, nicht mehr hinfällig und schwach, sondern Geist, das heißt, es hat teil an der Unsterblichkeit und Ewigkeit Gottes. Es ist ein neuer Mensch geworden, eingetaucht in unvergängliches, göttliches Leben. Dieses göttliche Leben kann man nicht sehen, man kann daran nur glauben. Aber wenn wir an die Wiedergeburt des Täuflings aus dem Heiligen Geist glauben, dann sehen wir das Kind mit anderen Augen an, dann entdecken wir in ihm die göttliche Schönheit, etwas Unvergängliches und Ewiges, das jetzt schon hineinreicht in die Ewigkeit Gottes, dann finden wir hier auf Erden im Antlitz des Kindes schon den Himmel, dann geht uns im Menschen das Geheimnis Gottes auf.

Die Taufkerze

Dass jeder Mensch ein Lichtblick ist für diese Welt, das drückt der Taufritus dadurch aus, dass der Priester die Taufkerze an der Osterkerze entzündet und sie dem Täufling überreicht.

Manchmal erleben wir die Kinder nur als Last. Die Taufe will unseren Blick dafür öffnen, dass mit jedem Kind ein Licht aufgeht in dieser Welt. Nicht umsonst haben die Alten sich vorgestellt, dass mit jedem Menschen ein Stern aufgeht, der am nächtlichen Himmel der Menschheit leuchtet. Durch jeden Menschen möchte die Welt heller und wärmer werden. Das ist unsere tiefste Berufung, dass wir die Augen der Menschen um uns herum erleuchten und dass wir in ihre kalten Herzen etwas Wärme bringen.

Die frühe Kirche hat die Taufe „photismos" genannt: Erleuchtung. Die Taufe zeigt also nicht nur, dass im Kind ein Licht für uns aufgeht, sondern dass das Kind selbst erleuchtet wird vom ewigen Licht Gottes. Die frühe Kirche hat die Blindenheilung in Johannes 9,1–12 als Taufgeschichte verstanden. In der Taufe gehen uns die Augen auf. Da sehen wir die eigentliche Wirklichkeit. Die Legende von der heiligen Odilia hat das aufgegriffen. In der Taufe wurde die blind geborene Frau sehend. Die Taufe erleuchtet unsere Augen, dass wir in uns das Licht Gottes erkennen.

Das weiße Gewand

Was ein Christ ist, das drückt die Taufe mit dem Anlegen des weißen Gewands aus. Die frühen Christen schritten ja nackt in das Taufbecken und zogen dann weiße Gewänder an. Sie verwirklichten, was Paulus im Galaterbrief schreibt: „Ihr alle, die ihr auf Christus getauft seid, habt Christus als Gewand angelegt" (Galater 3,27). Paulus greift hier auf die Vorstellung vom himmlischen Gewand zurück, das für uns im Himmel bereitliegt. Durch die Taufe sind wir eins geworden mit Christus, sind wir gleichsam himmlische Menschen geworden, die nun die Schönheit des Himmels auf dieser Erde widerspiegeln.

Das Anlegen des Gewands ist nicht nur etwas Äußeres, es verwandelt vielmehr den ganzen Menschen, auch sein Herz. Wir sind durch die Taufe andere Menschen geworden. Wir haben eine neue Existenz gewonnen. Wir sind erfüllt vom Geist Jesu, der auch unseren Leib zum Leuchten bringen möchte, wie es die Kirchenväter immer wieder ausdrücken. Im Anlegen des weißen Gewands vollziehen wir einen Ritus, in dem wir neue Verhaltensweisen dem Kind gegenüber ausprobieren. Mir hat meine Schwester einmal von einem Mann gesagt: „Der sieht einen an, als ob er einen ausziehen möchte." Im Gegensatz dazu soll ich mit diesem Kind so umgehen, dass es sich mit einem weißen Gewand angezogen fühlt, dass es sich eingehüllt fühlt in Liebe, dass es sich seiner Würde freuen kann. Mein Blick soll es bedecken, anstatt zu entblößen. Ritus heißt immer auch, sich in neue Verhaltensweisen hineinspielen, die dem Menschen eher gerecht werden als unsere alten Spiele und Muster.

Verwandlung

Alle Bilder und Riten, die wir bisher angeschaut haben, sagen etwas über das Geheimnis des einzelnen Menschen aus. Aber – so fragen viele, die die alte Tauftheologie im Kopf haben – was wird denn durch die Taufe anders als vorher und was hat das mit der Kirche zu tun, in die der Einzelne doch durch die Taufe aufgenommen wird? Die Taufe stellt nicht nur dar, was der Mensch ist, sondern sie bewirkt auch eine Verwandlung. Ein Sakrament – so sagt es die alte katholische Lehre – besteht darin, dass durch etwas Sichtbares etwas Unsichtbares zum Ausdruck kommt und dem Menschen vermittelt wird. Durch die äußeren Riten wird dem Täufling Gottes Gnade geschenkt.

Wir spielen nicht etwas vor, wir vollziehen aber auch keine magischen Praktiken. Vielmehr stellen wir dar, was Gott selbst an diesem Menschen tut. Die Kirchenväter glauben daran, dass in der Hand des Priesters oder des Christen Jesus selbst das Kind berührt und an ihm handelt. Was Jesus vor zweitausend Jahren an den Menschen getan hat, das tut er an uns. Er richtet uns auf, er berührt uns, heilt unsere Wunden, ermutigt uns durch Worte und schenkt uns seinen Geist, den er in seinem Tod über uns ausgegossen hat. Und er nimmt uns mit auf seinem Weg, der durch das Kreuz zur Auferstehung, zum wahren und ewigen Leben führt. In der frühen Kirche war der Ritus der Taufe für die Täuflinge ein großes Erlebnis. Sie spürten, dass in ihnen etwas anders geworden war, dass da eine Verwandlung stattgefunden hatte. Die Kinder spüren wohl nur unbewusst, was da an ihnen geschieht. Man kann sich schlecht vorstellen, dass die Tauferfahrung für sie weiterwirkt. Aber zumindest geschieht an der Taufgemeinde etwas. Sie bekommt ein neues Gespür für das Geheimnis des Kindes. Und dadurch wird ihre Beziehung zum Kind anders. Und durch diese neue Beziehung wird sich auch im Kind etwas wandeln. Die Taufe schafft in den Menschen den Raum, in dem das Kind den Weg der eigenen Selbstwerdung gehen kann.

Gestaltung der Tauffeier

Die Überlegungen für den Taufritus sollen Eltern helfen, die Tauffeier für ihr Kind bewusst selbst vorzubereiten und mitzugestalten. Es genügt nicht, wenn der Priester die vorgesehenen Riten alle bewusst vollzieht. Rituale sind dazu da, dass wir unsere Gefühle, die wir sonst nicht ausdrücken können, zum Ausdruck bringen. Rituale können auf eine viel tiefere Weise miteinander verbinden, als es Worte vermögen. Und sie öffnen unser Miteinander auf Gott hin. In ihnen bricht eine andere Dimension in unser Leben ein, die Dimension des Himmels, der sich mit unserer Erde berührt. Rituale lassen die Gestalt Jesu Christi in unserer Mitte sichtbar werden. In den Taufritualen geht es nicht nur um die Gefühle und den Glauben des Priesters, sondern aller Anwesenden, vor allem aber der Eltern und Paten. Daher ist es ratsam, sich vorher mit den Riten zu beschäftigen und zu überlegen, wie man sie verstehen kann und wie man sie gestalten und eventuell leicht abändern will, damit sie wirklich zur gemeinsamen Feier werden. Jeder, der zur Taufe geladen ist, ist auch eingeladen, etwas zur Feier beizutragen. Die Fantasie der Paten ist gefragt. Aber ich halte es auch für sinnvoll, dass die Eingeladenen nicht nur passive Zuschauer sind, sondern sich auf die Riten einlassen, die Eltern, Paten und Priester vorbereitet haben, und dass sie eventuell selbst Vorschläge machen, wie sie sich einbringen möchten.

Die Befragung

Die Taufe beginnt mit der Befragung der Eltern und Paten. Ich halte es für sinnvoll, hier nicht einfach die Formeln zu verwenden, die der Ritus vorsieht, sondern die Eltern persönlich zu fragen, warum sie ihr Kind taufen möchten, was sie unter Taufe verstehen und warum sie gerade diesen Namen für das Kind gewählt haben. Ich gebe den Eltern schon bei der Taufvorbereitung diese Fragen zur Überlegung mit. Das ist dann eine Herausforderung für sie, dass sie sich Gedanken machen, was ihnen an der Taufe wichtig ist. Und sie müssen dann vor der Gemeinde zu den Worten stehen, die sie sich zurechtgelegt haben, in denen sie ihren eigenen Glauben zum Ausdruck bringen. Eine der Kirche entfremdete Frau brach in Tränen aus, als sie vor ihrer Verwandtschaft erzählte, warum sie ihren Sohn taufen lassen möchte. Sie erinnerte sich daran, wie sehr ihr der Glaube doch Heimat geworden war. Und sie wollte nicht, dass ihr Sohn in der Unverbindlichkeit und Pluralität dieser Welt wurzellos dahinlebe. Sie spürte, wie die Taufe dem Kind einen Raum eröffnete, in dem es sich geborgen und getragen weiß.

Der Name

Vielleicht beschäftigen Sie sich auch intensiver mit dem Namen, den Sie dem Kind gegeben haben. Der Name ist ja nicht unwichtig. Manchmal ist der Name von der Wortbedeutung her schon ein Programm für einen Menschen. Ein Mann, der „Donatus" hieß, erzählte mir, wie ihm als Kind dieser Name unangenehm war, wie er aber jetzt dankbar dafür sei. Er sei in diesen Namen hineingewachsen. Er verstehe sich nun als „geschenkt", als Gottesgeschenk. Mit dem Namen wählt man sich auch einen Namenspatron, einen Heiligen, der Vorbild oder Programm sein könnte. Am Namen kann man wachsen. Der Name ist nicht nur Schall und Rauch. Wenn ich mich mit meinem Namenspatron beschäftige, werde ich in mir selbst Möglichkeiten entdecken, die ich sonst brachliegen lassen würde. Ich werde bei meinem Namen gerufen. Das macht auch meine Besonderheit aus. Wenn ich mich mit meinem Namen beschäftige, werde ich mehr und mehr in das Geheimnis meiner eigenen Einmaligkeit hineinwachsen. Dann lasse ich mich gerne mit meinem Namen nennen. Dann identifiziere ich mich mit dem Namen, den mir die Eltern gegeben haben.

Das Patenamt

Auch die Paten frage ich persönlich, wie sie ihr Patenamt verstehen. Manche sagen dann, dass sie das Kind bewusst begleiten möchten, dass sie ihm Stütze sein wollen, ein Gesprächspartner, an den es sich immer wenden kann, und dass sie ihr Amt als Aufgabe sehen, selbst im Glauben zu wachsen und sich erneut mit dem Glauben auseinanderzusetzen.

Wenn die Eltern in der Kindererziehung an ihre Grenze geraten, möchten sie da sein für das Kind, damit es sich an ihnen aufrichten könne. Gerade wenn sich das Kind – etwa in der Pubertät – mit den Eltern schwertut, ist es hilfreich, einen Dritten zu haben, außerhalb des Familiengeflechts, an den es sich wenden kann. Manchmal bringen die Paten auch einen Text mit, der ihnen das Geheimnis der Taufe erschließt. Schon die Suche nach so einem Text bringt in den Eltern und Paten mehr in Bewegung, als wenn ich von ihnen verlange, dass sie jeden Sonntag in den Gottesdienst gehen sollten, um dem Kind Vorbild sein zu können.

Der Tauftext

Nach der Befragung der Eltern folgt ein Tauftext aus der Bibel. Da ist es auch sinnvoll, dass die Eltern sich überlegen, welcher Bibeltext für sie das Geheimnis der Taufe am besten zum Ausdruck bringt. Das Taufbuch bietet eine reiche Auswahl an möglichen Bibelstellen an. Manche wählen einen Text, der nicht unbedingt nur von der Taufe handelt, sondern der mehr ein Bild oder Programm für das Leben ihres Kindes sein könnte. Ein Elternpaar wählte den Text vom Seesturm und gestaltete die ganze Tauffeier auf dem Hintergrund dieses Bildes. Sie formten Nussschalen als kleine Kerzen, die dann auf dem Ozean des Lebens leuchten sollten. Andere Eltern lasen Psalm 139 vor, in dem von der Hand Gottes die Rede ist, die uns von allen Seiten umschließt. Ihnen war das Bild der guten Hand Gottes wichtig, die das Kind schützt. Jedes Kind hat nicht nur die Hände des Vaters und der Mutter, die es streicheln. Da ist auch ein Engel um das Kind, der seine zärtliche Hand um das Kind legt, um es vor Gefahren zu schützen und um es die unerschöpfliche Liebe Gottes spüren zu lassen, wenn die Liebe der Eltern gerade an ihre Grenze kommt.

Das Kreuzzeichen

Nach einer kurzen Ansprache, in der der Priester vor allem die Gedanken und Bilder ausdeutet, die in der gemeinsamen Vorbereitung wichtig geworden sind, beginnt der eigentliche Ritus mit dem Kreuzzeichen, das nicht nur der Priester, sondern auch die Eltern und Paten und – wenn möglich – auch alle Anwesenden dem Kind auf die Stirn zeichnen. Mit dem Kreuzzeichen drücken wir aus, dass das Kind Gott gehört und nicht dem Staat, nicht irgendeinem Kaiser oder König. Es ist nicht dazu da, die Erwartungen anderer zu erfüllen, sondern in Freiheit seinen Weg zu gehen. Das Kreuz ist auch Symbol für die Einheit aller Gegensätze. Für Johannes ist es Zeichen für die Liebe, mit der Christus uns bis zur Vollendung geliebt hat. So sagen wir dem Kind im Kreuzzeichen zu: „Es ist gut, dass es dich gibt. Alles an dir ist gut. Die Gegensätze sollen dich nicht zerreißen. Du bist eins mit dir selbst, weil du von der Liebe Christi geeint wirst. Du bist ganz und gar angenommen und geliebt. Es gibt nichts in dir, was nicht von der Liebe Gottes berührt ist.“ Und im Kreuzzeichen machen wir Gottes Zusage deutlich: „Ich werde mit dir sein, wohin du auch gehst. Ich bin bei dir. Ich gehe alle deine Wege mit, auch die Kreuzwege, die Irrwege und Umwege."

Bild Gottes

Dem Kind wird das weiße Kleid angezogen. Das weiße Kleid ist ein Bild von Reinheit und Lauterkeit. Es drückt aus, dass das Kind ganz und gar durchlässig ist für Christus und seine Herrlichkeit. Im Kind leuchtet uns die Liebe Christi auf, ohne durch menschliche Absichten und Egoismen verdunkelt zu werden. Indem wir dem Kind das weiße Kleid anziehen, wünschen wir ihm, dass es das einmalige Bild Gottes unverfälscht darstellt und dass es in Klarheit und Lauterkeit lebt, ohne sich von den Gefährdungen und Anfechtungen verbiegen zu lassen.

Licht der Auferstehung

Das Anzünden der Taufkerze ist für alle immer ein erhebender Augenblick. Wenn ich sie an der Osterkerze anzünde, bete ich, dass das Licht der Auferstehung, das die Nacht des Todes erleuchtet, alle Nächte dieses Kindes erhellen möge. Ich halte die brennende Kerze nahe an das Kind und wünsche ihm, dass es Licht in die dunkle Welt bringe und Wärme dorthin, wo es kalt ist und die Gefühle zu vereisen drohen. Dann entzünden die Kinder ihre mitgebrachten Taufkerzen und die Erwachsenen ihre Teelichter an der Kerze des Täuflings. Die eine Taufkerze bringt viel Licht in die Kirche. Da werden viele Gesichter hell und es entsteht eine Atmosphäre von Wärme und Geborgenheit. Es wird deutlich, dass durch dieses Kind die Welt heller und wärmer geworden ist. Wenn das Licht Christi in ihm leuchtet, dann dürfen viele Menschen an ihm die beglückende Erfahrung machen, dass sie getröstet und erleuchtet von dem Kind weggehen. Meistens stellen sich alle mit ihrer Kerze in der Hand in den Kreis. Manchmal haben die Eltern auch etwas vorbereitet. Sie haben Schwimmkerzen gekauft, die die Kinder dann in die Taufschale legen können. Oder sie haben auf dem Boden mit Sand und Tüchern ein Meer angedeutet, in das die Kinder ihre Lichter stellen, damit sie wie ein Leuchtfeuer vielen leuchten, die auf dem Meer ihres Lebens dahinfahren. Die Kinder scharen sich gerne um dieses Lichtermeer und schauen gebannt hinein. Da leuchtet ein Schein der Taufe auch in ihr Herz hinein.

Erinnerung an die eigene Taufe

Das Bedenken der Taufe und ihrer wunderbaren Riten will nicht nur den Eltern eine Hilfe sein, die Taufe ihrer Kinder gut vorzubereiten. Die Gedanken sollen auch alle Getauften anregen, über das Geheimnis ihrer Taufe nachzudenken und sich dabei immer wieder zu vergewissern, wer sie durch die Taufe geworden sind. Die Bilder der Taufe wollen jeden Christen daran erinnern, was es bedeutet, Christ zu sein, welches Geheimnis es ist, Mensch zu sein, von Gott ganz und gar geliebt zu sein, Anteil zu haben an der göttlichen Natur, mit Christus zusammengewachsen zu sein. Für die frühen Christen war die Taufe ein so überwältigendes Erlebnis, dass die Erinnerung an sie ihnen immer wieder neu den Ursprung ihres Lebens vor Augen hielt.

Die Erinnerung an die eigene Taufe könnte uns helfen, uns unserer christlichen Identität bewusst zu werden. Allzu leicht sind wir in Gefahr, uns an diese Welt anzupassen. Dann wissen wir manchmal gar nicht, warum wir eigentlich Christ sind und was uns von den anderen unterscheidet, die ihr Heil auf dem Marktplatz spiritueller Wege suchen. Wir brauchen heute Hilfen, bewusst als Christen leben zu können, nicht indem wir uns gegenüber der Welt abschotten, sondern indem wir selbstbewusst in dieser Welt leben, im Bewusstsein, dass wir in der Welt sind, aber nicht von der Welt. Wir brauchen Wege der Einübung in unsere christliche Freiheit und Würde. Und wir brauchen Hilfen, unser Leben heute, da es von vielen lebenshemmenden Tendenzen bedroht ist, so zu leben, dass es diesen Namen wirklich verdient. Es geht um die Einübung in das ewige Leben, in ein Leben, das jetzt schon hineinreicht in das Leben Gottes, das durchwoben ist vom unsterblichen Leben Gottes.

Die Erinnerung an die eigene Taufe könnte ein konkreter Weg sein, uns täglich neu das Wesen unseres Glaubens und unseres Lebens zu erschließen und so bewusster und authentischer als Christen zu leben.

Hochzeit

Segenswünsche

Ich wünsche euch Gottes Segen für euren gemeinsamen Weg. Gottes Segen möge eure Liebe segnen, damit sie für euch selbst Segen bringt. Gottes Segen befähige euch, füreinander zum Segen zu werden. Sein Segen schenke euch die Gewissheit, dass die Quelle der Liebe, aus der ihr lebt, nie versiegt. Denn es ist eine göttliche Quelle, die unerschöpflich ist.

Gott segne euren Weg, dass dieser Weg euch in immer größere Lebendigkeit, Freiheit, Frieden und Liebe hineinführen möge. Sein Segen begleite euch auf euren Wegen, damit die Wege gelingen, die ihr geht.

Gottes Segen erfülle eure Wohnung, damit ihr immer in gesegneten Räumen wohnt. In gesegneten Räumen könnt Ihr euch immer daran erinnern, dass ihr nicht allein seid mit eurer Liebe, dass ihr nicht den negativen Emotionen ausgeliefert seid, die auch in euch auftauchen. All das, was ihr miteinander erlebt, geschieht in einem Raum des Segens. Und Gottes Segen kann alles verwandeln. Gottes Segen schenkt eurem Miteinander die Atmosphäre von Geborgenheit, von Lebendigkeit und Fruchtbarkeit.

Gottes Segen möge euch auf dem gemeinsamen Weg begleiten, am Anfang eurer Liebe, aber auch in Zeiten, da die Gefühle der Liebe nicht mehr so zu spüren sind. Gottes Segen ist treu. Er geht mit euch, und er ermöglicht euch, immer wieder neu anzufangen mit der Liebe, die nie vergeht, weil sie aus Gott selbst strömt.

Die Faszination des Anfangs

Eure Liebe hat einmal angefangen. Erinnert euch immer wieder an die Faszination des Anfangs. Als ihr euch verliebt habt, da hattet ihr das Gefühl, auf Wolken zu schweben. Oder ihr dachtet, ihr hättet Schmetterlinge im Bauch. Was hat euch damals am anderen so fasziniert? War es die Seelenverwandtschaft? War es das Gefühl, füreinander bestimmt zu sein? Was hat der andere in euch hervorgerufen, sodass ihr euch verliebt habt?

Denkt darüber nach und genießt die Faszination des Anfangs. Geht nochmals eure ersten Begegnungen durch, eure ersten gemeinsamen Spaziergänge, eure ersten Zärtlichkeiten. Spürt nochmals nach, wie das Gefühl beim ersten Kuss war.

Und dann stellt euch vor: Das, was mich damals am anderen angezogen hat, das ist noch weiterhin in ihm. Die Liebe, die ich in mir gespürt habe, ist noch weiter in mir. Vielleicht spüre ich die Liebe nicht mehr so stark, weil sich viele andere Gefühle – auch Gefühle von Enttäuschung und Verletzung oder einfach Gefühle von Alltäglichkeit – darübergelegt haben. Versucht, mit dem Gefühl und mit der Sehnsucht in Berührung zu kommen, die euch damals beflügelt haben.

Und versucht, den anderen mit den Augen anzuschauen, mit denen ihr ihn damals angeschaut habt. Vertraut darauf, dass das, was ihr damals in ihm gesehen habt, auch heute noch in ihm ist. Vielleicht habt ihr damals manches in einem zu hellen Licht gesehen. Aber was ihr gesehen habt, das ist noch in euch und im anderen vorhanden. Indem ihr euch daran erinnert, wird es wieder zu einer inneren Wirklichkeit, aus der ihr heute leben könnt.

Rituale

Ein gutes Miteinander braucht Rituale. Rituale sind der Ort, an dem Gefühle gezeigt werden, die sonst nicht zum Ausdruck kommen. Rituale schaffen ein Gefühl der Identität. Die Rituale, die sich ein Paar füreinander schafft, prägen das Miteinander und geben ihm eine besondere Note. Wir leben nicht einfach nur so dahin, wir gestalten unser Miteinander. Wir haben unsere festen Rituale, die uns Halt verleihen. So ein Ritual, mit dem wir die Liebe zum anderen ausdrücken, ist der Kuss, mit dem wir uns am

Morgen begrüßen, mit dem wir uns verabschieden, wenn jemand aus dem Haus geht, und mit dem wir uns wieder willkommen heißen.

Manche meinen, solche Rituale würden zur Routine werden. Aber sie geben auch Sicherheit. Und sie laden täglich ein, die Liebe auszudrücken. Ohne Rituale würde unsere Liebe leicht verblassen. Natürlich wollen die Rituale mit Leben und Liebe erfüllt werden. Aber sie sind eine tägliche Einladung, sich der gegenseitigen Liebe zu vergewissern. Ein Ritual, das dem Leben Festcharakter verleiht, ist das gemeinsame Mahl. Der Tischsegen drückt aus, dass es nicht nur eine Sättigungszeit ist, sondern ein Mahl, das wir bewusst miteinander halten und in dem wir Gottes gute Gaben genießen dürfen, die uns stärken und in denen wir die heilende Kraft der Natur erfahren dürfen.

Überlegt euch, welche Rituale ihr in eurer Partnerschaft habt. Und dann sprecht miteinander, für welche ihr dankbar und mit welchen ihr nicht zufrieden seid. Vielleicht habt ihr dann Lust, neue Rituale zu entwickeln, Rituale, die eure Identität ausmachen. Sie geben euch das Gefühl, dass eure Liebe etwas Besonderes ist. Deshalb möchte sie sich in Ritualen ausdrücken, die nur euch gehören.

Miteinander sprechen

Psychologen haben festgestellt, dass Ehepaare in Deutschland täglich weniger als zehn Minuten persönlich miteinander sprechen. Meistens geht es nur um äußere Dinge, um die Planung des Alltags, um die Frage, wer die Kinder wohin bringt und so weiter. Oft reden wir miteinander oder wir sagen einander etwas, aber wir sprechen nicht miteinander. Sagen kommt von zeigen: Ich zeige dem anderen etwas. Ich gebe ihm eine Information, mit der er dann zurechtkommen soll.

Reden kommt von Rechenschaft ablegen, etwas begründen, Rede und Antwort stehen. Wir reden oft, um unser Verhalten zu rechtfertigen. Viel Reden erzeugt ein Gerede. Aber ein Gerede tut uns nicht gut.

Sprechen kommt von „bersten, auseinanderbrechen". Wenn ich spreche, dann teile ich mich selbst mit, dann bricht mein Herz auseinander, ich öffne mein Herz dem anderen. Ich gebe ihm Anteil an meinen Emotionen. Nur wenn wir miteinander sprechen, kann ein Gespräch entstehen. Ja, wie der Dichter Friedrich Hölderlin es ausdrückt, dann können wir ein Gespräch sein.

Manche Ehepaare haben für ihre Gespräche ein Ritual geschaffen: Einmal in der Woche nehmen sie sich einen Abend Zeit für ein Gespräch. Dabei darf jeder erst einmal von sich erzählen, wie es ihm geht, was ihn bewegt. Der andere hört zu und spricht dann von sich selbst. Und so kann ein Gespräch entstehen, in dem wir einander nicht bewerten und uns auch nicht selbst rechtfertigen, sondern den anderen in unser Herz schauen lassen.

Sprachlosigkeit überwinden

Es gibt auch Zeiten – oder es wird Zeiten geben –, da ihr keine Sprache mehr findet, die euch verbindet. Vielleicht ist einer von euch verstummt, weil der andere ihn verletzt hat. Oder er ist verstummt, weil er nicht gehört worden ist und das Gefühl hat, umsonst zu sprechen. Er könnte ebenso gut an die leere Wand sprechen. Manchmal habt ihr gestritten. Und keiner findet das richtige Wort, das die stumme Spannung aufheben könnte.

Ein Ehepaar hatte für solche Situationen das folgende gute Ritual entwickelt: Wenn einer innerlich bereit war, die Spannung zu beenden, aber noch nicht fähig war, den anderen anzusprechen, dann zündete er die Hochzeitskerze an. Das war für den anderen eine Einladung, seinen Unmut und seine Sprachlosigkeit langsam aufzulösen. Die brennende Kerze setzte ihn nicht unter Druck, er müsse jetzt sprechen. Sie ließ ihm vielmehr Zeit, seine eigenen negativen Gefühle langsam zu verabschieden und sich dem anderen wieder zuzuwenden. Es hat dann keinen Sinn, darüber zu sprechen, was im letzten Gespräch schiefgelaufen ist. Die Kerze regt vielmehr dazu an, die dunklen Gefühle durch leuchtende Gedanken zu erhellen. Ihr sagt freundliche und helle Worte, die wieder Licht bringen in eure Dunkelheit und die die Sprachlosigkeit in ein fröhliches Gespräch hinein aufheben.

Vergebung

Es gibt keine Liebe ohne Verletzungen. Fatal wäre es nur, wenn wir uns die Verletzungen gegenseitig aufrechnen. Dann wird die Rechnung immer höher, die wir gegenüber dem anderen zu begleichen haben. Nur wenn wir bereit sind, zu vergeben, können wir auf Dauer gut miteinander leben. Doch es ist nicht immer einfach, sich einander zu vergeben, vor allem dann, wenn man gerade tief verletzt oder voller Wut auf den anderen ist. Da braucht es einen Raum, in dem Vergebung wachsen kann. Und es braucht ein angemessenes Verständnis von Vergebung.

Vergebung heißt nicht, dass ich immer nachgebe. Vergeben heißt vielmehr, weggeben, die Verletzung beim anderen lassen, mich selbst befreien von der negativen Energie der Verletzung. Vergebung ist ein Akt der Befreiung. Dazu braucht es oft auch die Wut, um mich vom anderen zu distanzieren und mit mir und meiner eigenen Kraft in Berührung zu kommen. Paulus hat die Vergebung mit dem Bild des durchgestrichenen und aufgehobenen Schuldscheins beschrieben (vgl. Kolosser 2,14). Das ist ein schönes Bild auch für unsere tägliche Vergebung. Statt die Verletzungen dem anderen auf seinen Schuldschein zu schreiben, sollen wir immer wieder den Schuldschein zerreißen und von Neuem anfangen.

Gemeinsamer Alltag

Das Miteinander in der Partnerschaft spielt sich im ganz gewöhnlichen Alltag ab. Da geht es darum, wie wir die alltäglichen Dinge erledigen: das Putzen der Räume, das Kochen und Tischdecken, das Abräumen und Abspülen, die alltäglichen Reparaturen im Haus und die tausend Dinge, an die wir ständig denken müssen: an das Einkaufen, an die eigenen Termine und die Termine der Kinder. Und vor allem drückt sich unsere Liebe in der konkreten Weise aus, wie wir den Alltag leben.

Im Alltag finden wir nicht ständig große Worte für unsere Liebe. Aber unsere Liebe drückt sich in der konkreten Rücksichtnahme auf den anderen aus, in der Zuverlässigkeit, mit der wir unsere Verpflichtungen wahrnehmen, in der Bereitschaft, anzupacken und Verantwortung zu übernehmen für unser Miteinander, aber auch für die Kinder und für die ganze Familie. Im Alltag gibt es jeden Tag neue Situationen, vor die wir gestellt sind. Da tut sich ein Kind weh und lässt sich nicht beruhigen. Da hat ein Kind schlechte Laune und verlangt nach unserer Zuwendung.

Die Liebe im Alltag ist eine sehr geerdete Liebe und eine Liebe, die uns in die Demut führt. Denn trotz aller großen Versprechungen unserer Liebe ist es nicht immer einfach, diese Liebe in den Niederungen des Alltags durchzuhalten.

Zärtlichkeit

Wir sehnen uns in der Partnerschaft nicht nur nach der sexuellen Ekstase, sondern nach Zärtlichkeit. Zärtlich sein, das meint, den anderen liebevoll berühren, sanft streicheln, ihm einen Kuss geben. Vor allem aber meint Zärtlichkeit: sich Zeit zu nehmen, einander in zärtlichen Worten und zärtlichem Streicheln die Liebe auszudrücken und sie zu genießen. Viele Partner sehnen sich nach Zärtlichkeit, aber sie empfangen sie zu wenig. Der andere Partner hat keinen Sinn dafür. Es ist für ihn Zeitverschwendung. Es gibt

Wichtigeres zu tun. Vor allem hören wir dann oft Worte: „Ich habe dir doch oft genug gesagt, dass ich dich liebe. Ich muss sie dir doch nicht immer wieder beweisen." Doch solche Worte nehmen der Liebe alle Kraft. Die Liebe will ausgedrückt werden. Und wenn der andere nicht an Zärtlichkeit denkt, kann ich ja versuchen, ihm liebevoll über die Wange zu streicheln. Vielleicht nimmt er meine zärtliche Geste als Einladung, sie zu erwidern. Dann können wir auf einmal die Zärtlichkeit miteinander genießen.

Verletzend ist es natürlich, wenn der andere meine zärtliche Geste schroff zurückweist. Dann kann ich nur mit mir selbst zärtlich umgehen, in der Hoffnung, dass der zärtliche Umgang mit mir selbst auch den anderen wieder einlädt, sich auf zärtlichen Austausch einzulassen.

Sexualität

Die Liebe will sich in der Sexualität ausdrücken. Das sexuelle Einswerden ist die Höchstform von Liebe. Da verschmilzt der eine mit dem anderen. Da fühlt er sich ganz eins, einverstanden mit dem anderen. Da möchte er den anderen nicht mehr loslassen.

Glücklich das Paar, das die gemeinsame Liebe immer wieder auch sexuell ausdrücken kann. Aber es ist nicht selbstverständlich, dass die Sexualität gelingt. Wenn ich mich verletzt fühle, dann bin ich unfähig, mich auf die Sexualität einzulassen. Ein Konflikt mit dem anderen hemmt auch meinen Leib und verschließt ihn gegenüber dem anderen. So braucht es immer wieder das Einvernehmen im Alltag, um dann auch die Sexualität als Quelle der Lebendigkeit und als Höhepunkt der Liebe genießen zu können. Und wenn sie nicht gelingt, hat es wenig Sinn, ihr immer nur nachzutrauern oder dem anderen Vorwürfe zu machen, dass er sich verschließt. Dann wäre es eine Herausforderung, die Liebe in anderen Bereichen zu vertiefen, in der Hoffnung, dass sie auch wieder einmal im sexuellen Einssein erfahrbar wird. Doch wenn eine Krankheit die Sexualität behindert, dann muss ich einen Weg finden, wie ich die Liebe auch auf andere Weise ausdrücken kann, in zärtlichen Gesten oder in zärtlichen Worten.

Gemeinsamer Urlaub

Ein Höhepunkt der gemeinsamen Liebe kann auch der jährliche Urlaub sein. Es ist gut, den Urlaub gemeinsam zu planen: Worauf haben wir Lust? Urlaub kommt von „erlauben". Was möchten wir uns in diesem Urlaub einmal erlauben? Ist es eine Reise in ein Land, das uns reizt? Oder erlauben wir uns, einfach mal nur in den Tag hineinzuleben, das zu tun, was uns spontan einfällt? Urlaub und „erlauben" haben mit der althochdeutschen Wurzel „liob" zu tun. „Liob" heißt: gern haben, begehren, lieb, freundlich und gut.

Urlaub meint die Zeit, in der ich gut mit mir selbst und dem anderen umgehe, indem ich freundlich bin zu mir selbst, und in der wir der Liebe mehr Raum geben, als es im Alltag immer möglich ist. Manchmal hilft es, wenn wir gemeinsam den Urlaub planen und uns gemeinsam auf ein Ziel und auf die Gestaltung des Urlaubs einigen.

Es könnte aber auch ein gutes Ritual sein, dass jeder Partner jeweils nacheinander den Urlaub plant und den anderen dazu einlädt. Dann bietet der Urlaub für den anderen immer eine Überraschung. Es ist letztlich die Überraschung der Liebe, die uns in immer neue Bereiche unseres Menschseins hineinführt und hineinlockt.

Krisen

Es gibt immer wieder auch Krisen in der Partnerschaft. Es ist wichtig, dass wir die Krise nicht als persönliche Niederlage bewerten. Wir sollen sie überhaupt nicht bewerten. Vor allem aber sollten wir nicht bei uns oder beim anderen die Schuld dafür suchen.

Krisen sind immer Ausdruck dafür, dass das Gleichgewicht der Kräfte auseinandergeraten ist. So ist die Krise immer auch eine Chance, ein neues Gleichgewicht der Kräfte zu suchen.

Der deutsche Mystiker Johannes Tauler meint sogar: Es ist Gott selbst, der uns in die Krise führt, wenn wir uns zu sehr in unserem Leben eingerichtet haben, wenn wir genau Bescheid wissen, wie alles geht. Dann haben wir oft den eigenen Seelengrund verloren.

Die Krise sollte angeschaut werden. Aber wir sollen uns nicht gegenseitig Vorwürfe machen, sondern uns vielmehr fragen: Was will uns die Krise sagen? Wo haben wir uns zu sehr eingerichtet und haben den Zugang zu unserem wahren Selbst und zur inneren Quelle der Liebe verloren? Worauf sollten wir achten? Von welchen Illusionen sollten wir uns verabschieden, um unsere Partnerschaft so zu leben, dass sie uns lebendig hält und uns in immer tiefere Liebe, in Frieden und in immer größere Freiheit hineinführt?

Bilder, die wir uns von uns und vom anderen machen

Wir tragen in uns ein ganz bestimmtes Bild von uns selbst. Doch das Leben deckt uns auf, dass dieses Bild oft nicht stimmt. Wir haben uns ein Bild übergestülpt, entweder ein Bild der Selbstentwertung: Ich bin nicht richtig. Mit mir kann es keiner aushalten. Oder aber ein Bild der Selbstüberschätzung: Ich muss immer perfekt sein, cool sein, erfolgreich sein, alles im Griff haben.

Es ist unsere Aufgabe, uns von diesen Bildern zu verabschieden und das einmalige Bild, das Gott sich von uns gemacht hat, zu erkennen. Dieses Bild können wir nicht mehr beschreiben. Wir erahnen es nur. Genauso aber machen wir uns Bilder vom anderen. Wir legen ihn fest mit unseren Bildern. Und oft genug merken wir gar nicht, dass wir unsere eigenen Defizite auf den anderen projizieren. Wir sehen ihn nicht so, wie er ist, sondern durch die Brille unserer Projektionen.

Partnerschaft bedeutet, dass wir uns mehr und mehr von diesen Bildern verabschieden und uns selbst und den anderen so sehen, wie wir in Wirklichkeit sind. Max Frisch, der bekannte Schweizer Autor, meinte einmal: „Die Liebe befreit aus jeglichem Bildnis." Und seine Tochter Ursula Priess fügt zu diesem Wort aus seinem Tagebuch hinzu: „Einzig in der Liebe ist es möglich, sich kein Bild zu machen." Unsere Aufgabe wäre, den anderen zu lieben, wie er ist, anstatt sein Bild zu lieben.

Die Liebe hört niemals auf

Paulus schließt sein Loblied auf die Liebe (1 Korinther 13,7f) mit den Worten:

„Die Liebe erträgt alles,
glaubt alles,
hofft alles, hält allem stand.
Die Liebe hört niemals auf."

Paulus ermahnt uns nicht, wie wir lieben sollen. Vielmehr gibt er uns eine Zusage: Die Liebe ist in dir, sie ist in euch. Und diese Liebe erträgt alles, ist ein Fundament, auf dem ihr beide stehen dürft. Das Fundament hält. Denn es hat teil an der göttlichen Kraft der Liebe. Die Liebe glaubt alles. Glauben heißt: mit guten Augen auf den anderen schauen, das Gute in ihm sehen. Die Liebe hofft alles. Die Hoffnung gibt niemals auf. Wir hoffen auf das, was wir nicht sehen, sagt Paulus. Auch wenn wir manchmal unsere Liebe aus dem Auge verlieren, so geben wir doch die Hoffnung niemals auf.

Die Liebe kann immer wieder von Neuem in uns aufblühen. Sie ist da, auch wenn wir sie nicht sehen. Sie ist unterhalb all unserer Gefühle von Liebe auf dem Grund unserer Seele. Und dort wird sie nie aufhören. Dieses Vertrauen wünsche ich euch: Es dürfen Krisen sein in eurer Ehe. Es dürfen Phasen sein, in denen ihr wenig von der Liebe spürt, in denen ihr manchmal nicht die richtigen Worte füreinander findet. Aber unter all diesen Erfahrungen ist auf dem Grund eurer Seele eine Liebe, die niemals aufhört. Denn diese Liebe hat teil an Gott.

Von ihr gilt das Wort aus dem 1. Johannesbrief: „Gott ist die Liebe. Und wer in der Liebe bleibt, bleibt in Gott, und Gott bleibt in ihm" (1 Johannes 4,16b).

Durch eure Erfahrungen von Liebe, die immer auch durchmischt sind von Enttäuschungen, gelangt ihr auf den Grund eurer Seele. Statt euch gegenseitig anzuklagen, dass die Liebe, die der andere gibt, nicht genügt, wünsche ich euch, dass ihr die Liebe, die jeder dem anderen erweist, genießen könnt. Sie muss nicht alle eure Sehnsucht nach Liebe erfüllen. Aber sie erinnert euch an die unendliche Quelle der Liebe, die in euch sprudelt. Sie bringt euch in Berührung mit dieser Quelle der Liebe, die euch niemand nehmen kann, weil sie eine göttliche Quelle ist.

So wünsche ich euch, dass ihr immer aus dieser Quelle schöpfen könnt und eure Liebe auf diese Weise immer wieder neu aufblüht und Frucht bringt für euch selbst und für die Menschen, mit denen ihr zusammenlebt und denen ihr begegnet.

Geburtstag

Alles Gute zum Geburtstag

Liebes Geburtstagskind, mit dieser Anrede, die wir ja merkwürdigerweise nicht nur für Kinder, sondern ebenso auch für uns Erwachsene verwenden, möchte ich dich zu deinem Geburtstag begrüßen und beglückwünschen.

Meine guten Wünsche und Gedanken verstehen sich als Kompliment, als Zeichen der Wertschätzung, als großes Lob und persönliche Danksagung. Ein paar kleine Überraschungen stecken hoffentlich in diesen Worten, die dir zuallererst Freude bereiten oder dich zum Nachsinnen anregen wollen, jedoch nicht zum Grübeln. Sie wollen dir helfen, das eigene Leben als ein einzigartiges Kunststück, als ein geniales Meisterwerk, als eine großartige Schönheit zu sehen.

Die Anrede als Geburtstags*kind* hat einen großen Vorteil: Da ein Kind nie mit „Sie" angesprochen wird, erlaubt sie mir, einfach „du" zu sagen und schafft damit eine sehr vertraute Ebene, ohne sich anzubiedern.

Egal, der wievielte Geburtstag heute zu feiern ist, er ist ein guter Grund, um sich persönlich an so viel Schönes und Wertvolles, so viel Kostbares und Wunderbares aus der eigenen Lebensgeschichte zu erinnern.

Liebes Geburtstagskind, du bist es wert, dich und dein Leben heute gebührend zu ehren und zu feiern. Im Zeitalter der vielen Daten und Zahlen, in dem Menschen manchmal zu Nummern und Fällen degradiert werden, bleibt dein Geburtsdatum die erste und persönlichste Kennzahl deines Lebens. Sie erinnert immerfort daran, an welchem Tag der Weltgeschichte du das Licht der Welt erblickt hast.

Die große Glückszahl deines Lebens ist nicht zuerst ein Sechser im Lotto, sondern es sind die Zahlen deines Geburtsdatums. Und das große Zauberwort deines Lebens ist nicht irgendein Hokuspokus, sondern dein Name, den du von deinen Eltern empfangen hast, mit dem Gott dich in deiner Taufe gerufen und für immer in seine Hand geschrieben hat.

Geburtstag – Tag des Jahres

Liebes Geburtstagskind, zum Tag des Jahres möchte ich deinen Geburtstag erklären, weil er so wichtig ist, weil er eine so große Bedeutung für dich, dein Leben und all die Menschen hat, die dich kennen, schätzen und mögen, die dich brauchen und dir vertrauen. Ich möchte es dir sagen mit den Worten von Ulrich Schaffer aus seinem Buch *Das Leuchten eines einzigen Tages:*

Heilig ist dieser Tag.
Heilig sind seine vierundzwanzig Stunden.
Heilig sind seine 1.440 Minuten und 86.400 Sekunden.
Heilig ist sein dunkler Anfang
und heilig sein dunkles Ende.
Heilig ist sein leuchtender Mittag.
Heilig sind die Gedanken,
die den Tag wie ein Wunder tragen ...
Heilig ist dieser Tag.

Ergänzen möchte ich: „Heilig ist dieser Tag, weil er dein Tag, dein Geburtstag ist." – Wir sagen ja manchmal, wenn wir uns nicht so gut fühlen, heute sei nicht unser Tag. Doch heute, an deinem Geburtstag, ist den ganzen Tag über *dein* Tag.

Daraus soll dir Freude erwachsen, die dich beflügelt, und neues Vertrauen, das dich verwurzelt im Geheimnis deines Schöpfers und all seinen Kräften, die er dir so einzigartig und wunderbar grundgelegt hat.

Das freudige Ereignis

Liebes Geburtstagskind, wann immer es auch war, jenes freudige Ereignis, die Sternstunde deiner Geburt, als du das Licht dieser

Welt erblickt hast, unter welchen Umständen du zur Welt kamst, in welche Situation du hineingeboren wurdest; damals begann die Geschichte deines Lebens auf diesem Planeten, unserer Mutter Erde. Hast du schon einmal darüber nachgedacht, was es damit alles auf sich hat, wie viele Geheimnisse sich damit verbinden? Was wird deine Mutter wohl gedacht haben, als sie gemerkt hat, dass sie schwanger geworden war, und du in ihrem Schoß herangewachsen bist? Ob es eine glückliche, eine anstrengende, eine schwere, eine belastete oder eine unbeschwerte Schwangerschaft war? Ob du ihr erstes oder ein weiteres Kind warst?

Niemand kann den Ort, die Zeit, die Stunde und die Gegebenheiten seiner Geburt selbst wählen. Sie werden uns vorbestimmt und mitgegeben. Es macht wohl einen großen Unterschied aus, ob jemand in Kriegszeiten oder Nachkriegsjahren geboren wird, ob Mutter und Vater verheiratet sind und sich gemeinsam auf das Kind freuen oder ob eine Mutter mit all der Freude und mit all der Sorge alleine gelassen ist.

Niemand konnte sich sein Elternhaus aussuchen, die berufliche und materielle Situation der Eltern, ihr Alter, ihre eigene Lebenserfahrung. Es wirkt sich vieles, was wir nicht selbst bestimmen können, sehr entscheidend auf unser späteres Leben aus. Dabei bleibt rätselhaft, warum – auch unter Geschwistern – das eine Kind wendiger, begabter ist, unbeschwerter lebt, das andere schwerfälliger, ängstlicher oder zaghafter durchs Leben geht. Noch rätselhafter bleibt es wohl, warum ein Kind krank oder mit einer Behinderung zur Welt kommt und ein anderes kerngesund ist.

Aus vielen verschiedenen Einflüssen haben wir uns als Person und hat sich unsere Lebensgeschichte entwickelt. Ob es in unserer Herkunftsfamilie lustig oder eher ernst zugegangen ist, ob darin viel gesungen, gefeiert, gelacht, gestritten wurde oder ob das alles eher selten oder so gut wie gar nicht vorkam. Wie offen über anstehende Probleme gesprochen wurde oder ob vieles totgeschwiegen wurde. Es ist ein himmelweiter Unterschied, ob ein Kind von seinen Eltern sehr erwünscht und erwartet zur Welt kommt oder eher notgedrungen hingenommen wird. Ob es von

Anfang an, mit Haut und Haar erfährt, dass es willkommen ist oder ob es sich eher als Störfaktor wahrnimmt. Ob ich mich als Kleinkind auf Mutter und Vater verlassen konnte, ob sie für mich da waren, mich nicht nur versorgt und aufgezogen haben, sondern mir auch vermittelt haben, wie gut es ist, dass es mich gibt. Ob wir für unsere Eltern mehr eine Last oder eine Freude waren, wofür wir als Kinder belohnt oder bestraft wurden. Welche Grundhaltungen und Grundbotschaften sich daraus in uns selbst entwickelt und ausgeprägt haben, uns selbst, anderen Menschen oder dem Leben gegenüber. Diese Grundbotschaften, die wir mitbekommen – auch ohne Worte –, sind so etwas wie ungeschriebene Gesetze und Leitlinien für unser späteres Leben.

All das ist nicht nur der Stoff, aus dem auch meine Träume sind, sondern die unsichtbare Wirklichkeit, aus der sich meine Person und meine Lebensgeschichte gebildet haben. Sie sind entstanden aus sehr vielen verschiedenen Einflüssen von Anfang an. Von Kindesbeinen an haben andere daran mitgewirkt: die Eltern und Großeltern, Geschwister und Freunde, später Erzieher und Lehrer. Aus all dem hat sich die innere Grundgestalt und Grundmelodie meines Lebens geformt.

„Liebe deine Geschichte, sie ist der Weg Gottes mit dir!“, so empfiehlt der gläubige russische Dichter Tolstoi. Doch um diese meine eigene Geschichte lieben zu können, muss ich sie auch kennen, muss ich um sie wissen, sie angenommen haben. Immer gehören dazu lichtvolle und dunkle Kapitel, helle und schöne, aber auch überschattete und dunkle Seiten und Zeiten.

Darum ist es spannend, Bilder aus der eigenen Kindheit anzuschauen, sich von Eltern oder älteren Geschwistern erzählen zu lassen, wie sie einen erlebt haben. Von anderen zu hören, welche besonders lustigen oder furchtbaren Geschichten zur eigenen Person gehören.

In den eigenen Kindheitsgeschichten
mit dem roten Faden auch
die anderen Farben entdecken,
die zum bunten Bild

meines Lebens gehören,
mit allen Licht- und Schattenseiten und -zeiten.
Über die eigenen Wurzeln den Stammbaum
ausfindig machen,
aus dem ich gewachsen bin,
mit der mir eigenen Gestalt,
durch alle Winde und Wetter, Stürme und Jahreszeiten.
Der eigenen Lebensmelodie auf die Spur kommen,
mit allen Tönen und Färbungen,
wie sie tief im Herzen erklingt,
um dadurch immer neue Strophen
des persönlichen Lebensliedes anzustimmen.
Den Ort, wo meine Wiege stand,
in Ehren halten, weil dort der Himmel
die Erde berührt hat
und ich das Licht dieser Welt erblickt habe.

Den Tag meiner Geburt als besonderen Schöpfungsmorgen
würdigen und mit liebender Aufmerksamkeit
gebührend wertschätzen, mit all dem,
was seither, bis auf den heutigen Tag,
aus mir geworden ist.

Kindergeburtstag

Für viele Kinder ist der Geburtstag – ähnlich wie Weihnachten – mit der langen Vorfreude verbunden, mit dem großen Warten. Da werden Tage und Nächte gezählt, bis es endlich so weit ist. In meiner Kindheit wurden mein Geburtstag und die Geburtstage der Eltern und Geschwister bei Weitem nicht so aufwendig gefeiert, wie das heute oft geschieht. Damals, als ich noch Kind war, gab es vieles noch gar nicht, was heute völlig selbstverständlich ist, kein Fernsehen, keinen Computer und all das, was man damit alles spielen kann. Es war noch die gute alte Zeit; es waren materiell kärgere und ärmere und gleichzeitig in Vielem weit schönere, bessere und reichere Zeiten.

Wenn Kinder heutzutage ihre Freunde, ihre Mitschülerinnen und Mitschüler zum Geburtstag einladen, wird einiges geboten und aufgeboten. Dabei wäre wohl – wie auch sonst so oft im Leben – weniger eher mehr. Sowohl der Aufwand an Programm wie auch an Geschenken kann dann eher erdrücken oder erschlagen, als dass wahre Freude geweckt und vermittelt wird.

Manchmal würde ich gerne Eltern und auch Großeltern raten, es doch – bei allem guten Willen – nicht gar so sehr zu übertreiben, sondern die Feier und die Geschenke eher einfacher, kleiner, schlichter, bescheidener zu halten. Es kommt nicht auf die Größe oder den Geldwert an, sondern vielmehr darauf, dass ein Kind sich an seinem Geburtstag als besonderes Geschenk des Himmels erfährt und neu gesagt bekommt.

Was meint das, was tun wir, wenn wir jemandem gratulieren? Man kann das Wort von „gratia", „Gnade", oder „gratis", „umsonst" ableiten. *Gnade* ist für viele ein altes Wort, das eher vorgestrig oder altertümlich klingt. Für mich ist es ein Urwort des Lebens und unseres Glaubens. Es drückt für mich aus, dass unser aller Leben ursprünglich ein Geschenk ist – keine Leistung, keine Zumutung, keine Zwangsjacke, in die wir gesteckt werden, keine Qual, zu der wir verurteilt werden. Leben und Glaube sind zunächst eine Gnade, müssen nicht verdient werden durch Wohlverhalten, sondern werden uns einfach anvertraut, in die Wiege, in den Schoß, ins Herz gelegt.

Das Kind in uns

In jedem von uns steckt, neben all den vielen Begabungen, Fähigkeiten, Licht und Schattenseiten, ein inneres Kind. Viele von uns lassen es leider nur viel zu selten zu Wort oder zum Vorschein kommen. Ich finde es hochinteressant, hin und wieder mit meinem inneren Kind ein persönliches Zwiegespräch zu führen; es zu fragen, wie es ihm geht, was es gerne mag und möchte, was es mir rät oder sich von mir wünscht. Das sind oft die ganz einfachen und zugleich so wichtigen Dinge, die wir gewöhnlich eher vernachlässigen als pflegen.

Das innere Kind wünscht sich zum Beispiel, dass es einfach gemocht wird, so angenommen wird, wie es ist, nicht ständig vom inneren Kritiker, den wir auch in uns haben, oder den inneren Antreibern kommandiert oder schikaniert wird. Es wünscht sich, dass es ernst genommen wird mit seinen Fragen und Sorgen, dass es nicht ausgelacht oder lächerlich gemacht wird, genügend spielen und träumen kann, dass es Raum und Zeit bekommt für Lustiges und Schönes.

Liebes Geburtstagskind, vielleicht kannst du ja gerade an deinem Geburtstag dir Zeit nehmen, um mit deinem inneren Kind etwas zu unternehmen, es einzuladen, mit ihm spazieren oder auf den Spielplatz oder ins Kino oder in den Zirkus zu gehen. Du kannst es ja fragen, wozu es besondere Lust hat. Das hat wohl etwas mit dem geheimnisvollen Anfang, dem eigenen Ursprung zu tun, mit dem Grund der Feier, nämlich dem Tag der Geburt auch wenn der schon viele Jahre zurückliegt.

Liebes Geburtstagskind, du sollst heute gefeiert werden, die Glückwünsche und Geschenke gelten und gehören dir. Die Menschen, die Familie, Freunde und Gäste sind zu deinem Fest gekommen. So möchte ich dir mit einem meiner vielen guten Wünsche sagen: Schaue mit weit offenen Augen tief genug in das Geheimnis deines Lebens hinein und entdecke, wie groß, wie wunderbar, wie einzigartig das Geschenk deines eigenen Lebens ist. Erahne die Spuren der Sehnsucht, die Gott in deine Seele gelegt hat und verfolge, wie sie sich durch alle Entwicklungen und Veränderungen hindurchgezogen haben und bis heute erhalten geblieben sind. Betrachte all das, was dieses dein eigenes Leben bisher geprägt und zu dem gemacht hat, was daraus geworden ist.

Ich hoffe so sehr, dass du staunen kannst – wie ein Kind mit großen Augen und offenem Mund – über deinen dir eigenen Lebensweg, deine persönliche Lebenszeit, die schönen und guten, aber auch die schweren und mühsamen Jahre, die ja immer zu deiner ganz persönlichen Lebensgeschichte mit all ihren vielen unterschiedlichen Kapiteln gehören.

Da fällt mir noch ein, dass uns Jesus im Evangelium sehr eindringlich empfiehlt, von den Kindern zu lernen, wie die Kinder zu werden, damit wir mehr in die Wirklichkeit von Gottes Himmelreich hineinwachsen und nicht im Stau unserer hausgemachten Probleme stecken bleiben. Als die Jünger sich mal wieder damit beschäftigen, wer von ihnen der Größte ist, stellt Jesus ein Kind in die Mitte, um uns zu zeigen, was für ihn wahre Größe bedeutet (vgl. Mt 18,1–5). Er stellt damit so viele kirchliche und gesellschaftliche Rangordnungen infrage und auf den Kopf und macht deutlich, was Umdenken und Umkehren auch heute meint: nämlich nicht von oben herab zu urteilen, sondern das Kleine, Unbedeutende zu beachten.

Der innere Kritiker – die inneren Antreiber

An keinem anderen Ort auf dieser Erde wohnen das Glück und der Schmerz, die Freude und der Kummer, das Vertrauen und die Ängstlichkeit, die Macht und die Ohnmacht so nahe beieinander wie in der eigenen Seele. Unsere gesamte Gefühlswelt mit ihrer großen Bandbreite hat dort ihren Sitz, ihr Zuhause. So leben und regen sich neben dem Kind in uns noch viele andere Stimmen, Geister und Kräfte, die manchmal auch ihr Unwesen mit uns treiben. Um auch mit ihnen umgehen zu können, tun wir gut daran, sie zu kennen. Da gibt oft der innere Kritiker den Ton an, dem wir nie etwas recht machen können; nie ist etwas gut genug; immer hätte es wenigstens noch ein bisschen besser sein müssen; mit gar nichts ist er zufrieden oder kann er sich zufrieden geben. Ständig ist er damit beschäftigt, uns Vorwürfe zu machen, mit uns zu hadern, zu schimpfen und uns keine Ruhe zu lassen. Bei allem berechtigten und nötigen Ansporn, den wir brauchen, um zu wachsen, uns nicht einfach hängen oder gehen zu lassen, verdirbt der innere Kritiker uns jede Freude an dem, was uns gut gelungen ist, was wir geschafft haben, wo wir erfolgreich waren.

Staunenswert

Unser Leben ist und bleibt ein Geheimnis. Das können wir am Jahrestag unserer Geburt ganz besonders spüren. Wir haben den Tag, den Ort und die Umstände unserer Geburt weder gewählt noch selbst bestimmt. Wir wurden auch nicht gefragt. Niemand hat sich seine Eltern ausgesucht, seine Erbanlagen, seinen Charakter, sein je eigenes Wesen. Niemand hat selbst entschieden, ob er als Junge oder Mädchen auf die Welt kommen will. Wir wurden so oder so geboren. Leben ist uns geschenkt, zugedacht, manchmal auch zugemutet worden. Wir haben uns unser Leben nicht aus uns selbst genommen, sondern es von unseren Eltern bekommen. Als Gläubige können wir auch sagen, wir verdanken unser Leben letztlich Gott, der es uns anvertraut hat. Was viele unserer jüdischen und christlichen Urmütter und Urväter als Vorfahren im Glauben in den Psalmen gebetet und besungen haben, können auch wir zu unserem Geburtstag singen (nach Psalm 8):

Staunenswert sind alle deine Werke,
mit Weisheit hast du sie alle gemacht.
Seh ich den Mond und die Sterne –
was ist der Mensch, dass du seiner gedenkst,
des Menschen Kind, dass du dich seiner annimmst?
Du hast ihn nur wenig geringer gemacht als Gott,
hast ihm alles zu Füßen gelegt.

Ich kann mich fragen: Wie klingen diese Worte für mich? Klingen sie in mir? Kann ich sie staunend mitbeten, nachvollziehen und dabei noch mehr ins Staunen geraten über das unergründliche Geheimnis meines Lebens? Kann ich ihnen zustimmen oder gibt es da auch Stimmen in mir, die dem widersprechen oder im

Wege stehen? Kann ich mein bisheriges Leben als staunens- und lobenswert empfinden? Oder sagen mir mein Lebensgefühl und meine Lebenserfahrungen etwas anderes, gar Gegenteiliges? Bin ich mit meinem Leben einverstanden und zufrieden oder stehe ich innerlich damit auf Kriegsfuß? Man merkt es einem Menschen an, ob er mit sich und seinem Leben versöhnt und im Reinen ist oder nicht.

Wunderbar und kostbar

Liebes Geburtstagskind, ja, das wünsche ich dir von ganzem Herzen, dass du – ohne Übertreibung – von deinem bisherigen Leben sagen kannst: Es war und ist kostbar und wunderbar. Der heilige Ignatius erinnert im Zusammenhang mit den Exerzitien daran, dass nicht das Vielwissen (wir könnten ergänzen, das Besserwissen, die Besserwisserei oder das Alles-wissen-Wollen oder -Müssen) die Seele sättigt, sondern das Verkosten der Dinge von innen her. Vom Verkosten-Können kommen wir auf den guten Geschmack all des Kostbaren, das es in unserem Leben in so vielen Variationen immer wieder gibt.

Wenn du dich an all das Wunderbare und Kostbare deines Lebens erinnerst, wenn du es beim Namen nennst und dir vor Augen führst, werden dir die Augen beim Staunen immer noch mehr aufgehen. „Öffne meine Augen, Herr, für die Wunder deiner Liebe", so beginnt ein Hymnus aus dem Stundengebet der Kirche, den ich sehr gerne bete; die immer neue Bitte und der innere Wunsch, nicht farbenblind oder ganz blind zu sein für die vielen farbenfrohen Wunder des Lebens, die mir auf Schritt und Tritt, auch mitten im Alltagstrott, begegnen.

Wunderbar und kostbar ist es, wie sich so manches in deinem Leben zum Guten gewendet hat, wie es gefügt wurde und sich entwickelt hat. Wunderbar und kostbar ist es, wie du durch alle Wetter und Zeiten deines bisherigen Weges zu der Person und Persönlichkeit geworden bist, die du heute bist, wie du Fähigkeiten und

Fertigkeiten entwickelt hast, wie dir manches zugewachsen oder in deinem Herzen gereift ist.

Wunderbar und kostbar ist es, wie du Kontakte geknüpft und Beziehungen in deinem Leben gestalten konntest, wie andere auf dich zugegangen und freundschaftlich mit dir umgegangen sind; wie vielen unterschiedlichsten Menschen du so vieles verdankst.

Wunderbar und kostbar ist es, wie sehr dich deine Freundinnen und Freunde schätzen und mögen, was du ihnen wert bist und sie dir. Wem das große Glück gelang, eines Freundes Freund zu sein, der kann sich wohl auch mit Recht glücklich schätzen!

Lebens-, liebens-, lobenswert

Wer sich und sein Leben mit diesem Dreiklang begrüßen und betrachten, empfinden und beschreiben kann, übt die hohe Kunst des Liebens. Wichtige Formen der Liebe im Alltag sind Wohlwollen und Wertschätzung. Allzu oft tun wir bei uns selbst oder auch anderen vieles sehr schnell ab, indem wir es gar nicht für der Rede wert halten. Mit einem solchen abwertenden Blick entwerten wir uns selbst und einander, anstatt uns gegenseitig aufzuwerten und wertschätzend zu begegnen. Wenn ein Mensch zu einem anderen sagt: „Du bist ein Schatz!“, dann schätzt er ihn auch entsprechend hoch und behandelt ihn so.

Auch das wünsche ich dir, dass du immer wieder dir selbst – wenn du in den Spiegel schaust – oder auch sonst sagen kannst: Ja, ich bin liebenswert, mein Leben ist lebens- und lobenswert, weil mein Schöpfer mich so wunderbar gestaltet und mit so vielen Gaben und Begabungen reich beschenkt hat. Das wünsche ich dir sehr, dass du den Tag auch schon vor dem Abend loben kannst, die Menschen, die dir gut sind, dich selbst und deinen Gott, der schon an so vielen, auch trüben Tagen in deinem Leben seine Sonne hat aufgehen und scheinen lassen, damit du seinem Licht mehr trauen kannst als allem Dunklen.

Das wünsche ich dir sehr, dass du viele gute Erfahrungen darin sammelst, wie bereichernd es wirkt, mehr zu loben als zu tadeln, mehr zu danken als zu schimpfen, mehr zu staunen als zu meckern, mehr von den guten Eigenschaften deiner Mitmenschen zu reden als von ihren Fehlern und Schwächen.

Das wünsche ich dir sehr, dass dieser Dreiklang in vielen Gesprächen anklingt, dass er dich begleitet und beflügelt, dem Leben zu trauen, und dem, der es dir tagtäglich erhält und schenkt, mit all seinen Einladungen und Herausforderungen, mit seinen Schätzen und Schatten, mit seinen verborgenen Reichtümern, aber auch Einschränkungen und Grenzen.

Wünschen und Schenken

Vieles habe ich dir schon gewünscht, eines wünsche ich dir nicht, dass du wunschlos glücklich oder auch wunschlos unglücklich werden sollst. Ich finde es ein großes Glück, immer noch Wünsche zu haben und sich etwas wünschen zu können. So bleiben wir doch lebendig und haben immer noch Ziele, die wir anstreben oder erreichen wollen. Natürlich können sich Menschen mit ihren Wünschen und Erwartungen auch ins Unglück stürzen, wenn sie zu unbedacht oder oberflächlich wünschen, wie es ja in vielen Geschichten erzählt wird. Darum wünsche ich dir, dass du dich immer wieder einmal fragst, was dein Herz wirklich begehrt, wohin dich deine tiefste Sehnsucht lockt oder führen will. Mit Wünschen, die von diesem Hintergrund der Seele kommen, wirst du gut beraten und gut bedient sein.

Was wünschst du dir zu deinem Geburtstag in diesem Jahr? Vermutlich wirst du dir vieles wünschen, bei der guten Gesundheit angefangen bis zu den unbezahlbaren und unverzichtbaren Gaben Gottes wie Ich-Stärke, Selbstwertgefühl, heitere Gelassenheit, Engelsgeduld, Sanftmut, Demut und Humor, Lebensfreude und Lebenskunst. Hast du einen ganz besonderen Wunsch, den du schon lange in deinem Herzen hegst und trägst?

Du weißt doch, gute Wünsche sind wie persönliche Geschenke, die uns in unserem Innersten berühren und erfreuen. Sie können uns den Rücken stärken, wenn die Gefahr besteht, dass andere uns in den Rücken fallen. Sie können uns ein Licht aufgehen lassen, wo uns andere in den Schatten stellen. Sie können uns auf die andere – oft vernachlässigte – Seite des Lebens aufmerksam machen, wenn wir nur noch den toten Punkt sehen. Sie können uns ermutigen, wenn wir entmutigt sind. Sie können uns erheitern, wenn wir schon lange nichts mehr zu lachen hatten oder es nahezu verlernt oder vergessen haben.

Sie können uns vergewissern, wenn der Selbstzweifel mal wieder an uns nagt oder es zum Verzweifeln ist mit einem Mitmenschen oder auch mit uns selbst. Mit dem Schenken tun sich ja viele heute zunehmend schwer, weil wir doch alle nahezu alles haben, weil wir doch haben, was wir zum täglichen Leben brauchen, weil wir oft ja gar nicht wissen, womit wir dem anderen wirklich eine Freude bereiten. Schenken ist zu schön und wertvoll, als dass wir es zum Warentausch verkommen lassen dürfen. Schenken ist niemals eine Einbahnstraße, es bereichert den Schenkenden und den Beschenkten zugleich. Es schafft eine innere Verbindung, baut eine Brücke von Mensch zu Mensch, von Herz zu Herz.

Dennoch, am Schenken zeigt sich, ob jemand Fantasie entwickelt, ob sich jemand etwas einfallen lässt oder nur irgendetwas kauft, um seine Geschenkpflicht zu erfüllen.

Neben den Warengutscheinen, die eine echte Alternative zum Geldgeschenk sind, gibt es ja auch noch persönliche Gutscheine, wie zum Beispiel einen ausgiebigen Spaziergang, ein Abendessen, einen Theater-, Kino- oder Zirkusbesuch, einen Ausflug, eine sehr gut überlegte und höchstpersönlich formulierte Idee. Schenken ist immer noch und immer neu so schön. Es ist eine besondere Kunst, die nicht alle in gleicher Weise beherrschen oder verstehen. Schenken und Wünschen gehören zusammen wie Geschwister. Der folgende, schon beinahe hundert Jahre alte Geburtstagsglückwunsch von Bischof Johannes Baptist Sproll von Rottenburg hat an Bedeutung und humorvoller Wirkung gerade für ältere Jubilare immer noch Gültigkeit. Vielleicht steckt in ihm auch der geheime Wunsch des einen oder anderen, der da ins Wort gebracht wird:

Nächstens werd ich 60,
nach dem Himmel lechz' ich.
Doch, o Gott, es hat noch Zeit,
lang ist ja die Ewigkeit.
Füg', o Gott, noch 10 hinzu,
eh du gibst die ew'ge Ruh!

10 zu 60 – dann ergibt sich
die schöne Zahl von 70.
Doch noch höher geht mein Ziel,
nochmal 10 wär nicht zu viel.
Denn wer 70, macht sich
Hoffnung auch auf 80.
Herr, es wär nicht einzig
erreicht ich noch die 90.
Schließlich wär ich nicht verwundert,
brächt' ich's gar auf 100!

Auch mit gemischten Gefühlen

Bei aller Liebe ist der Geburtstag keineswegs für alle nur ein Tag der puren Freude, sondern es mischen sich damit manchmal auch bedauerliche Äußerungen und Empfindungen über das Älterwerden, das Alter und die ach-so-schnell vergehende Zeit, die man weder auf- noch anhalten kann.

Obwohl es einerseits so selbstverständlich ist, dass wir Geburtstage mit anderen feiern, dass wir unseren eigenen feiern, lässt es sich gar nicht so leicht und einfach auf den Punkt bringen, was es mit diesem Tag alles auf sich hat. Er ist ein besonderer Tag, er unterscheidet sich gewaltig von allen anderen Tagen. Es kann an diesem Ehrentag auch so manchen Schatten geben, der die Freude in der Seele trübt. Es kann einem auch schmerzlich bewusst werden, wie vergänglich, wie befristet, wie kurzlebig unsere Erdentage sind. Es kann uns deutlich werden, wie die immer begrenzte Zeit zum Ernst unseres Lebens gehört. So plötzlich kann alles ganz anders sein, und dann ist nichts, aber auch gar nichts mehr so, wie es einmal war. Auch bei diesen ernsten Gedanken dürfen wir uns daran erinnern lassen, dass wir in Gottes Hand sind, ob wir leben oder ob wir sterben.

Dennoch ...

Liebes Geburtstagskind, auch wenn du kein Sonntagskind, auch wenn du kein Glückskind warst und dich eher zu denen zählst, die öfter die schlechten Karten und damit den Kürzeren gezogen haben; auch wenn du nicht vom Erfolg verwöhnt, niemals von irgendwelchen Auszeichnungen oder Goldmedaillen gekrönt wurdest – gibt es nicht dennoch viele Momente des eigenen Glücks, des inneren Staunens über so manche Fügung? Du bist ein Kind des Lichtes, auch wenn du manchmal in den Schatten gestellt wurdest oder dich selbst ins Abseits gebracht hast.

Du bist ein Kind Gottes, auch wenn du ihn manchmal in deinem Leben vermisst oder gesucht hast. Er hat dich niemals vergessen oder fallen gelassen. Er hat stets liebevoll nach dir geschaut und niemals aufgehört, gut für dich zu sorgen.

Vielleicht stellst du dir hin und wieder die Frage, wer du eigentlich bist, wenn du so manches nicht verstehen und begreifen kannst. Die Antwort darauf ist: Du bist ein Kind Gottes, ein einmaliges und einzigartiges! Dein Gott setzt alles daran, dass du das erkennen und bejahen kannst, dass er für dich und mit dir ist, was immer auch geschieht.

Es mag sein, dass sich manches in dir gegen diese göttliche Zusage wehrt und du ihr noch nicht so ganz zustimmen kannst –

oder du sie vielleicht viel zu selten gehört hast. Sie bleibt dennoch wahr. Sie will sich bewahrheiten und bewähren in den unterschiedlichsten Situationen deines Lebens. Darf ich sie dir noch einmal vorsagen, ins Gesicht sagen, so sagen, dass du sie mit den großen Ohren deines Herzens hören kannst und du dich von ihr einfach ansprechen und beschenken lässt? Lass sie dir zu Herzen gehen, bis ins hinterste und äußerste Herzland deiner Sehnsucht, deiner ureigenen Existenz: Du bist ein Kind Gottes, ein einmaliges und einzigartiges!

Festzeiten des Lebens

Herzlichen Glückwunsch zum Jubiläum

Ein Jubiläum will begangen, soll gefeiert, möchte gestaltet werden. Immer geht es dabei um ein besonderes Fest. Viele waren und sind daran beteiligt. Viele sollen sich daran mitfreuen und es mitfeiern. Jubilare sind Menschen, die auf eine ganz bestimmte Wegstrecke ihres Lebens zurückblicken können. Mit Stolz können sie sagen, das habe ich geschafft, das habe ich erreicht, so weit bin ich gekommen. All das war mir möglich mit Gottes Hilfe, durch die Unterstützung vieler, die an meinem Leben Anteil genommen haben und es immer noch tun.

Als Jubilarin, als Jubilar freue ich mich und will die Freude mit vielen teilen, will mit ihnen gemeinsam Dank sagen, diesen Dank gebührend feiern, zum Ausdruck bringen, Gott und den Menschen gegenüber. Darum feiern wir Jubiläumsgottesdienste und Jubiläumsfeste.

Es gibt sehr unterschiedliche Jubiläen, die wir Menschen feiern können: ein Dienst-, ein Ehe-, ein Profess-, ein Priesterjubiläum oder das Jubiläum einer Einrichtung, eines Hauses, einer Gemeinschaft. Je nach der Zahl der Jahre, die es da zu feiern gilt, haben wir besondere Namen, um die Bedeutung und den Wert des Jubiläums zu unterstreichen. Wir kennen silberne, goldene, eiserne, diamantene Jubiläen. Jedes Jubiläum trägt die Botschaft in sich, dass all das, was da gewesen und geworden ist, nicht blindes Schicksal war, sondern Fügung und Führung Gottes, sein Wirken mit und durch uns Menschen.

Jedes Jubiläum verbindet Vergangenes, Gegenwärtiges und Zukünftiges, Sichtbares und Unsichtbares; es birgt in sich den reichen Schatz einer Zusage, eines Versprechens, einer Verheißung Gottes und des Menschen; es verbindet Himmel und Erde. In jedem Jubiläum steckt ein tiefes, ein verborgenes, ein großes Geheimnis. Wir können daran vieles nicht sehen, nicht erklären, mit dem Verstand allein nicht ergründen.

Wer jubiliert,
feiert ein Fest
der Freude,
einen Tag
des Glücks,
einen Festtag
des Lebens.
Wer sich bedankt,
weiß sich beschenkt,
zeigt seine Dankbarkeit,
setzt ein Zeichen, um sie
anderen kundzutun, seine
Freude nicht für sich zu behalten,
sondern mit anderen zu teilen.
Wer jubiliert,
weiß sich beschenkt,
singt ein großes Danklied,
erinnert sich staunend
an die vielen Wunder,
die Gott im Laufe seines
Lebens vollbracht hat.

Ein Jubiläum wie dieses birgt viele Schätze in sich. Es bringt Vorfreude und Aufregung mit sich. Es führt Menschen zusammen und lässt sie beim gemeinsamen Feiern zu neuen Menschen werden, unabhängig von ihrem Lebensalter. So wächst ein Klima der Anerkennung und Wertschätzung. So entsteht eine besondere Atmosphäre, die uns aufschauen und das Herz höherschlagen lässt und unser Leben mit neuem Glanz erfüllt.

Es gibt wahrlich viele gute Gründe, das Leben zu schätzen, sich an ihm zu freuen, es als kostbares Geschenk zu betrachten, dankbar zu empfangen und gebührend zu feiern. Das gilt zunächst für jeden Tag, weil jeder einmalig und einzigartig ist und kein Tag wie der andere ist. Doch können wir es im Dickicht des Alltags oft gar nicht genügend bedenken und üben. Darum gibt es besondere

Tage, festlichere Tage, eben Fest- und Feiertage. In der Sprache der Liturgie gibt es neben den einfachen Gedenktagen die Steigerung zu den Festen und sogar zu den Hochfesten.

Neben den offiziellen Hochfesten des Kirchenjahres kennen wir Menschen wichtige Daten, die wir persönlich in Ehren halten, weil wir sie mit wichtigen Ereignissen des eigenen Lebens verbinden. Vor allem wenn sich ein wichtiges Ereignis in unserem Leben jährt, wie zum Beispiel bei einem runden Geburtstag, einem Ehe-, Ordens- oder Priesterjubiläum, einem Dienst- oder Betriebsjubiläum. Manchmal werden Jubelfeste auch verbunden mit einer Verabschiedung in den wohlverdienten Ruhestand. Da gehört eben auch der gebührende Dank gesagt. Die Verdienste der betreffenden Person müssen benannt, gewürdigt und gefeiert werden.

Der Klang des Wortes „Jubiläum"

In der Alltagssprache kommt das Wort *Jubel, jubilieren* oder *Jubiläum* nicht gerade häufig vor. Es sind ja auch Worte, die wir für das Besondere reservieren. In jedem Menschen steckt die Sehnsucht nach echter Freude. Wenn wir sie erfahren, wollen wir sie auch zeigen, zum Ausdruck bringen, ihr ein Gesicht, eine Gestalt geben. Wir sehen es ja auch am Gesicht, an den Augen eines Menschen, ob er froh oder traurig, bedrückt oder entspannt wirkt. Freude strahlt aus, zieht an, steckt an. In der Nähe eines frohen Menschen fühlen wir uns normalerweise wohler als in einer Umgebung, wo es viel Unangenehmes, Spannungen oder Ärger gibt.

Wenn die Freude sich steigert, wenn sie sich zu ihrer Hochform entwickelt, wird sie größer und stärker. Wenn wir nicht nur froh, sondern hocherfreut sind, dann fangen wir an zu jubeln oder zu jubilieren. Merkwürdig, dass wir das eher von den Vögeln oder den Engeln so sagen. Die zum Jubel gewordene Freude beschwingt und beflügelt den ganzen Menschen. Sie lässt ihm das Herz aufgehen und höherschlagen. Da wird etwas spürbar von der Leichtigkeit des Seins, wo sonst vieles so schwer und mit Beschwerden beladen ist. Wo gejubelt oder jubiliert wird, fühlen wir uns dem Himmel näher, schweben wir in höheren Sphären als sonst im Alltag, wenn wir uns nur auf dem trockenen Boden der Tatsachen oder in so manchen Niederungen befinden.

Auch in der Bibel finden wir den Jubel an vielen Stellen. Dort gibt es die wunderbare Einrichtung vom Jubeljahr, in dem den Menschen alle Schulden erlassen werden und somit ein Neuanfang ermöglicht wird.

So ein Jubiläum hat als Wort
seinen besonderen Klang,
aus ihm sprechen Jubel und Dank,
Staunen und Ehrfurcht,
Anmut und Schönheit.
Eine Jubilarin oder ein Jubilar wird
geehrt, gefeiert, ausgezeichnet,
wird vor allem reich gesegnet,
entdeckt in so vielen Dingen
vergessene Reichtümer
und verborgene Schätze.
Ein Jubiläum strahlt so viel
Glanz aus, zieht Menschen an,
verwandelt den grauen Alltag
in ein farbenfrohes, buntes Fest,
bei dem wir gerne Gäste sind.
Wer sich davon einladen
und beschenken lässt, kommt
neu auf den guten Geschmack
der großen, kostbaren Gnaden,
wie sie nur der Himmel beschert.

Bunt wie das Leben

Mein Lebensweg hat mich im Laufe der Zeit zu besonders freudigen, aber leider auch traurigen Ereignissen geführt. Es gab viel Großartiges, wunderbare Augenblicke der Gnade, erstaunliche Höhepunkte, große und kleine Wunder.

Manchmal mischen sich nicht nur unsere Gefühle, sondern auch komische und tragische, heitere und schmerzliche Situationen. Nirgendwo sonst wohnen die Freude und das Glück, aber auch der Kummer und der Schmerz so nahe beieinander wie in unserem eigenen Herzen. Was immer uns am Herzen liegt, was immer wir auf dem Herzen haben, darin tragen, erwägen oder bewahren, es berührt uns zutiefst, es betrifft unser Innerstes, unser Ureigenstes, unsere Sehnsucht, unser Sinnen und Trachten, unser Verlangen oder Entbehren, unser Wünschen und Wollen. Ja, wir tragen so viel Lust, aber auch Last, so viel Schönes und Schweres, den weiten Spannungsbogen von himmelhoch jauchzend bis zu Tode betrübt, die Glückseligkeit oder auch das Entsetzen, die Menschen, die wir lieben, in den Räumen unseres eigenen Herzens.

Wer ein Jubiläum feiert, dem kommen die unterschiedlichsten und manchmal auch verrücktesten Bilder und Szenen in den Sinn. Eine große und bunte Fülle von inneren Eindrücken und Erinnerungen tut sich da auf. So vieles, das man nur staunend und dankbar beschreiben kann. Manches, für das einem fast die Worte fehlen. Manches herzerfrischend, herzbewegend oder auch herzzerreißend. Oft verbindet sich damit auch die Frage: Wie habe ich das alles bewältigt, wie hat es mich gefordert, wie hat es sich ausgewirkt, wie bin ich damit fertig geworden?

Es gibt nicht nur die lichtvollen und leuchtenden Tage, die sich uns tief in die Seele einprägen, sondern auch die schlimmen und schweren, die dunklen und furchtbaren Tage, die wir erleiden.

In guten und in bösen Zeiten, in schönen und in traurigen Stunden spielt sich unser Leben ab. Es ist in der großen, weiten und in der kleinen Welt meines eigenen Lebens so viel Unglaubliches, Unvermutetes, Überraschendes, Unvorstellbares und Unfassbares geschehen. Es kann mich erschüttern und erschrecken, es kann mich aber auch erstaunen und mit tiefer Dankbarkeit erfüllen.

Lasst Blumen sprechen

Bei all den vielen Ideen, bei aller Fantasie für ein passendes Geschenk zum Jubiläum in Form eines Gutscheins, einer Reise, eines ganz persönlichen Zeichens oder eines Kunstwerks, kommen wir doch immer wieder auf ein beliebtes und ansprechendes Geschenk zurück, nämlich Blumen. Mit einem bunten Blumenstrauß voller blühenden Lebens sollen aller Dank, alle Wertschätzung und alle guten Wünsche gesammelt, gebündelt überreicht werden.

In so manchen Situationen lassen wir gerne Blumen sprechen, weil unsere Worte nicht ausreichen. Jede einzelne Blume will etwas Wichtiges sagen, etwas, das sich oft schwer in Worte fassen lässt und uns doch zutiefst aus dem Herzen kommt, gerade weil die Worte oft nicht wiedergeben können, was das Herz empfindet. Doch für die Sprache der Blumen braucht man weder ein Wörterbuch noch eine Übersetzung. Sie kommt von Herzen und geht zu Herzen. Sie ist so einfach und vielfältig zugleich, so wunderbar und erfrischend, so geheimnis- und liebevoll, so klar und wahr, so köstlich und schön, so gut zu verstehen.

Wovon ein Fest lebt

1. Ein Fest lebt von allen möglichen Vorüberlegungen und vielen Vorbereitungen. Obwohl sie mit einiger Anstrengung und Arbeit, manchem Aufwand verbunden sind, so stehen sie doch ganz im Zeichen der Vorfreude und werden von ihrem Flair umgeben.

Die gute Planung eines Festes beginnt bei der Wahl des Termins, beim Ort und seinem Rahmen, der Gästeliste, den Einladungen und deren Gestaltung, dem Tischschmuck, der Speisekarte, bis zu vielen Details, die bedacht und beachtet sein wollen. Immer lebt ein Fest von der Fantasie derer, die dazu einladen und eingeladen werden. Eine Einladung ist etwas Besonderes, eine Ehre, keine Dienstverpflichtung oder Zwangseinweisung. Der Gastgeber gibt den Gästen die Ehre, sie einzuladen. Die Gäste geben dem Gastgeber die Ehre, indem sie die Einladung annehmen und auch kommen – oder sich entschuldigen, wenn sie verhindert sind. Immer lebt ein Fest von seiner Ankündigung und Einladung, vom Vorlauf, in dem es eingeläutet wird.

2. Ein Fest lebt von der Vorfreude – ich freue mich, diesen oder jenen Menschen, alten Freund, eine langjährige Freundin wiederzusehen, nach vielen Jahren vielleicht –, von dem, wie ich mir das Fest wünsche und vorstelle, was ich mir davon erwarte – und manchmal mischt sich in all die große Vorfreude auch mancher Wermutstropfen an Vorsorge. Wird alles klappen? Habe ich auch nichts vergessen? Hoffentlich verstehen sich die Gäste untereinander? Was ist mit denen, von denen ich schon weiß, dass sie nicht so gut miteinander können? Bis hin zur eigenen Erfahrung mit dem Festtagsteufel, der sich ja auch immer wieder einschleicht, um sein Unwesen zu treiben oder als Spielverderber die gute Stimmung zu trüben.

Es gibt leider auch Feste, die zwar mit einem enormen Aufwand betrieben werden, aber dennoch ohne Seele, ohne große innere Freude sind; sie wirken eher wie eine Pflichtveranstaltung, wie ein Programm, das man durchzieht oder abspult; es fehlen der Glanz und die innere Schönheit, auch wenn die Gestaltung noch so teuer sein mag.

3. Ein Fest lebt von seiner Gemeinschaft, vom bunten Miteinander sehr unterschiedlicher und verschiedener Leute, von ihrem Alter, ihrer Lebenserfahrung, ihren Einstellungen und Ansichten, ihren Meinungen zu Politik oder Kirchenpolitik. Wir fühlen uns auf einem Fest viel wohler, wenn wir uns mit den Tischnachbarn

gut unterhalten können, wenn man sich etwas zu sagen, zu erzählen hat und nicht gelangweilt anschweigt oder in die Runde schaut. Dass Menschen, zwischen denen sonst Welten liegen, sich an diesem Ort und zu diesem Zeitpunkt als Gemeinschaft erleben, grenzt an ein Wunder. Dass sie sich dann im Gespräch möglicherweise auch noch von ganz anderen Seiten kennen- und schätzen lernen, vergrößert das Wunder noch und lässt umso mehr noch staunen.

4. Ein Fest lebt von seinen Geschenken, die viele mit viel Liebe und Fantasie ausgewählt oder selbst gebastelt und vorbereitet haben – zu den besonders wertvollen Geschenken zählen für mich die guten Wünsche und Worte, die Komplimente und Dankesworte, die Gedichte und Lieder, mit denen die Gratulation ausgedrückt wird, ob sie jemand passend ausgewählt oder sogar selbst verfasst hat.

Die Kunst des Schenkens ist mit der Kunst des Feierns verwandt. Im Geschenk wollen doch die Schenkenden den Beschenkten Freude bereiten, sich bedanken, zeigen, wie viel sie ihnen bedeuten und wert sind. Gelungenes Schenken ist kein Zufall, sondern eine Frage des Einfühlungsvermögens und auch des rechten und gesunden Maßes. Ein Geschenk sollte angemessen und passend sein; sonst kann es kränkend oder verletzend, peinlich oder geschmacklos wirken.

5. Ein Fest lebt von seiner Gestaltung – von der festlichen Tafel, dem Schmuck, den Blumen und Kerzen, die nicht fehlen dürfen, von der Unterhaltung und der Musik, von dem, was andere vorbereiten und einbringen – wie zum Beispiel in einem eigens für die Hauptperson des Festes gedichteten Lied oder Verse, die den Gastgeber würdigen, oder eine Laudatio, eine Lobrede auf seine darin besonders geschätzte Persönlichkeit. Ja, ein Fest lebt und wird belebt von guten Ideen und Geistern in Menschengestalt; manchmal wirken sie auch nur im Hintergrund oder im Vorfeld und tragen doch so entscheidend Wichtiges und Wertvolles zum Gelingen des Festes bei. Wo Menschen so zu feiern verstehen, da

wachsen sie manchmal über sich selbst hinaus und werden zu Künstlern, die verzaubern und erstaunen.

6. Ein Fest lebt von der Zeit, vom guten Geschmack, von originellen Ideen, von all dem, was die Verschiedenen einbringen und zum Besten geben. Es lebt von der fürstlichen Mahlzeit, vom gemeinsamen guten Essen und Trinken, vom Speisen und Genießen. Dazu gehört die sorgfältige Auswahl der Getränke, das gute Glas Wein, der besonders edle Tropfen, den man nicht alle Tage trinkt. Ja, ein Fest lebt von all dem vielen Guten, das man sich gut schmecken lässt, weil es das Herz des Menschen und auch seinen Gaumen erfreut. Zu einem großen Fest gehört immer die Fülle, die sich in allem zeigt und aus allem strömt. So können die Feiernden und die Gefeierten erkennen, wie schön das Leben ist, wenn man sich in Hülle und Fülle daran freuen kann und davon beschenkt weiß.

7. Ein Fest lebt vom Glanz und vom Klang, von den Liedern, die erklingen, von der Musik, die gespielt wird oder auch vom Tanz, zu dem eingeladen wird. Man soll die Feste nicht nur feiern, wie sie fallen, sondern auch voll und ganz mit-feiern, sich davon innerlich berühren, beschenken und bewegen, ja manchmal auch mitreißen lassen. Von der Stimmung eines Festes hängt es ab, ob sich die Gäste wohlfühlen, ob sie aus sich herausgehen oder eher reserviert zurückhalten und in der Zuschauer- oder Beobachterrolle bleiben.

Fest ist nicht gleich Fest. Es kann alles noch so perfekt organisiert sein. Es kann alles noch so toll vorbereitet und gestaltet sein; wenn der Funke der Freude nicht überspringt und die Gäste sich davon nicht anstecken lassen, bleibt es möglicherweise eine langweilige oder erzwungene Dienstverpflichtung. Man merkt es einem Fest an, welches Leben in ihm steckt, ob es eine Seele hat, ob es ein eher geistreiches und fantasievolles oder ein steriles, abgesessenes oder abgeleistetes Fest ist.

8. Ein Fest lebt von der gegenseitigen Wertschätzung. Sowohl der Gastgeber als auch die Gäste sind aufeinander angewiesen. Der Gastgeber alleine könnte das Fest nicht feiern, wenn die Gäste nicht kämen. Ob jemand eine Einladung zu schätzen weiß, wird sich darin zeigen, wie er mit ihr umgeht, ob er sie annimmt. So erweist der Gastgeber den Eingeladenen durch die Einladung eine Ehre. Die Gäste wiederum erweisen dem Gastgeber die Ehre, indem sie sich darüber freuen, sie annehmen, kommen und sich dafür bedanken.

Wir kennen ja einige Geschichten, in denen Jesus im Evangelium über die Bedeutung einer Einladung spricht, davon erzählt, wie geladene Gäste sich zwar für ihr Fernbleiben entschuldigen, aber die Entschuldigungen letztlich faule Ausreden sind. Oder wo Jesus das Verhalten der Gäste rügt, wenn sie sich sofort auf die ersten Plätze stürzen oder ein Gast auf einer Hochzeit ohne hochzeitliches Gewand erscheint. Eine besondere Freude ist es wohl für den Gastgeber, wenn die Gäste kommen, sich einbringen und auch lobend erwähnen, wie gut ihnen das Fest gefällt, wie wohl sie sich fühlen, wie sie sich mit dem Jubilar freuen. Es tut dem Gastgeber gut, wenn seine Gäste ihm auch bestätigen, wie vorzüglich ihnen das Essen geschmeckt hat.

9. Ein Fest lebt von der guten Erinnerung, die beim Feiern gepflegt und erzählt wird. Zu einem gelungenen Fest gehören Geschichten, die aus dem Gedächtnis des Herzens, der Dankbarkeit erzählt werden. Ich finde es immer hochinteressant und spannend, wenn zum Anlass des Festes der Gastgeber dadurch gewürdigt wird, dass man Begebenheiten, Anekdoten, Heiteres und Besinnliches aus seinem Leben erzählt – in Gedichtform, als Lied oder in Prosa – oder wenn Gäste sich die Mühe machen, eine kleine Aufführung als Sketch oder Kabarett zu präsentieren. Das verleiht einem Fest seine besondere Note, seinen Charme, seinen Charakter und seinen Schwung.

10. Ein Fest lebt – bei allen noch so vielen Bemühungen um eine perfekte Vorbereitung und kunstvolle, geschmackvolle Gestaltung – von dem, was man weder planen noch machen kann. Ja, ein Fest lebt vom harmonischen Zusammenspiel verschiedenster Kräfte. Es lebt wie das Glück von der Spontaneität, von den Augenblicken, die uns im Herzen berühren und es aufgehen lassen. Es lebt vom Zauber und Geheimnis des Unverfügbaren, des Nichtmachbaren, des Nichtorganisierbaren. Ob die Festtagsstimmung auch für alle Gäste aufkommt und von allen miteinander geteilt wird, lässt sich weder organisieren noch befehlen. Ob ein Fest wirklich auch zu einem Freudenfest wird, kann man nicht verfügen oder anordnen. Es ergibt sich. Es geschieht. Es ist wie ein Wunder, wie all das, was weit über uns hinausgeht und uns auf das immer noch Größere verweist.

Großer Vorrat guter Erinnerungen

Ein Jubiläum braucht die gute Erinnerung, die vielen Fragen, die immer wieder neu auf all das verweisen, was doch alles war, wie es war, wie das alles wahr geworden ist, auf das ich dankbar zurückschauen kann: Wie viel Leidenschaft und Herzblut, wie viel Einsatz und Kraft, wie viele neue Anläufe und erste Schritte, wie viele Handgriffe und gute Worte, wie viel Gespür und Geschick!

Was ist mir alles zugefallen, zugewachsen, was hat sich alles gut entwickelt, ist gut gewachsen und geworden, sogar gereift und hat Früchte gebracht, die ich selbst schon sehen, ernten oder weitergeben konnte. Wie gut haben es die vielen Menschen mit mir gemeint und erst recht der liebende Gott, auch wenn nicht alles nach Plan und Wunsch verlaufen ist, sondern mitunter über Umwege, oder ich erst durch Fehler und Schaden klüger geworden bin.

Wie viel Glück hatte ich bei so Vielem, auch wenn ich manchmal unglücklich war oder länger gebraucht habe, um mein Glück auch genügend schätzen und genießen zu können ... Wie viel Glück hatte ich obendrein noch in allem Unglück, von dem ich nicht verschont geblieben bin! Ohne Übertreibung kann ich meine persönliche Lebenspräfation anstimmen und singen, so wie sie offiziell in der Feier jeder Messe gesprochen oder gesungen wird. Dort beginnt das Hochgebet immer mit der Aufforderung, die Herzen zu erheben, damit sie bei Gott sind, damit sie von seinem Licht erleuchtet, von seinem Atem erfüllt, von seiner Liebe verwandelt, von seiner Treue erneuert, von seiner Größe beseelt werden. Welche wichtigen Stationen, Wende-, Höhe- oder auch Tiefpunkte meines Lebens kämen darin vor, welche Personen würde ich in dieses Loblied aufnehmen, welche Ereignisse würde ich besonders hervorheben, um sie zu besingen, zu würdigen und dafür von ganzem Herzen Dank zu sagen?

Wie würde der Fragen- und Klagenpsalm meines Lebens ausfallen? Was hätte ich darin alles auf dem Herzen, um es bei Gott auszuschütten, es vor ihm ins Wort, zur Sprache zu bringen? Was sind die großen Herzensanliegen, die ich ihm anvertrauen möchte, damit er sich darum kümmert und ich alle meine Sorgen auf ihn werfen und ihm überlassen kann?

Auf die Blickrichtung achten

Bei einem Jubiläum, das man feiern kann, geht der Blick zunächst zurück und dann nach vorne. Mein Augenmerk richtet sich auf all die vielen schönen und kostbaren Augenblicke, die ich erleben konnte. Mit großen Augen schaue ich auf so viel Gutes, das ich in der Vergangenheit erfahren, empfangen, geschenkt bekommen oder geteilt habe, aber auch schenken, geben und tun konnte. Um diese Fülle auch zu erkennen, zu entdecken, zu verkosten, muss ich tief und lange genug schauen. Wenn ich nur oberflächlich hinschaue, entgeht mir vieles, kann ich vieles nicht gut und tief genug erfassen.

Wer weiß, vielleicht kommen mir bei dieser Betrachtungsweise auch Personen oder Situationen in den Sinn, an die ich schon lange nicht mehr gedacht habe, an die ich mich aber jetzt ganz genau erinnern kann. Sie werden, auch nach Jahren oder sogar Jahrzehnten, in mir so lebendig, dass sie jetzt gegenwärtig sind, auch wenn sie schon lange nicht mehr auf dieser Erde leben oder ich gar nicht weiß, wo sie leben und wie es ihnen geht.

Wenn Menschen einander erzählen von dem, was ihnen alles an Gutem widerfahren ist, wie viel Glück sie hatten, wie viel Schönes sie erlebt haben, dann steckt in einer solchen Gemeinschaft eine Quelle von vielen heilenden und heiteren Kräften. Wenn man sich Geschichten aus dem Leben erzählt, berührt das immer die Herzen der anderen, es wirkt wohltuend, erfrischend und ermutigend. Es befähigt zum Staunen, Schmunzeln, Lächeln oder zu einem kräftig lauten Lachen. Das ist so ähnlich, wie wenn Menschen miteinander singen, spielen oder gute Witze erzählen. Es löst und befreit, es tut gut und wirkt heilsam, wie Balsam für die Seele.

Im Augenblick

Bei aller Bedeutung eines aufmerksamen Rückblicks und auch des Blickes nach vorne, in die Zukunft, braucht es auch den bewussten Umgang mit der Gegenwart, dem Hier und Jetzt, dem Augenblick.

Aus der schweren Zeit des Dreißigjährigen Krieges stammen die wunderbaren Verse von Andreas Gryphius über die rechte und beste Einstellung zu dem, was uns oft bewegt, wenn wir merken, wie schnell doch die Zeit vergeht, wie sie uns oft zwischen den Fingern und Dingen zerrinnt. Was können wir da Besseres tun, als diese Worte zu beachten und in unser eigenes tägliches Leben zu übersetzen? Es sind wahrlich weise Worte, damit wir durch sie auch ein weises Herz gewinnen – wie es im Psalm heißt – durch den rechten Umgang mit der Zeit:

Mein sind die Jahre nicht, die mir die Zeit genommen,
mein sind die Jahre nicht, die etwa mögen kommen,
der Augenblick ist mein, und nehm' ich den in Acht,
so ist der mein, der Zeit und Ewigkeit gemacht.

Ich kann aus diesen Gedanken auch ein Dankgebet werden lassen, indem ich meinem Gott und Schöpfer ausdrücklich Dank sage für meine Lebenszeit, die er mir anvertraut hat. Er hat sie mir geschenkt und beschenkt mich damit ständig neu. Aus dieser Herzenserkenntnis erwächst das dankbare Bekenntnis zu ihm.

Ja, Gott, du bist der Schöpfer der Welt und der Zeit,
Tag und Nacht, Stunden und Jahre stammen von dir,
du bist gegenwärtig im Augenblick des Hier und Jetzt,
du warst in meiner Vergangenheit und wirst auch
in Zukunft immer bei mir und mit mir sein.
Ja, Gott, du schenkst uns alle Zeit zum Leben,
dir verdanke ich alle guten Gaben und Gnaden,
du setzt auch die Grenzen, du bestimmst,
wie lange meine Lebenszeit insgesamt dauert,
du bist das große DU, das ewige Geheimnis.
Ja, Gott, du bist in allem so tief verborgen und
offenbarst dich in so vielen Spuren, durch die
ich dich erkennen kann, wahrlich wunderbar;
so unergründlich, unerforschlich wie du bist,
übersteigst du alle unsere Vorstellungen völlig.
Ja, Gott, du erweist dich immer wieder als der
ganz andere, viel größer und viel kleiner zugleich,
oft scheinst du uns so unendlich fern, so unnahbar;
und doch bist du uns herzensnah; näher als wir uns
selbst je sein können, wohnst du im Grund der Seele.

Was letztlich bleibt

Wenn das Fest gefeiert, die Feier vorbei ist, die Gäste wieder nach Hause gegangen, die Geschenke ausgepackt und aufgeräumt sind, wenn die Blumen verblüht sind, der Schmuck sorgfältig entsorgt ist, wenn mit dem Alltag wieder die Normalität eingekehrt ist, stellt sich die Frage: Was bleibt?

Es bleiben wohl der gute Ausklang und der Nachgeschmack. So manche Klänge und Bilder kann ich gut im Herzen bewahren, hegen und pflegen. Sie können mir zum nährenden Seelenproviant werden auf dem inneren Weg durch manche Engpässe und dunkle Schluchten, durch die ich – warum auch immer – hindurch muss.

Als Kind, kann ich mich erinnern, gab es oft am Tag nach dem Fest nachmittags noch einmal so eine kleine Nachfeier, die man „Brockenfest“ genannt hat: kein besonders schönes Wort für eine schöne Sache. Bei allem, was vergangen ist, bleiben wertvolle Eindrücke und unvergängliche Erinnerungen an wundervolle glückliche Stunden, ja an Sternstunden, in denen man sich dem Himmel näher geglaubt hat als sonst.

Mir bleibt persönlich die sehr gute Erinnerung an so viele schöne Feste, die ich im Laufe meines bisherigen Lebens mitfeiern konnte. Sie alle haben in der Landschaft meines Herzens tiefe Spuren, einen guten Nachgeschmack, einen Schimmer vom Glanz des Himmels, einen Vorgeschmack auf den Himmel hinterlassen.

Die Freude eines jeden Tages

Freu dich an deinem Leben

Du brauchst keine besonderen Gründe, um dich freuen zu können. Lebe einfach dein Leben. Dann gibt es genügend Grund, dich zu freuen. Du kannst dich freuen an dem, was lebendig ist, was aufblüht in dir oder in der Natur. Das Leben außen ist immer auch ein Bild für das Leben, das in dir ist.

Das Grimm'sche Märchen „Hans im Glück" beschreibt uns, dass nicht äußere Dinge für die Freude am Leben notwendig sind, weder Gold noch die Schnelligkeit und die Kraft des Pferdes, noch die Nahrhaftigkeit des Schweines oder der Gans, noch der Erfolg durch die Arbeit. Als Hans im Glück alles verloren hat, tanzt er voller Freude über seine Lebendigkeit.

Das Märchen erzählt, dass die Wetzsteine zum Scherenschleifen, die sein letzter Besitz waren, in den Brunnen fielen. Als er sie in die Tiefe hatte versinken sehen, sprang er vor Freude auf, kniete nieder und dankte Gott, dass er ihm auch diese Gnade noch erwiesen und ihn auf eine so gute Art, und ohne dass er sich einen Vorwurf zu machen brauchte, von den schweren Steinen befreit hätte, die ihm allein noch hinderlich gewesen wären. Und befreit rief er aus: „So glücklich wie ich bin, gibt es keinen Menschen unter der Sonne."

Wenn ein Mensch ganz im Augenblick ist, dann hat er alles, was er braucht. Das Märchen lehrt uns, dass wir nichts anderes zur Freude brauchen als uns selbst. Indem ich die innere Freiheit spüre, indem ich tanze, weil ich niemandem etwas beweisen oder vorweisen muss, wird die Freude in mir immer größer. Ich freue mich einfach an der Tatsache, dass ich lebe, dass ich springen kann, dass ich da bin und diese Welt in ihrer Schönheit wahrnehme.

Versuche, wie Hans im Glück, morgens aus dem Haus zu gehen und dich einfach darüber zu freuen, dass du einen neuen Tag beginnst, dass du arbeiten kannst, dass du Menschen begegnen wirst und dass du etwas erleben wirst.

Freue dich an dem, was dir täglich begegnet, innen wie außen. Wenn du dich selbst spürst in allem, was du tust und sagst, und wenn du im Einklang mit dir bist, dann bist du auch voller Freude. Freude ist Ausdruck des inneren Einklangs, des Ausgesöhntseins mit dir selbst.

Freude ist eine Entscheidung für das Leben, das du lebst. Du willst kein anderes. Du schielst nicht nach dem Leben der anderen. Du vergleichst dich nicht. Du lebst einfach dein Leben. Das ist Grund genug zur Freude.

Dann gehe deine Lebensgeschichte durch. Du hast allen Grund, dich über vieles zu freuen, an das du dich erinnerst. Du erinnerst dich an die Freude, die du empfunden hast, als du auf das Läuten der kleinen Weihnachtsglocke in das weihnachtlich geschmückte Wohnzimmer tratst, als du den Christbaum mit den vielen Kerzen sahst. Du spürst die Freude auch heute noch, wenn du dich in diese Erinnerung vertiefst. So gibt es viele Erinnerungen, die dich mit Freude erfüllen.

Schau deine Ferien und deine Urlaubszeiten an. Da gibt es sicher viele Erfahrungen, über die du dich gefreut hast, über schöne Landschaften, über Begegnungen mit fremden Menschen und Kulturen, über die Freude am Schwimmen in einem See, der von wunderbaren Bergen umgeben war. Du erinnerst dich an mühsame Wanderungen, die von der Freude über den Gipfel gekrönt waren, den du bestiegen hast. Du hast die wunderbare Aussicht genossen. Und du warst stolz auf dich, dass du diesen Aufstieg geschafft hast.

Und Du erinnerst dich an schöne Urlaubsabende, an denen ihr gemeinsam das gute Essen und den Rotwein genossen habt, der für die Gegend charakteristisch war und der den Geschmack der Landschaft angenommen hatte.

Erzähle einem anderen deine Lebensgeschichte. Es gibt darin sicher manches Traurige und Harte. Doch im Erzählen wirst du oft genug auch Freude und Dankbarkeit spüren für das, was du erlebt hast. Indem du erzählst, wie originell du vielleicht auf die Wünsche deines Onkels oder deiner Tante reagiert hast, wie du mit einem Wort die ganze Lüge einer wohlgeordneten Verwandtschaftswelt entlarvt hast, wie du Worte gefunden hast, die die Welt der Erwachsenen durcheinandergebracht haben. Während deiner Erzählungen wirst du dich an vieles erinnern, was du vergessen hast. Im Erzählen wird es wieder präsent. Und die Freude, die du damals empfunden hast, steigt auch jetzt in dir empor, da du diese Begebenheit schilderst.

Geh deine Lebensgeschichte durch und frage dich, wo du dich gefreut hast und was dich jeweils froh gemacht hat. Oder schau einfach voller Dankbarkeit auf deine Geschichte. Dann wirst du auch Freude in dir spüren.

Freude hat auch hier mit Entscheidung zu tun: Ich entscheide mich für mich selbst. Ich erlaube mir, so zu sein, wie ich bin. Ich höre auf, mich ständig zu entwerten, mich mit anderen zu vergleichen. Ich bin ich. Ich bin von Gott geschaffen. Ich bin Gottes geliebter Sohn, Gottes geliebte Tochter. Diese Geschichte gehört zu mir. Ich bin froh, diese Geschichte erlebt zu haben.

Freu dich an der Natur

Wenn wir in der Bibel die vielen Stellen über die Freude lesen, so gibt es neben der Freude über Gottes Handeln in der Geschichte in gleichem Maße die Freude an Gottes Schöpfung. Die Frommen freuen sich an der Schönheit der Schöpfung, in die Gott sie gestellt hat. Im Psalm 104 zum Beispiel zählt der Beter auf, wie Gott in seiner Schöpfung für Tiere und Menschen sorgt: Er lässt Quellen hervorsprudeln, an denen die Wildesel ihren Durst stillen, da erklingt aus den Zweigen der Gesang der Vögel. Der Beter erlebt Gott als den, der voller Freude mit seiner Schöpfung spielt und sich seiner Werke erfreut. Und so antwortet er auf das wunderbare Spiel der Schöpfung:

Lobe den Herrn, meine Seele!
Herr, mein Gott, du bist gewaltig groß!
Du schickst Quellen aus in die Bäche,
zwischen den Bergen eilen sie hin.
Sie tränken alles Getier des Feldes,
die Wildesel löschen ihren Durst.
An ihnen nisten die Vögel des Himmels,
sie lassen ihren Ruf ertönen aus dem Gezweig.
Du tränkst die Berge aus deinen Kammern,
von der Frucht deiner Werke wird die Erde satt.
Du lässt Gras sprießen für das Vieh
und Pflanzen für den Ackerbau des Menschen,
damit er Brot gewinnt von der Erde
und Wein, der das Herz des Menschen erfreut.
Du hast den Mond gemacht
als Maß für die Zeiten, die Sonne,
die ihren Untergang kennt.
Wie zahlreich sind deine Werke, o Herr!
In Weisheit hast du sie alle geschaffen.
Auf dich warten sie alle,
dass du ihnen Speise gibst zur rechten Zeit.
Du gibst ihnen –
sie sammeln ein,
du öffnest deine Hand –
sie werden gesättigt mit Gutem.
Singen will ich dem Herrn,
solange ich lebe,
meinem Gott will ich spielen,
solange ich bin.
Möge ihm mein Dichten gefallen!
Ich aber, ich will mich freuen des Herrn.
Psalm 104
(Münsterschwarzacher Übersetzung, in Auszügen)

Im Dichten ahmt der Psalmist Gott nach. Die Griechen kennen das gleiche Wort für Schöpfung und Dichtung: „poiesis". Genauso schön, wie Gott die Welt erschaffen hat, will der Dichter über diese Welt singen. Die Schönheit seines Liedes will die Schönheit der Welt zum Klingen bringen.

Wir können durch die Natur gehen und dabei über unsere Probleme und Sorgen nachdenken. Dann wird uns der Spaziergang keine Freude schenken. Wenn ich aber bewusst durch die Natur gehe, wenn ich das frische Grün der Bäume wahrnehme, wenn ich das Spiel des Sonnenlichts beobachte, kann ich mit Freude erfüllt werden. Ich kann mich freuen am schönen Weg, an der Stille, die der Wald mir schenkt. Ich nehme den Geruch des Waldes oder der Wiese wahr, ich freue mich an der Lebendigkeit, die mich umgibt, am Zwitschern der Vögel, am Rauschen des Waldes, am leisen Wehen des Grases, an den Grillen, die zirpen. Es kommt nur darauf an, dass ich ganz im Augenblick bin und bewusst die Natur wahrnehme. Dann gibt es genügend Gründe, mich zu freuen.

In meinen persönlichen Exerzitien bin ich nachmittags immer gewandert. Da ging es nach einem steilen Anstieg auf einem ebenen Weg durch einen jungen Buchenwald. Die Sonne schien durch das frische Grün hindurch und hinterließ ein herrliches Lichtspiel. Es waren wunderbar warme und frische Farben. Ich hielt einfach nur inne und beobachtete den Wald und das Spiel des Lichtes im Laubdach der Buchen. Da wurde mein Herz von Freude erfüllt. Ich spürte: Hier habe ich alles, was ich brauche. Ich muss nicht eine bestimmte Strecke laufen. Ich muss nicht an ein Ziel kommen. Ich kann einfach voller Freude diesen Augenblick genießen, da sich mir der Wald im Sonnenlicht in seiner ganzen Schönheit zeigt.

Wenn ich im Urlaub in den Bergen wandere, dann nehme ich oft staunend die Schönheit der Berge wahr. Immer wieder ergeben sich neue Ausblicke. Und es ist wunderbar, in einer Landschaft zu wandern, die von hohen Bergen gekrönt ist. Manche Bergmassive haben so etwas Erhabenes an sich, dass ich mich daran nicht genug sattsehen kann. Der Berg sieht nach jeder Weggabelung anders aus.

Viele Menschen sind heute unfähig zu solcher Freude. Ihr Blick hat sich so auf die eigenen Probleme fixiert, dass sie vor lauter Jammern über die eigene Situation gar nicht sehen, wie schön die Welt um sie herum ist. Sie sehen nicht, was ist. Und sie sind nicht in Beziehung zur Schöpfung, in die sie eingebettet sind.

Die Schönheit der Schöpfung erzeugt von selbst in uns Freude. Aber es braucht auch die Offenheit dafür. Wenn ich bewusst die Schönheit der Schöpfung wahrnehme und mich daran freue, dann ist das gesundheitsfördernd, dann tut das nicht nur dem Leib, sondern auch der Seele gut, dann werden meine Augen leuchten und das Leben in mir blüht auf.

Freu dich am Glück in den kleinen Dingen

Jeden Tag gibt es genügend Gelegenheiten, dich am Glück der kleinen Dinge des Alltags zu freuen: Dir gelingt etwas, wenn du im Keller bastelst. Oder du hast im Haus etwas repariert und bist ganz stolz darauf, dass es dir geglückt ist. Du räumst dein Zimmer auf, weil du das Gefühl hast, es steht alles zu voll. Du fühlst dich nicht mehr wohl. Wenn du einiges entsorgt und die Möbel umgestellt hast, sodass es sich jetzt in deinem Zimmer viel weiter und freier anfühlt, dann freust du dich. Du schaust nicht auf die Mühe, die dich die Arbeit gekostet hat. Du bist voller Freude, dass du es angepackt hast und dass es dir so gut gelungen ist

Du kennst auch das gegenteilige Gefühl: Du fühlst dich nicht wohl. Du jammerst lieber. Du sagst dir vor: Eigentlich müsste ich hier mal Ordnung schaffen. Aber du hast ja so viel zu tun. So verschiebst du es immer wieder. Dann lähmt dich die Unlust. Wenn du dich aber entschließt, das Aufräumen anzupacken, dann freust du dich schon bei der Arbeit. Und nachher bist du stolz auf dich, auch wenn du dich müde fühlst. Aber es ist eine schöne Müdigkeit, eine, die mit Freude verbunden ist.

Du bekommst einen Brief von einer Freundin, die schon lange nicht mehr geschrieben hat. Du freust dich über das Zeichen ihrer Zuwendung, ihres Interesses an dir. Du öffnest voller Freude den Brief und liest ihn andächtig. Du fühlst dich verbunden mit der Freundin. Und alle guten Erinnerungen an die gemeinsamen Erlebnisse steigen in dir auf. Und du setzt dich voll Freude hin, um selbst einen Brief zu schreiben. Du freust dich, wenn du daran denkst, wie deine Freundin den Brief aufnehmen wird. Du hast Freude an deinen eigenen Formulierungen, an den Worten, die dir aus der Feder fließen.

Du frühstückst mit deiner Familie. Deine Kinder sind fröhlich. Sie necken sich gegenseitig. Sie haben Freude am gemeinsamen Spiel. Du schaust auf deine Familie und bist einfach fröhlich, dass du solche Kinder hast, mit diesen spontanen Einfällen, mit ihrer Lebensfreude. Das Gespräch entwickelt sich gut. Ihr redet nicht nur über Belangloses, sondern auf einmal seid ihr in theologische oder spirituelle oder auch politische Diskussionen verwickelt. Aber es gibt keine plakativen Vorurteile, kein Schimpfen auf die Politiker oder Bischöfe, sondern ein ehrliches Ringen um politische Lösungen, die wirklich tragen, und um theologische Aussagen, die das Herz berühren und unseren Verstand zufriedenstellen. Wenn du abends heimkommst, freust du dich auf das gute Abendessen. Und du freust dich auf den Sportabend oder den Kinobesuch mit deiner Frau. Und du freust dich auf deine Kinder, die dich erwarten und dir erzählen wollen, was heute alles los war in der Schule oder im Kindergarten. Sie bringen dich auf andere Gedanken. Du kannst die Arbeit loslassen und dich voll Freude den Kindern zuwenden.

Wenn du aber das Gefühl hast, jetzt nach der vielen Arbeit auch noch die Arbeit mit den Kindern leisten zu müssen, dann fühlst du dich gestresst. Es liegt auch an dir, wie du nach Hause kommst und wie du auf die Kinder reagierst. Wenn du dich nicht unter Druck setzt, sondern dich einfach auf sie einlässt, dann wird es dir leichtfallen und du wirst genügend Gelegenheiten haben, dich über deine Kinder und mit deinen Kindern zu freuen.

Und dann freust du dich nach dem langen Tag auf das Bett. Du lässt dich von Gottes guten Händen tragen. Du kuschelst dich in dein Bett und fühlst dich geborgen. Und du blickst dankbar und fröhlich zurück auf den Tag. Du nimmst die Freude mit in die Nacht. Wenn du mit dieser Freude und Dankbarkeit einschläfst, dann wirst du auch mit guten Gefühlen aufwachen.

Die frühen Mönche wussten, dass die Gefühle, mit denen wir abends ins Bett gehen, auch den nächsten Tag prägen. Denn die guten Gefühle bewirken oft auch gute und hoffnungsvolle Träume, während Ärger oder Unzufriedenheit sich in unruhigen Träumen auswirken. Geh also mit Freude ins Bett, dann wird Gott dich auch am Morgen als einen fröhlichen und dankbaren Menschen aufwecken.

Freu dich an deinen Ritualen

Eine besondere Weise, sich am Augenblick zu freuen, ist die Freude an persönlichen Ritualen. Ich freue mich zum Beispiel, wenn ich mich morgens nach dem Aufstehen aufrecht hinstelle und die Hände zum Segen erhebe. Ich segne die Menschen, mit denen ich heute zu tun haben werde: die Mitbrüder, mit denen ich jetzt gleich zum Chorgebet gehe, die Mitarbeiter, die im Büro etwas von mir wollen, die Menschen, die zum Kurs oder zum Vortrag kommen, und die Menschen, mit denen ich mich innerlich verbunden fühle.

Dieses Segnen ist mein Morgenritual, auf das ich mich täglich freue. Es ist keine lästige Pflicht. Wenn ich es vollziehe, dann fühle ich mich ganz im Augenblick, dann beginnt der Tag gut. Die alten Griechen begründen die Rituale mit zwei Bildern: Weil unser Leben ein beständiges Fest ist, feiern wir das Leben in den Ritualen. So bekommt es einen festlichen Charakter. Das Ritual zieht den Alltag aus einer leeren Routine heraus und gibt ihm den Glanz eines Festes. Der Sinn des Festes ist, dass der Mensch dem Leben zustimmt. Jedes Fest bringt den Menschen – so der ehemalige Linzer Pastoraltheologe Wilhelm Zauner – „zum Einverständnis mit sich selbst, vermittelt Lebenssinn und Lebensfreude". Im Ritual wird etwas von diesem Einverständnis sichtbar. Ich vollziehe das Ritual, weil ich eingebettet bin in mein Leben. Und ich zeige im Ritual, dass mein Leben getragen ist von Gottes liebender Zuwendung.

Das zweite Bild, das die Griechen mit dem Ritual verbinden, ist: Das Ritual schafft einen heiligen Ort und eine heilige Zeit. Und heilig ist das, was der Welt entzogen ist. Die heilige Zeit gehört mir. Darüber kann niemand verfügen. Ich atme darin auf, ich fühle mich frei. Sie ist meine eigene Zeit. Ich habe das Gefühl, dass ich in ihr selbst lebe, anstatt gelebt zu werden. Die alten Griechen sagen, dass nur das Heilige zu heilen vermag. Die heilige Zeit, die ich oft auch mit einem heiligen Ort verbinde – mit meiner Gebetsecke oder mit der Kirche oder mit dem Kreuzgang –, ist heilsam für mich. Sie zeigt mir, dass ich jetzt ganz da bin, eins mit mir selbst, eins mit Gott. Das Ritual ist mir keine Pflicht, die ich erfüllen muss, sondern es schafft mitten in den Verpflichtungen des Alltags einen Freiraum, der mir gehört und der mich frei aufatmen lässt.

Es gibt aber nicht nur die Rituale, die meinem Alltag ein festliches Gepräge geben und ihn mit Freude erfüllen. Es gibt auch die Rituale, die an ganz bestimmte Feste oder Festzeiten gebunden sind. Diese Rituale vollziehen wir meistens mit anderen.

In der Adventszeit haben wir in unserem Kloster zum Beispiel vor dem Abendessen am Samstag das Ritual, dass der Speisesaal ganz dunkel ist und nur die Kerzen am Adventskranz brennen. Dann singt der Cantor den adventlichen Ruf „Rorate coeli desuper – Tauet, Himmel, von oben", und alle wiederholen diesen Vers voller Sehnsucht nach dem Einbrechen Gottes in unsere Welt. Dann ist für mich Advent. Das Ritual ruft all die Erinnerungen in mir wach, die ich seit meiner Kindheit mit der Adventszeit verbinde. Es bringt mich in Berührung mit der Freude über den Advent und über das Kommen Jesu in meinen Alltag, in mein Herz.

Auch die Rituale, mit denen wir im Kloster Weihnachten feiern, sind jedes Jahr die gleichen. Das ist keine Routine, es erspart uns vielmehr den Leistungsdruck, uns jedes Jahr an Weihnachten mit neuen Einfällen überbieten zu müssen. Die Rituale verleihen der Zeit den festlichen Charakter, sie lassen das Geheimnis von Weihnachten aufleuchten. Diese Rituale müssen nichts Besonderes sein. Es sind aber Rituale, die nur an Weihnachten so gefeiert werden. Das genügt, um all das in meinem Herzen anklingen zu lassen, was ich in meinem Leben mit Weihnachten verbunden und an diesem Fest erfahren habe.

Zu den Festritualen an Weihnachten und Ostern gehören auch ganz weltliche Dinge: Wenn beim Frühstück an Weihnachten ein Tisch mit Weihnachtstüten oder an Ostern mit einem Osterhasen aus Schokolade gedeckt ist, dann drückt das etwas vom jeweiligen Fest aus. Dann ist das Fest erfahrbar. Natürlich sind diese kleinen Geschenke nur etwas Äußerliches. Das Eigentliche geschieht in der Liturgie, in den Gesängen, die für jedes Fest ihre charakteristische Färbung haben, in den besonderen Melodien, die das Fest im Herzen anklingen lassen.

Manchmal sind es persönliche Rituale, auf die sich die Leute freuen. Oft sind es aber auch Familienrituale: Die Leute entdecken, dass sie viel an Lebensqualität verloren haben, weil sie die Rituale abgeschafft haben. Viele bekommen dann wirklich Lust, auch in der Familie wieder Rituale einzuführen, etwa das Ritual des gemeinsamen Tischgebetes oder ein Ritual, den Sonntag gemeinsam zu beginnen, oder das Ritual, das Kind zu segnen, wenn es wegfährt und für länger von zu Hause weggeht. Oder sie lassen sich für die jährliche Geburtstagsfeier der Angehörigen Rituale einfallen, die den Tag verschönen und die Menschen miteinander auf neue Weise verbinden.

Rituale sind der Ort, an dem Gefühle ausgedrückt werden, die sonst nur selten oder gar nicht zum Ausdruck kommen. Das tut den Menschen gut. Das vertieft ihre Beziehungen. Manchmal erzählen mir dann Menschen, dass sie sich darüber freuen, Rituale für sich neu entdeckt zu haben. Und dass sie diese Rituale gerne vollziehen, dass diese ihrem Leben eine neue Qualität und neue Freude schenken.

Der Mensch ist für die Freude geboren

Freu dich am Leben! – Diese Aufforderung ist nicht nur Ausdruck eines persönlichen Optimismus, der sich anderen mitteilen möchte. Vielmehr zielt diese Aufforderung in die Mitte des christlichen Glaubens. Nach der Bibel ist Gott von seinem Wesen her Liebe. Liebe und Freude aber gehören eng zusammen. Wenn Gott die Quelle der Liebe ist, dann ist er auch die Quelle der Freude. Die Freude wird von Paulus im Galaterbrief als eine Frucht des Heiligen Geistes verstanden. Sie hat eine spirituelle Grundlage und ist mehr als eine optimistische und fröhliche Grundhaltung.

Hans Wallhof zitiert in einem Artikel über die Freude den französischen Romanschriftsteller Georges Bernanos (1888–1948), den Naturwissenschaftler Blaise Pascal (1623–1662), den Dichter Paul Claudel (1868–1955) und die heilige Elisabeth von Thüringen (1206–1231). Im Blick auf diese Texte wird abschließend deutlich, was Freude meint: Georges Bernanos stammt aus dem katholischen Milieu. Er dachte viel über das Geheimnis des Glaubens in seinen Romanen nach und meint, die Aufgabe der Kirche bestehe darin, „die Quellen der verlorenen Freude wiederzufinden". Das Evangelium ist ja die Frohe Botschaft, die Botschaft von der Freude über Gottes Wirken in Jesus Christus. Eine Spiritualität, die vor lauter Moralisieren die Freude vergisst, widerspricht dem Evangelium Jesu Christi.

Es ist für mich eine interessante Aufgabe, die Georges Bernanos der Kirche zutraut: die Quellen der verlorenen Freude wiederzufinden. Die Kirche muss die Menschen nicht auffordern, dass sie sich freuen sollen. Denn diese Aufforderung wird kaum fruchten. Doch ihre Aufgabe ist es, die Quellen der verlorenen Freude wiederzufinden. In jedem von uns ist eine Quelle der Freude. Sie ist oft genug verschüttet. Die Frohe Botschaft des Evangeliums will uns mit dieser vergessenen oder verlorenen Quelle der Freude wieder in Berührung bringen.

Blaise Pascal hat uns schon rund dreihundert Jahre vor Georges Bernanos den Satz hinterlassen: „Der Mensch ist für die Freude geboren.“ Blaise Pascal sieht in der Freude ein Wesensmerkmal des Menschen. Und Spiritualität besteht für ihn darin, den Menschen mit seinem Wesen in Berührung zu bringen. Und dieses Wesen des Menschen ist die Freude.

Das ist seine tiefste Bestimmung.

Paul Claudel hat auch einen wichtigen Beitrag zum Thema Freude formuliert. Er meint, dass die Christen einen Auftrag zur Freude haben: „Lehre sie, dass sie keine andere Aufgabe haben als die Freude.“ Die Freude, die Paul Claudel meint, ist Ausdruck der Liebe, die im Zentrum unseres Glaubens steht.

Diese Beziehung zwischen Liebe und Freude hat auch die große Heilige Elisabeth von Thüringen verstanden, das zeigt sich darin, dass sie als Essenz ihres kurzen Lebens formulieren kann: „Wo man Liebe sät, wächst Freude empor.“ Unser Glaube will sich bei uns dadurch verwirklichen, dass wir die Freude widerstrahlen, die uns Christus durch seinen Geist ins Herz gesandt hat.

In dem Maß, in dem wir zur Freude fähig sind, zeigen wir, dass wir den Glauben verstanden haben, den uns Jesus Christus in seiner Frohen Botschaft, in seinem Evangelium verkündet hat.

Freu dich an deinem Leben – denn du hast allen Grund dazu! Gott selbst ist die Quelle deiner Freude. Wenn du ihn in dein Herz einlässt, dann findest du die verlorene Quelle der Freude in deinem Herzen wieder. Und dann wird deine Freude sich auch anderen mitteilen und andere erfreuen.

Ich hoffe, ich konnte in diesen Zeilen die Augen wieder öffnen für die vielen Gelegenheiten, bei denen du dich freuen kannst. Du musst dich nicht freuen, nur weil ich jetzt von der Freude schreibe. Aber ich wünsche dir, dass du mit der Freude in Berührung kommst, die auch auf dem Grund deiner Seele in dir vorhanden ist. Ich wünsche dir, dass du in deinem Leben Lichtpunkte und Gelegenheiten der Freude entdecken kannst, und dass du dich mit gutem Gewissen freuen kannst.

Gute Worte für Zeiten des Umbruchs und Aufbruchs

Älterwerden

Die Kunst des Älterwerdens

Henri Nouwen, der Theologe und geistliche Schriftsteller, beginnt sein Buch über das Älterwerden mit einer balinesischen Legende:

„Es wird erzählt, dass in einem entlegenen Bergdorf einstmals ein Volk seine alten Männer zu opfern und dann zu essen pflegte. Es kam der Tag, an dem kein einziger alter Mann übrig war und die Überlieferungen verloren gegangen waren. Nun wollten sie ein großes Haus für die Versammlungen ihres Rates bauen, aber da sie die Baumstämme betrachteten, die für diesen Zweck geschlagen worden waren, konnte keiner sagen, was unten und was oben war: Würden nämlich die Balken verkehrt herum aufgestellt, würde das eine ganze Kette von Verhängnissen auslösen. Ein junger Mann sagte, er könnte wohl eine Lösung finden, wenn sie versprächen, keine alten Männer mehr zu essen. Sie versprachen es. Er führte seinen Großvater herbei, den er versteckt gehalten hatte; und der alte Mann sagte der Gemeinschaft, wie man das obere vom unteren Ende unterscheiden kann."

Diese Legende ist heute aktueller denn je. Denn auch wir sind in Gefahr, unsere Alten zu „verzehren" und zu opfern. Die heute weit verbreitete Klage über die Überalterung der Gesellschaft hat oft einen aggressiven Unterton. Wir sondern die Alten zugleich ab und schließen sie aus der Gemeinschaft der Jüngeren aus. Manche Veröffentlichungen und Stimmen in der öffentlichen Diskussion sehen die vielen Alten als Zumutung für unsere Gesellschaft und als Last für die nachwachsende Generation.

Die Legende aus Bali zeigt uns, dass wir die Alten nicht auf dem Altar finanzieller Berechnungen opfern dürfen. Würden wir dies tun, dann würden uns alte Weise fehlen, die in den Fragmenten unserer Existenz noch wissen, was oben und was unten ist. Wir brauchen auch heute alte Menschen, die uns sagen, wie die Bruchstücke unseres Lebens zusammengehören und wie wir für unsere Gemeinschaft und Gesellschaft ein tragfähiges Haus bauen können. In der Legende weiß der Großvater, was oben und was unten ist, welches die Maßstäbe sind, nach denen das Leben gelingt. Wenn uns die alten weisen Menschen abhandenkommen, dann verliert die Gesellschaft das Gespür für das rechte Maß. Frühere Zeiten haben die Alten hoch geschätzt. Sie waren der Reichtum eines Volkes. Als Mose auf dem Weg ins Gelobte Land vor dem Volk ein Lied singt und es auf Gottes Willen verweist, lenkt er ihren Blick auf die alten Menschen im Volk: „Frag die Alten, sie werden es dir sagen" (Deuteronomium 32,7).

In den Alten – so weiß es Mose – ist ein Wissen, das das Volk braucht, um gut leben zu können. Heute dagegen wird die Jugend als alleiniges Ideal gesehen: Wir sollten immer jung bleiben. C. G. Jung meint, es sei eine Perversion der Kultur, wenn sich die Alten wie Junge gebärden und meinen, sie müssten die Jungen an Arbeitseifer und Leistung übertreffen. Wir brauchen in unserer Gesellschaft ein neues Gespür für die Weisheit und für den Sinn des Alters. Damit heben und schützen wir den Schatz, den die Gesellschaft in sich birgt. Zugleich lässt uns die Wertschätzung des Alters auch unser eigenes Älterwerden positiv betrachten. Jeder Mensch wird täglich älter. Das Nachdenken über das Alter ist daher nicht nur für die Alten wichtig, sondern für jeden Menschen. Sein Leben gelingt nur, wenn er sich dem Prozess des Älterwerdens stellt. Altern ist eine Grunderfahrung des Menschen. Über das Alter zu reflektieren ist daher immer auch ein Nachdenken über das Geheimnis des Menschseins an sich.

Der Mensch wird von allein alt. Aber ob sein Altern gelingt, hängt von ihm ab. Es ist eine hohe Kunst, in guter Weise älter zu werden. Kunst kommt von „können", das ursprünglich mit „wissen", „verstehen" und mit „kennen" zusammenhängt. Die Kunst des Älterwerdens verlangt ein Wissen um das Geheimnis des Alters. Und sie braucht Übung. Kunst gelingt nicht von allein. So geht es darum, das Älterwerden in einer guten Weise einzuüben. Es muss aber nicht alles perfekt sein. „Es ist noch kein Meister vom Himmel gefallen", sagt das Sprichwort. Wer die Kunst des

Älterwerdens erlernen will, darf dabei auch Fehler machen. „Durch Fehler wird man klug", sagt ein anderes Sprichwort. Für den griechischen Philosophen Platon hat Kunst immer etwas mit Nachahmung zu tun. Der Mensch ahmt das nach, was er in der Natur sieht und was er in den Ideen schaut, die Gott ihm eingibt. Und für Platon braucht es die Gestaltungskraft des Menschen, um im Nachahmen etwas Kunstvolles zu schaffen. Das Älterwerden will gestaltet werden. Es orientiert sich am Wissen um das Geheimnis des Menschen und an der Kenntnis seiner inneren Entwicklung. Aber es verlangt auch die Lust, das nach eigenem Geschmack zu gestalten, was mir in meinem Menschsein vorgegeben ist. Der Medizinhistoriker Heinrich Schipperges spricht von der je eigenen Gestaltung und dem je eigenen Weg in der Kunst des Altwerdens: „Den Weg zu dieser Kunst des Altwerdens und zum Kunstwerk des Altgewordenseins freilich muss letztlich jeder für sich selber finden. Sein Alter nimmt einem keiner ab."

Es gibt Grundregeln für die Kunst des Altwerdens, die für jeden gelten. Dazu gehören die Schritte des Annehmens, des Loslassens und des Über-sich-Hinausgehens. Wer diese Kunst erlernen will, der muss diese Tugenden des Alters einüben. Aber bei allen gemeinsamen Regeln muss jeder schließlich doch seinen ganz persönlichen Weg finden. Er muss selbst entscheiden, wie er mit seinem Älterwerden umgeht, mit dem, was ihn da von außen trifft, mit der Krankheit, mit den Verlusterfahrungen und mit der Erfahrung der eigenen Grenze. In einer Gesprächsrunde mit Mitbrüdern und Freunden der Abtei Münsterschwarzach haben wir uns Gedanken gemacht, was wir in der hohen Kunst des Älterwerdens nachahmen wollen. Wir haben nach Bildern gesucht, die das Altwerden ausdrücken. Eine Frau meinte, für sie seien die Jahreszeiten ein wichtiges Bild für das Leben des Menschen. Der Frühling – die Kindheit und Jugend – habe sein aufblühendes Leben, der Sommer – das Erwachsenenalter – seine sonnigen Tage. Das Alter sei dagegen wie der Herbst in seiner Schönheit. Dem kann ich zustimmen: Auch der Herbst ist schön. Er ist geprägt durch die wunderbaren Herbstfarben, durch die Milde des Sonnenlichts und durch das Feiern der Ernte, das Genießen der Gaben der Schöpfung.

Während des Berufslebens und in der Arbeit kann man vieles nicht wahrnehmen. Im „Herbst" des Lebens geht es darum, das Schöne zu schauen und es zu genießen. Statt zu leisten genügt es, einfach da zu sein. Aber so wie der Herbst Neues in der Schöpfung hervorbringt, so ist es auch die Aufgabe im Alter, Neues zu probieren. Man kann etwa mit den Händen etwas tun: stricken, malen, basteln, gestalten ...

Nach dem Herbst kommt der Winter. Auch er hat seine Schönheit. Er ist voller Ruhe und Stille. Wenn Schnee die Landschaft bedeckt, entsteht ein eigener Zauber. In der Kunst des Älterwerdens ahmen wir Herbst und Winter nach und gestalten sie so, dass es ein schöner und fruchtbarer Herbst und ein ruhiger und stiller Winter wird, der erfüllt ist von der Wärme der Liebe.

Aber sowohl Herbst wie auch Winter können auch von negativen Erfahrungen geprägt sein. Da gibt es die Herbststürme, die Bäume entwurzeln und uns das Vertraute nehmen. Es gibt den Winterfrost, der uns frieren lässt. Schneemassen schneiden uns dann unter Umständen von der Außenwelt ab. Zur Kunst des Altwerdens gehört es, Herbst und Winter in ihrer Schönheit, aber auch in ihrer Rauheit anzunehmen und bei allem Bedrängenden doch auch die Liebe zu entdecken, die jede Zeit des Lebens zu wandeln und zu wärmen vermag.

Ein anderes Bild für das Alter, das einem Mitbruder einfiel, ist das des Traubenstocks. Die Früchte, die im Herbst am Weinstock hängen, tun nichts mehr. Sie setzen sich einfach nur der Sonne aus und reifen, bis sie geerntet und für andere zu einer Quelle der Freude werden. Der alte Mensch muss nichts mehr leisten, er muss sich nicht durch Leistung Anerkennung verschaffen. Er ist einfach da. Allerdings zeigt der Weinstock auch, dass dies kein passives Dasein ist. Er hat ja noch den inneren Trieb, der ihn am Leben hält. So wird das Alter dann fruchtbar, wenn der alte Mensch das, was in ihm ist, ausdrücken kann: in Worten, in Erzählungen oder in Bildern oder Musik. Künstler wie Pablo Picasso und Marc Chagall oder Musiker wie Pablo Casals oder Sergiu Celibidache haben bis ins hohe Alter den Reichtum ihrer Seele zum Ausdruck gebracht und damit zahlreiche Menschen beglückt.

Viele alte Menschen haben der Welt Wichtiges zu sagen. Doch die meisten haben kein Forum, vor dem sie es zur Sprache bringen und ausdrücken können. Wenn alte Menschen das, was in ihnen an echtem Reichtum liegt, thematisieren können und wenn sie dabei Zuhörer oder Betrachter finden, dann gelingt die hohe Kunst des Älterwerdens.

Ein anderes Bild für das Alter ist der Lehnstuhl, in dem der alte Mensch sitzt. Er kann dann einfach zuschauen, was um ihn herum geschieht. Oft blickt er auch mehr nach innen. Er sitzt einfach da und strahlt für seine Umgebung Ruhe und Zuversicht aus. In Dörfern ist das Bild der Bank, die vor dem Haus steht, ein schönes Bild für das Altwerden. Wenn alte Menschen auf der Bank sitzen und einfach nur schauen und schweigen, kommen sie oft ins Gespräch mit den Vorübergehenden. Sie müssen sich kein Forum schaffen. Sie sind trotz ihrer vordergründigen Einsamkeit mitten im Geschehen – und immer wieder werden sie von Vorbeigehenden angesprochen. Sie hören zu, sie sagen das, was sie bewegt. Sie erzählen von früher, wenn sie gefragt werden. So gehören sie zum Leben und zur Gemeinschaft. Und doch lassen sie die anderen Menschen agieren. Sie greifen nicht in das Geschehen ein, sondern geben nur ihren Kommentar, wenn sie gefragt werden. Sie lassen die Menschen los und werden gerade so für die anderen zum Segen. Über das Älterwerden nachzudenken heißt immer auch, über das Leben zu reflektieren. Heinrich Schipperges hat diesen Zusammenhang von Altwerden und der Kunst des rechten Lebens beschrieben: „Was wüsste man vom Leben, solange man nicht weiß, was Altern meint. Altern aber meint: mit den Jahren in die Jahre kommen, um die Zeit wissen, mit der Zeit gehen, in der Zeit stehen und auch gegen die Zeit. Altern heißt: gehen und vergehen, sich wandeln, ohne sein Inbild zu verlieren, ein winziges Stück Erfahrung jeweils und immer wieder von neuem hinüberreißen in ein großes Stück Hoffnung" (Schipperges 9). So gilt es, beim Nachdenken über das Älterwerden immer auch zu bedenken, worin ich den Sinn meines Lebens sehe und wie es mir gelingt, heute – in meiner Situation und in meinem Alter – bewusst und achtsam zu leben.

Tugenden des Alters

Damit das Älterwerden gelingt, bedarf es einiger Tugenden. Das Wort „Tugend" kommt von „taugen". Das Alter „taugt" nicht von alleine. Es müssen deshalb Haltungen eingeübt werden, die uns auch im Alter Halt geben. Im biblischen Buch Jesus Sirach, in dem jüdische und griechische Weisheit gesammelt ist, werden verschiedene Tugenden aufgezählt, die den alten Menschen zieren sollen: „Klares Urteil und hilfreicher Rat passen gut zu weißem Haar. Weisheit, Besonnenheit und Einsicht, das ist es, was man von alten, angesehenen Männern erwartet. Die Krone alter Menschen ist die Erfahrung, aber ihr größter Stolz kann nur die Gottesfurcht sein" (Sirach 25,3–6).

Hier werden wichtige Tugenden aufgezählt, die den alten Menschen auszeichnen sollen. Zugleich sind dies Tugenden, die man braucht, damit das Altern gelingt. Das „klare Urteil" und der „hilfreiche Rat" kommen nicht von allein. Doch wer im Alter von seinem Ego frei geworden ist, der sieht die Dinge so, wie sie wirklich sind. Er vermag klar zu urteilen und einen guten Rat zu geben. Alte Menschen sehen klarer, wo in einer Situation das eigentliche Problem liegt. Und von ihrer reichen Lebenserfahrung her können sie Geschehnisse besser deuten. Wie wir unser Leben meistern, hängt ja weniger von den konkreten Tatsachen ab als von deren Deutung. Und da ist die Deutung alter Menschen auch oft hilfreich für die Jungen. Entscheidend sind für die Bibel die Tugenden der Weisheit, der Besonnenheit und der Einsicht. Beim

Propheten Jesaja werden diese drei Tugenden als Gaben des Geistes Gottes aufgezählt (vgl. Jesaja 11,2).

Es braucht letztlich den Heiligen Geist, damit wir wahrhaft weise werden, besonnen sind und Einsicht in die tieferen Zusammenhänge der Welt und des menschlichen Lebens bekommen. Solche Tugenden sind nicht nur für den alten Menschen gut, sie sind auch ein Segen für die ganze Gesellschaft.

Man könnte viele Tugenden aufzählen, die die Philosophen für das Gelingen menschlichen Lebens beschrieben haben. Sie sind alle auch eine Hilfe, damit das Altern gelingt. Doch ich möchte mich auf einige Tugenden beschränken, die mir für das Alter charakteristisch erscheinen. Diese fallen uns nicht einfach in den Schoß, sondern wir müssen uns auch um sie bemühen. Sie sind Gabe und Aufgabe zugleich: Bei allem eigenen Mühen ist es dann immer auch ein Geschenk der Gnade, wenn uns die Tugend beisteht, damit unser Alter gelingt.

Gelassenheit

Der Schriftsteller Manfred Hausmann hat die Gelassenheit die Tugend der Reife genannt: „Gelassenheit meint nicht die Einstellung jenes lebensmüden Menschen, der isoliert dahinlebt. ... Auch die stoische Ruhe und Gleichgültigkeit, jene Haltung, die sich ‚durch nichts aus der Ruhe bringen lässt', aber eher in Gefühlsarmut oder Gefühlsverdrängung als in einer rechten Beherrschung gründet, müsste als Weltverachtung, Resignation, Fehlhaltung bezeichnet werden" (zit. n.: Gründel 120f).

Die Gelassenheit hat mit Loslassen zu tun, das ich weiter oben schon behandelt habe. Es geht darum, sich selbst und sein Leben loszulassen und sich Gott zu überlassen. Dieses Überlassen gilt gerade auch für die Erfahrung von Krankheit und Tod. Sich gerade in diesen Lebenssituationen in Gottes Hände zu ergeben, das schenkt inneren Frieden. Gelassenheit meint aber auch, dass ich die Dinge so lasse, wie sie sind. Ich muss die Wirklichkeit nicht ändern. Ich kann Menschen lassen, wie sie sind. Gelassen kann ich sie betrachten, ohne den Druck, sie ändern zu müssen. Ich lasse die anderen gelten, wie sie sind.

Eva Jaeggi erzählt von einem weisen alten Herrn, der ihr immer dann, wenn sie sich über schwierige Menschen beklagte, sagte: „Bedenke die menschliche Unzulänglichkeit" (Jaeggi 129). Der alte Mensch, der gelassen auf sein Leben schaut und der sich nicht resignierend, sondern voll Vertrauen dem Alter überlässt, der lässt auch die anderen Menschen sein, wie sie sind. Von ihm geht etwas aus, das andere anzieht. Denn in seiner Nähe dürfen sie mit ihrer Unzulänglichkeit und Brüchigkeit sein, ohne be- oder gar verurteilt zu werden. Gelassenheit braucht Zeit. Sie verträgt keine Hektik. Ich muss mir Zeit lassen, um gelassen bei den Dingen zu sein. Ich brauche Zeit, um mich auf ein Gespräch oder auf eine Begegnung einzulassen. Sich Zeit zu lassen ist das Gegenteil von Zeit auszunutzen und sich vom Termindruck bestimmen zu lassen. Indem ich mir Zeit lasse, breche ich aus der Herrschaft der Zeit aus. Ich nehme die Zeit wahr. Ich genieße sie, weil sie mir geschenkt ist. Ich lasse den Druck los, alles in möglichst kurzer Zeit erledigen zu müssen. Ich lasse die Zeit fließen und nehme sie wahr. Zeit ist immer geschenkte Zeit, Zeit, die Gott und die mir selbst gehört, in der ich mir und meinem wahren Selbst gehöre. Gelassen ist nur der Mensch, der in seiner Mitte ruht. Oft aber lassen wir uns aus unserer Mitte herausreißen. Wir regen uns über Kleinigkeiten auf. Wir sind immer bei den anderen und lassen uns von ihnen bestimmen.

Wer gelassen in seiner eigenen Mitte ruht, der kann auch gelassen auf die Andersartigkeit der Menschen schauen. Er nimmt sie wahr, ohne sie zu beurteilen. Er lässt sie so sein, wie sie sind, und freut sich an ihrem Anderssein. Wer keine Mitte hat, der lässt sich von jedem Menschen in eine andere Richtung drängen. So fühlt er sich bald zerrissen, hin und her gezerrt von den Meinungen, Erwartungen und Urteilen anderer. Gelassenheit verlangt, mich immer wieder zu spüren, in meine Mitte zu kommen und die anderen dort zu lassen, wo sie sind, und sie so zu lassen, wie sie sind.

Gelassenheit verlangt, sich von den Erwartungen und Ansprüchen zu befreien, die wir an uns selbst stellen. Viele Menschen stehen immer unter Druck: Bei allem, was sie tun, setzen sie sich unter Leistungsdruck. Oder aber sie vergleichen sich mit anderen. Sie können sich nicht auf den Augenblick einlassen, weil sie immer darüber grübeln, was die anderen jetzt über sie denken könnten. Sie sind unfähig, sich auf das einzulassen, was sie gerade tun. Sie haben bei ihrer Arbeit immer Nebenabsichten. Sie arbeiten nicht nur, sondern sie wollen sich in ihrer Arbeit beweisen und andere damit übertreffen. Diese störenden Nebengedanken hindern sie daran, gelassen das zu tun, was sie gerade in die Hand nehmen. Gelassen ist nur der, der bei sich ist, der frei von Gedanken ist, mit denen er ständig sich selbst und sein Tun beurteilt.

Geduld

Die Tugend der Geduld ähnelt in manchem der Gelassenheit. Der gelassene Mensch ist immer auch geduldig. Und doch meint Geduld noch etwas anderes. „Geduld“ heißt im Griechischen „hypomone“. Das bedeutet eigentlich: drunterbleiben, etwas tragen, etwas ertragen, etwas aushalten, standhalten. Die Geduld ist wie eine Säule, die das Leben trägt.

Das lateinische Wort für Geduld „patientia“ hat mit „pati“ zu tun, das „Leiden“ bedeutet. In Griechenland war der „vielduldende“ Odysseus Vorbild der Geduld. Die stoische Philosophie preist die Geduld als die Tugend, die uns über jene Dinge Herr werden lässt, die uns schwer erträglich erscheinen. Geduld gilt als die Tugend der Weisen. Gregor der Große (um 540–604 n. Chr.) nennt die Geduld die Wurzel und Wächterin aller Tugenden. Paulus sieht im Römerbrief die Geduld mit der Hoffnung zusammen: „Wir wissen: Bedrängnis bewirkt Geduld, Geduld aber Bewährung, Bewährung Hoffnung“ (Römer 5,3f).

Wer das Leben mit allen Trübsalen in Geduld aushält, der erlangt Standfestigkeit und in dem wächst die Hoffnung auf das, was ihn erwartet. Weil wir auf etwas hoffen, das wir noch nicht sehen, können wir geduldig das durchstehen, was uns im Alter erwartet: „Hoffen wir aber auf das, was wir nicht sehen, dann harren wir aus in Geduld“ (Römer 8,25).

Geduld bedeutet, dass ich einen anderen mit seinen Fehlern und Schwächen ertrage. Das fällt mir oft schwer. Und es bedeutet ein Leiden: Ich leide am anderen. Aber trotzdem stehe ich zu ihm. Ich lasse ihn gelten. Ich nehme ihn an, wie er ist. Die Geduld ist vor allem die Tugend des Miteinanders. Damit eine Gemeinschaft gelingt, braucht es Geduld. Der heilige Benedikt fordert in seiner Regel seine Mönche auf: „Sie sollen einander in gegenseitiger Achtung zuvorkommen; ihre körperlichen und charakterlichen Schwächen sollen sie mit unerschöpflicher Geduld ertragen“ (RB 71,4f).

Damit alte Menschen miteinander in Frieden leben können, bedarf es der Geduld. Alte Menschen können sich nicht mehr groß ändern. Sie müssen einander annehmen, wie sie sind. Und auch für die Jüngeren in der Familie braucht es Geduld. Vielleicht war etwa der Vater immer ein Vorbild an Disziplin. Doch nun lässt er sich gehen. Seine Tischmanieren lassen zu wünschen übrig. Doch ständige Kritik verletzt ihn nur. Wir wissen ja nicht, wie er selbst darunter leidet, dass er seine Hand nicht mehr ruhig halten kann. Geduld trägt den anderen. Er fühlt sich dann getragen und gehalten. Er darf auch mit seinen Schwächen da sein. Das schenkt ihm mitten in seiner Gebrochenheit Geborgenheit und Halt.

Aber Geduld muss der alte Mensch vor allem auch mit sich selbst haben. Wenn ihm manches nicht mehr auf Anhieb gelingt, braucht er Geduld. Der alte Mensch ist nicht von alleine geduldig – es gibt genügend alte Menschen, die sich durch besondere Ungeduld auszeichnen. Sie meinen, sie müssten beim Arzt oder im Supermarkt sofort an die Reihe kommen. Sie können nicht mehr warten. Mir hat ein alter Mitbruder gesagt, den ich immer wegen seiner Liebenswürdigkeit und Lebendigkeit geschätzt habe, dass er im Alter empfindlicher und ungeduldiger werde. Da muss die Tugend der Geduld bewusst erarbeitet werden. Ein alter Mensch muss sich von der Illusion verabschieden, dass er alles genauso schnell wie früher erledigen kann. Er muss von der alten Sicherheit und Festigkeit Abschied nehmen. Manches dauert länger. Manches ist schwächer geworden. Der alte Mensch muss lernen, sich selbst zu ertragen. Die Geduld braucht zugleich den Humor. Alte Menschen, die ihre Schwächen wahrnehmen und darüber lachen können, erleichtern es auch ihrer Umgebung, besser mit ihnen umzugehen. Hermann Hesse schreibt von der Alterstugend der Geduld: „Hier, in diesem Garten der Greise, blühen manche Blumen, an deren Pflege wir früher kaum gedacht haben. Da blüht die Blume der Geduld, ein edles Kraut, wir werden gelassener, nachsichtiger, und je geringer unser Verlangen nach Eingriff und Tat wird, desto größer wird unsre Fähigkeit, dem Leben der Natur und dem Leben der Mitmenschen zuzuschauen und zuzuhören, es ohne Kritik und mit immer neuem Erstaunen über seine Mannigfaltigkeit an uns vorüberziehen zu lassen, manchmal mit Teilnahme und stillem Bedauern, manchmal mit Lachen, mit heller Freude, mit Humor“ (Hesse 72f).

Ein wesentlicher Aspekt der Geduld ist, die Dinge so sein zu lassen, wie sie sind, ohne sie zu bewerten. Wenn ich etwas dulde, dann gebe ich ihm die Erlaubnis, dass es so sein darf, wie es ist. Der Geduldige duldet, dass er so ist, wie er ist. Er erlaubt sich seine eigene Verfassung und Schwäche. Er hört auf, zu bewerten und zu verbieten.

Sanftmut

Für den Wüstenmönch Evagrius Ponticus (346–399/400 n. Chr.) ist die Sanftmut ein Kennzeichen des wahrhaft spirituellen Menschen. Sanftmut krönt auch alte Menschen. Wer im Alter sanft gegenüber den Menschen und den Dingen in seiner Umgebung ist, der zieht andere an. Sanftmut ist von der Wortbedeutung her der Mut, alles, was in mir ist, zu sammeln. Ich schließe so nichts aus, was mein Leben ausmacht. Ich nehme die verschiedenen Bereiche meiner Seele, die verschiedenen Teilpersönlichkeiten in mir an und sammle sie. Und ich schließe nichts aus meiner Lebensgeschichte aus. Alles gehört zu mir und formt mich zu dem Menschen, der ich jetzt bin. Für mich wird das Geheimnis der Sanftmut im Gleichnis Jesu vom Festmahl sichtbar, wie es uns Lukas überliefert. Die Eingeladenen kommen nicht. Die Diener sollen nun stattdessen die Armen und die Krüppel, die Blinden und Lahmen herbeirufen. Und als immer noch Platz ist, befiehlt der Herr dem Diener: „Geh auf die Landstraßen und vor die Stadt hinaus und nötige die Leute zu kommen, damit mein Haus voll wird" (Lukas 14,23).

Jeder von uns ist zum Festmahl Jesu geladen, zur Feier der Selbstwerdung. Zu diesem Fest sollen wir alles mitbringen, was in uns ist: auch das Arme und Schwache, auch das, was nicht so gewachsen ist, wie wir es gerne gehabt hätten, was uns verkrüppelt erscheint. Wir sollen das Blinde einladen, am Tisch Platz zu nehmen: unsere blinden Flecken, die wir nicht gerne anschauen; und das Lahme: unsere Hemmungen und Blockaden, unsere Ängste und unsere Schüchternheit. Alles will eingeladen werden, damit es mit Christus das Fest der Ganzwerdung feiert. Und dann sollen wir aus der Stadt hinaus auf die staubigen Landstraßen unseres Lebens gehen und alle Leute einladen, die wir treffen. Das, was wir aus unserem Leben ausgeschlossen haben, was wir an den Straßen liegen gelassen haben, was uns nicht wert schien, mitgenommen zu werden, das gehört auch zu uns.

Der alte Mensch sammelt in seiner Erinnerung sein ganzes Leben und bringt es an den Tisch Jesu, damit alles, was ihn ausmacht, sich nicht mehr gegenseitig bekämpft, sondern eins mit Gott und in Christus werde. Wer so sanftmütig geworden ist, der hat den ganzen Reichtum seines Lebens in sich gesammelt, dessen Leben ist reich und weit geworden. Er ist dann auch sanftmütig anderen gegenüber. Er wird sie nicht verurteilen. Er wird bei allem, was ihm am anderen begegnet, sagen: „Das gehört auch zu ihm." Jesus erzählt das Gleichnis vom Festmahl als Bild für gelingende Menschwerdung. Wir können es aber auch als Bild für das Mahl der Eucharistie verstehen. Die Eucharistiefeier ist die tägliche Einübung, alles Zerstreute in uns zu sammeln und von Christi Leib durchdringen zu lassen. Alles in uns will angenommen und durch Christi Geist erfüllt und verwandelt werden. Gerade auch das Schwache und Kranke und Bedürftige des Alters will gesammelt werden, denn es gehört zum Reichtum unseres Lebens.

Wer den Mut hat, alles in sich zu sammeln und Gott hinzuhalten, der wird wahrhaft sanftmütig und von dem geht etwas Mildes und Sanftes aus. Er vermittelt auch anderen den Mut, alles in sich zuzulassen und zu sammeln. In seiner Nähe entdecken auch andere ihren inneren Reichtum. Sanftmütige alte Menschen ziehen andere an, die sich gerne mit ihnen unterhalten. Harte und unbarmherzige Alte dagegen, die über alle Menschen schimpfen und streng über sie urteilen, stoßen ab.

Evagrius Ponticus verweist uns auf Mose, von dem die Schrift sagt, er sei sanftmütiger als alle Menschen. Und er verweist uns auf Jesus, der von sich sagt: „Nehmt mein Joch auf euch und lernt von mir; denn ich bin gütig und von Herzen demütig; so werdet ihr Ruhe finden für eure Seele" (Matthäus 11,29). Der Sanftmütige richtet nicht. Er nimmt den anderen an, wie er ist – weil er selbst alles, was er in sich erfahren hat, angenommen und in sich gesammelt hat.

Freiheit

Eine weitere Tugend, die der alte Mensch einüben muss, die aber vielen auch leichter gelingt als während ihrer Berufstätigkeit, ist die Freiheit. Der alte Mensch hat es nicht mehr nötig, sich nach den Erwartungen der anderen zu richten. Er darf frei seine Meinung sagen. Er braucht sich nicht mehr zu beweisen. Er darf sagen, was er denkt und fühlt. Er muss nicht so viel Rücksicht darauf nehmen, was andere denken oder erwarten. Diese Unabhängigkeit führt zu einer größeren Freiheit. Und diese Freiheit macht oft die Vorträge und Bücher alter Menschen „so wertvoll, dass sie das Leben abgelöster betrachten können, weniger affektiv und wollend damit verflochten sind und dadurch Aspekte sehen können, die man erst unter diesen Bedingungen sieht" (Riemann 101).

Die Freiheit der Alten ist aber nicht selbstverständlich. Wir kennen auch das Gegenteil: Viele alte Menschen erstarren innerlich und werden stur. Wir sprechen vom „Altersstarrsinn", der als einziger „Sinn" immer stärker wird. Um nicht diesem Starrsinn zu verfallen, braucht es die Einübung in die Freiheit. Wer sich als alter Mensch von den Erwartungen der Menschen löst, der erfährt die Freiheit als Weg zu innerer Unabhängigkeit, Zufriedenheit und Glück. Er hat sich befreit vom Druck, irgendjemandem etwas beweisen zu müssen. Er hat es auch nicht mehr nötig, seine eigene Kraft unter Beweis zu stellen. Er erlaubt es sich selbst, so zu sein, wie er ist.

Diese Freiheit habe ich in der Seniorenrunde erlebt, die meine Mutter geleitet hat. Weil die Frauen von allem Druck frei waren, sich gut darstellen zu müssen, konnten sie sich in aller Ehrlichkeit ihr Leben erzählen. Mit alten Menschen, die innerlich frei geworden sind, unterhalten wir uns gerne. Bei ihnen haben wir den Eindruck, dass sie nicht moralisieren und bewerten. Sie sind frei von aller Gesetzmäßigkeit. Sie denken freier als viele Junge. Und sie sind von dem Druck frei, sich uns gegenüber beweisen zu müssen. Sie sind einfach da und leben. Sie haben es nicht mehr nötig, sich in Szene zu setzen. Sie sind frei, den anderen zuzuhören. Sie nehmen in sich auf, was ihr Gegenüber ihnen erzählt, ohne es zu beurteilen. Sie erwägen es in ihrem Herzen und versuchen, es zu verstehen. Umso peinlicher wirken dagegen Alte, die diese innere Freiheit nicht erlangt haben, die ständig um sich kreisen und nur von sich erzählen, die ständig andere brauchen, die ihnen zuhören. Wirklich freie Alte nehmen sich auch die Freiheit, in der Gesellschaft auf falsche Entwicklungen hinzuweisen. Sie brauchen keine Rücksicht mehr zu nehmen – etwa auf Parteigenossen oder auf irgendwelche Chefs. Sie sagen, was sie denken. Diese Freiheit alter Menschen ist ein Segen für die Gesellschaft. Sie legen ein Saatkorn von Freiheit auch in die Herzen derer, die sich gezwungen sehen, die Erwartungen ihrer Umgebung zu erfüllen.

Auch in der Kirche braucht es alte Männer, die ohne Rücksicht auf irgendwelche Urteile oder Nachteile das sagen, was sie denken. Für mich sind solche freien Alten die Altbischöfe Franz Kamphaus und Reinhold Stecher. Sie haben in der Kirche immer das verkündet, was ihrem Herzen entsprach. Franz Kamphaus hat dafür den Widerstand Roms und vieler seiner Mitbischöfe in Kauf genommen. Aber er konnte nicht anders, als seinem Gewissen zu folgen. Damit wurde er zu einem Hoffnungszeichen für viele. Er schuf einen Freiraum des Denkens, der auch andere einlud, das zu denken und zu sagen, was in ihnen ist.

Dankbarkeit

Wir werden das Altwerden nur dann gut meistern, wenn wir auch die Tugend der Dankbarkeit lernen. Wer immer unzufrieden bleibt und das Gefühl hat, in seinem Leben zu kurz gekommen zu sein, der wird nie genießen können, was er geworden ist. Er kann seine Erinnerung nicht dankbar genießen. Und er kann sich auch über den Augenblick nicht wirklich freuen. Fritz Riemann fordert die Alten heraus: „Wir müssen neu lernen, dankbar zu sein für das Empfangene, und es wieder erleben, dass Dankbarkeit ein Glücksgefühl vermittelt, weil sie uns in über uns hinausreichende Zusammenhänge sinnvoll eingliedert; Dankbarkeit wärmt das Herz und öffnet es für ‚gute' Gefühle" (Riemann 14).

Das deutsche Wort „danken" kommt von „denken". Nur wer denkt, kann dankbar sein. Raymond Saint- Jean nennt die Dankbarkeit „das Gedächtnis des Herzens". Der Dankbare denkt mit dem Herzen. Er nimmt wahr, was ihm täglich geschenkt wird. Der Undankbare ist kein wirklicher Mensch. Er denkt nicht, sondern er vergisst, was ihm täglich geschenkt wird. Und viele Denker bezeichnen sie als eine der elementarsten Sünden. Der Talmud sagt, Undank sei schlimmer als Diebstahl.

Dankbarkeit macht den Menschen aus. Der Undankbare ist nicht wirklich Mensch. Schon die Römer haben sich viele Gedanken über die Dankbarkeit gemacht. Für den römischen Philosophen Cicero (106–43 v. Chr.) ist sie die wichtigste Eigenschaft des Menschen. Sie ist Voraussetzung für die „concordia", für die Gemeinschaft, für die Eintracht, für das Zusammenklingen der Herzen. Und das Fehlen der Dankbarkeit bedroht für ihn die Menschlichkeit, die „humanitas". Nur dankbare Menschen können Freundschaft eingehen und miteinander Gemeinschaft leben. Undankbare Menschen sind unangenehme Menschen. Mit ihnen möchte man am liebsten nichts zu tun haben. In der Nähe undankbarer Menschen fühlt man sich unwohl. Man hat das Gefühl, dass man es ihnen nie recht machen kann. So hält man sich von ihnen fern. Von ihnen geht eine negative und destruktive Stimmung aus. Man kann einem undankbaren Menschen schenken, was man will. Er nimmt es gar nicht wahr. Er ist unfähig, für das zu danken, was wir ihm geben. Der Undankbare zerstört das Zusammenklingen der Herzen. Er vermag nicht zu feiern und ist letztlich unfähig zur Freude.

Für Cicero ist die Dankbarkeit die Mutter aller Tugenden. Und für den anderen römischen Philosophen Seneca (1 v. Chr.–65 n. Chr.) ist die Undankbarkeit die Wurzel aller Verfehlungen und Vergehen. Die Römer haben die Dankbarkeit allerdings hauptsächlich als Gegenleistung verstanden. Wer mir etwas gegeben hat, dem schulde ich Dank und dem muss ich auch etwas schenken. Dankbarkeit war also nicht nur eine Gesinnung, sondern auch ein Tun. Doch das führte zu einer fast geschäftlichen Haltung. Gegen diese Verkommerzialisierung der Dankbarkeit setzt Cicero auf das dankbare Gedenken, die „grata memoria". Diese meint nicht nur die dankbare Erinnerung an das, was war. Vielmehr ist sie eine Gesinnung. Dankbarkeit hat einen Blick für das Wertvolle im Leben. Und sie wacht darüber, dass nichts Wertvolles verloren geht.

Bei alten Menschen ist Dankbarkeit mit Erinnerung verbunden. Wer sich dankbar an das erinnern kann, was er erlebt hat, der ist im Alter zufrieden. In der dankbaren Erinnerung bleibt ihm das Schöne und Gute, das er erlebt hat, als innerer Schatz, den ihm niemand rauben kann – selbst seine Schmerzen und seine Einsamkeit nicht. Wer sich dankbar erinnert, kann sein Alleinsein genießen und er hat immer etwas, wofür er danken kann, auch wenn es ihm gerade nicht gut geht und Krankheiten ihn bedrücken. Er kann für so vieles danken, was er erlebt hat. Aber er ist auch dankbar für das, was ihm heute geschenkt wird: dass er heute aufstehen kann, dass er heute mit anderen sprechen kann, dass die Sonne scheint und dass seine Kinder und Enkel einen guten Weg gehen.

Liebe

Fritz Riemann nennt als Tugend, die wir im Alter lernen sollen, die Fähigkeit zu lieben: „Eine weitere Tugend des Alters ist eine neue Liebesfähigkeit, die wir entwickeln können. Ist auf der einen Seite die Gefahr groß, dass wir im Alter egoistischer werden, nur noch auf uns und unser Wohlergehen bedacht, ... so besteht doch andererseits die Chance einer neuen Liebesfähigkeit dadurch, dass wir uns selbst nicht mehr so wichtig sind, uns nicht mehr so wichtig zu nehmen brauchen, und damit, um es psychoanalytisch auszudrücken, ein Stück unseres Narzissmus aufgeben können, unserer Eigenliebe, unserer Ichhaftigkeit" (Riemann 95).

Dass diese Liebesfähigkeit eingeübt werden muss, erleben wir, wenn wir manche alten Leute anschauen, die auf ihre frühere Position fixiert sind und nicht abgeben können. Ein älterer Psychologe meinte mir gegenüber, er wundere sich, wie erfolgreiche Menschen im Alter oft nicht loslassen könnten, sondern immer narzisstischer würden. Sie kreisten immer nur um ihren Ruhm. Bei solchen Menschen spüren wir, dass sie im Alter verderben, was sie in ihrem Leben aufgebaut haben. Dagegen sind wir dankbar für alte Menschen, die sich selbst nicht mehr so wichtig nehmen, sondern einfach nur noch lieben. Von ihnen geht Liebe aus: zu allem, was sie in die Hand nehmen, zu allen, denen sie begegnen. Von manchen alten Männern und Frauen kann man sagen, dass ihr

Gesicht Liebe ausstrahlt. Ihr Gesicht ist alt und zerfurcht. Und doch ist es voller Liebe. Diese alten Menschen sind zur Liebe geworden. An ihnen ist nichts Verurteilendes und Bewertendes. Sie schauen einen mit Liebe an. Dies ist eine ungeheuchelte Liebe, keine Liebe, zu der man sich zwingen oder sich anstrengen muss. Weil sie in ihrem Leben viel geliebt haben und weil sie gelernt haben, ihr eigenes Leben zu lieben, sind sie nun zur Liebe geworden. Und von ihnen gilt, was Paulus von der Liebe als einer Macht gesagt hat, die uns ganz und gar durchdringt: „Die Liebe erträgt alles, glaubt alles, hofft alles, hält allem stand" (1 Korinther 13,7). In der Nähe solcher liebenden Menschen fühlt man sich wohl. Sie haben keine Liebe, die vereinnahmt, sondern die frei lässt. Ihre Liebe vermittelt Geborgenheit, Verständnis und die Freiheit, der zu sein, der ich bin.

Literatur

Gründel, J., Grundhaltungen und Fehlhaltungen im Alter, in: Älter werden – zufrieden sein, hrsg. v. Karl Stelzer, München/Luzern 1976, 111–122.

Hesse, Hermann, Mit der Reife wird man immer jünger. Betrachtungen und Gedichte über das Alter, Frankfurt 1990.

Jaeggi, E., Tritt einen Schritt zurück und du siehst mehr. Gelassen älter werden, Freiburg 2005.

Riemann, F., Die Kunst des Alterns, Stuttgart 1981.

Schipperges, H., Sein Alter leben. Wege zu erfüllten späten Jahren, Freiburg 1986.

Fastenzeiten

Fasten – Der Weg nach innen

Liebe Leserin, lieber Leser, mit den folgenden Meditationen möchte ich dich durch die Zeit des Fastens begleiten, damit es für dich eine heilsame und heilende, eine befreiende und reinigende Zeit wird. Die Kirche sieht so eine Zeit der Umkehr und Reinigung jedes Jahr vor Ostern in der vierzigtägigen Fastenzeit vor. Entlang ihrer Tage möchte dich dieses Buch begleiten. Unabhängig von der kirchlichen Fastenzeit können dir die einzelnen Gedanken natürlich auch bei deiner persönlichen Zeit des Fastens ein Begleiter sein.

Asche – Zeit der Buße

Die kirchliche Fastenzeit beginnt mit dem Aschermittwoch. Nach der Zeit ausgelassenen Treibens an Fasching setzt die Kirche in der Segnung der Asche und dem Austeilen des Aschenkreuzes ein klares Signal, dass nun eine andere Zeit anfängt. Asche gilt in vielen Religionen als Bild der Vergänglichkeit und als Zeichen der Trauer und Buße. Wenn der Priester nach dem Evangelium die Asche segnet und sie dann über das Haupt der Gläubigen ausstreut, ist das ein eindrückliches Zeichen. Der Priester spricht dazu die Worte: „Bedenke, Mensch, dass du Staub bist und wieder zum Staub zurückkehren wirst." Die Asche erinnert den Menschen daran, dass er selber Staub ist, vergänglich, hinfällig und sterblich. Die Fastenzeit möchte dich lehren, dich deiner Begrenztheit und Vergänglichkeit zu stellen. Mit dem Aschermittwoch beginnt die vierzigtägige Fastenzeit. Vierzig ist die Zahl der ehrlichen Selbstbegegnung und der Wandlung. Vierzig Jahre muss Israel durch die Wüste ziehen und dabei der eigenen Wahrheit ins Auge schauen. Die Fastenzeit ist eine Zeit der Buße.

Das deutsche Wort *Buße* hat ursprünglich die Bedeutung „besser". Wer büßt, der versucht, es besser zu machen. Die Fastenzeit lädt uns ein, unser Leben besser zu leben als sonst. Der hl. Benedikt mahnt seine Mönche, dass sie in den Tagen der Fastenzeit „ihr Leben in lauterer Reinheit bewahren und in diesen heiligen Tagen die Nachlässigkeiten anderer Zeiten tilgen" (RB 49,2f). Er meint, wir können nicht immer in Höchstform, nicht immer in Faschingslaune leben. Doch in diesen vierzig Tagen sollten wir so leben, wie es unserem Wesen eigentlich entspricht. Wir sollten „uns aller Fehler enthalten und uns unter Tränen dem Gebet hingeben" (RB 49,4). Die frühe Kirche hat die Fastenzeit als Geschenk Gottes erlebt. Wir sind nicht einfach dem Negativen ausgesetzt. Wir können unser Leben verbessern. Es liegt auch an uns, ob wir unser Leben selbst in die Hand nehmen und es so gestalten, wie es unserem Wesen entspricht.

Buße kann von der ursprünglichen Bedeutung her auch „Heilung" bedeuten. Die Fastenzeit soll die Wunden heilen, die uns die Nachlässigkeit, das unbewusste Dahinleben und das Sich-treiben-Lassen während des Jahres geschlagen haben. Es ist also eine heilsame Zeit, zu der uns die Liturgie am Aschermittwoch einlädt. So bittet die Kirche im Schlussgebet der Aschermittwochsmesse, dass wir „durch die Feier dieser Tage Heilung finden".

So wünsche ich dir, dass dir die Tage des Fastens guttun. Auch wenn dir das Verzichten und Aushalten manchmal schwerfällt; versuche, diese Zeit bewusst als Trainingszeit zu sehen, in der du auf manches verzichtest, um dich einzuüben in die innere Freiheit, um dich auszusöhnen mit deiner eigenen Wirklichkeit und um Heilung deiner Wunden zu erfahren.

Fasten

In der jüdischen Spiritualität wird das Fasten immer mit dem Beten und Almosengeben verbunden. Jesus bezieht sich in der Bergpredigt auf diese drei Weisen jüdischer Frömmigkeit. Doch er warnt uns davor, unsere „Gerechtigkeit vor den Menschen zur Schau zu stellen“ (Matthäus 6,1).

Beim Almosengeben soll unsere linke Hand nicht wissen, was die rechte tut. Beim Beten sollen wir in die Kammer gehen und im Verborgenen beten. Wenn wir fasten, sollen wir unser Haar salben und das Gesicht waschen, „damit die Leute nicht merken, dass du fastest, sondern nur dein Vater, der auch das Verborgene sieht; und dein Vater, der das Verborgene sieht, wird es dir vergelten“ (Matthäus 6,18). Das Fasten soll uns nach dem Willen Jesu mit dem in Berührung bringen, was in uns verborgen ist. Im Fasten werden wir konfrontiert mit den Emotionen, die wir oft genug durch Essen zugestopft haben. Wir begegnen unseren Enttäuschungen, unseren verdrängten Bedürfnissen und unserer inneren Zerrissenheit.

Indem wir das, was in uns verborgen ist, Gott hinhalten, dürfen wir Heilung unserer Wunden erhoffen. Gott selbst wird in das Verborgene unseres Herzens einziehen, um darin zu wohnen. Dort wo Gott in uns wohnt, sind wir schon heil und ganz. Jesus fordert uns auf, beim Fasten unser Haar zu salben und das Gesicht zu waschen. Man darf nicht mit Verbissenheit und Bitterkeit fasten. Sonst schadet es uns eher. Fasten will die innere Schönheit in uns aufdecken. Fasten soll uns guttun. Viele Menschen, die heute wieder bewusst fasten, dürfen diese Erfahrung machen: Das Fasten macht sie sensibler. Sie erfahren sich im Leib bewusster. Das Fasten öffnet ihre Sinne. Sie riechen besser, sie hören klarer. Sie nehmen mit ihrer Haut den Lufthauch wahr und ihre Hände werden sensibler für das, was sie berühren. Sie fühlen sich innerlich freier und auch schöner.

Jesus hat mit seiner Forderung, beim Fasten das Haar zu salben und das Gesicht zu waschen, die Erfahrung der griechischen Volksmedizin aufgegriffen. Dort war Fasten eine Reinigungskur, die den Menschen von seinen inneren Schlacken befreit. Das moderne Heilfasten hat diese Erfahrung für den heutigen Menschen wieder neu zugänglich gemacht. Das Fasten reinigt und entschlackt den Körper. Und Fasten dient der inneren Klarheit und Schönheit. Der Mensch kommt mit seiner Seele in Berührung. Er spürt, dass sein Leib durchlässig wird für die Seele. Augustinus meint, wir sollten im Fasten den Leib für die Auferstehung bereiten. Wir sollten also fastend die Würde unseres Leibes erfahren, der für die Auferstehung bestimmt ist.

Jesus verbindet das Fasten mit dem Beten und Almosengeben. Das Fasten will unser Beten unterstützen. Wer fastet, kann wacher und intensiver beten. Vor allem aber vertieft das Fasten unser Gebet für andere. Überlege, für wen du einmal einen Tag lang fasten und beten möchtest. Halte den andern in die Barmherzigkeit Gottes hinein. Du wirst dich an diesem Tag mit ihm auf neue Weise verbunden fühlen. Du wirst neue Hoffnung für ihn schöpfen. Vielleicht hilft dir das fastende Beten auch, mit diesem Menschen anders umzugehen.

Versuchung

Am ersten Fastensonntag trifft immer das Evangelium von der Versuchung Jesu in der Wüste. Markus schildert die Versuchung Jesu nur kurz. Jesus „wurde vom Satan in Versuchung geführt. Er lebte bei den wilden Tieren und die Engel dienten ihm" (Markus 1,13). Das Fasten in der Wüste bringt Jesus in Berührung mit den wilden Tieren, mit dem Tierhaften und Wilden in sich selbst, mit seinen Trieben und Leidenschaften. Aber Jesus verfällt den wilden Tieren nicht. Er lebt friedlich mit ihnen und die Engel dienen ihm. Jesus verbindet die Vitalität mit der Spiritualität. Er erfährt mit seinem ganzen Menschsein die heilende Nähe Gottes. Er integriert die beiden Pole, die den Menschen oft auseinanderreißen. So zeigt er uns einen Weg für unsere Selbstwerdung. Im Fasten sollen wir alles, was in uns auftaucht, in die Liebe Gottes halten, damit wir als Menschen mit Leib und Seele, mit Fleisch und Blut Gott dienen.

Matthäus und Lukas zählen drei Versuchungen Jesu auf. Es sind die drei grundlegenden Versuchungen, die auch wir auf unserem Weg der Menschwerdung erfahren.

Die erste Versuchung besteht darin, die Steine in Brot zu verwandeln. Alles soll unserem Konsum dienen. Die Steine stehen nicht nur für das Harte, sondern auch für das Heilige. Es gab in der Antike heilige Steine. Auch das Heilige soll uns etwas bringen. Wir möchten über alles verfügen. Alles hat uns zu dienen. Jesus wehrt die Versuchung ab, indem er auf das Wort Gottes verweist, das uns wahrhaft nährt.

Die zweite Versuchung ist die, Gott für sich zu benutzen. Der Satan führt Jesus auf den Tempel, dass er sich herunterstürze. Die Engel Gottes werden ihn ja auf Händen tragen. Viele spirituelle Menschen erliegen dieser Versuchung, indem sie Gottes Geist für sich beanspruchen und sich selbst damit aufblähen. Sie halten sich für etwas Besonderes und stellen sich über die anderen.

Die dritte Versuchung ist die der Macht und des Besitzes. Der Satan bietet Jesus alle Reiche der Welt mit ihrer Pracht an, doch um den Preis, dass er vor ihm niederfällt. Wir zahlen oft einen hohen Preis, wenn es uns nur um Macht und Besitz geht. Wir verfallen ihnen, wir beten einen Götzen an und verlieren dabei die eigene Würde.

Versuchungen gehören zu unserem Leben. Das wirst du in der Fastenzeit hautnah erleben. Wenn dir aus der Küche der gute Geruch von Essen entgegenströmt oder wenn du Freunde beim Weintrinken siehst, wirst du die Versuchung spüren, deine Vorsätze aufzugeben. Ich wünsche dir, dass du deinem Weg in der Fastenzeit treu bleibst. Dann wird dich die Zeit bewährter machen und dir innere Freiheit und Frieden schenken.

Verklärung

Am zweiten Fastensonntag steht die Verklärung Jesu im Mittelpunkt. Auf den Berg der Versuchung folgt der Berg der Verklärung. Die Liturgie zeigt uns in der Verklärung das Ziel der Fastenzeit. Durch das Fasten soll auch unser Leib verklärt werden. Es soll sich etwas in uns klären, klarer, durchsichtiger, reiner werden. In der Verklärung wird das eigentliche Bild, unser eigentliches Bild sichtbar.

Die Jünger haben Jesus auf ihren gemeinsamen Wegen erlebt. Aber sie haben nur ein bestimmtes Bild von ihm gesehen. Als Jesus sie auf den Berg führt, da erkennen sie auf einmal, wer er wirklich ist. „Sein Gesicht leuchtete wie die Sonne und seine Kleider wurden blendend weiß wie das Licht" (Matthäus 17,2). Wir kennen diese Erfahrung, dass das Antlitz eines Menschen auf einmal zu leuchten beginnt. Wir sehen hinter den äußeren Schein. Wir erkennen das Wesen. Das Wesen Jesu ist reines Licht, hell wie die Sonne. In Jesu Antlitz leuchtet Gottes Herrlichkeit auf.

Der Evangelist Lukas bringt die Verklärung Jesu mit dem Gebet in Verbindung. Während Jesus betete, „veränderte sich das Aussehen seines Gesichtes, und sein Gewand wurde leuchtend weiß" (Lukas 9,29). Lukas zeigt hier, wie auch bei uns Verklärung geschehen kann. Im Gebet kommen wir in Berührung mit unserem wahren Kern, mit dem einmaligen und ursprünglichen Bild, das Gott jedem von uns eingeprägt hat. Dieses göttliche Bild in uns ist oft genug verstellt von unseren eigenen Bildern, vom Bild unseres Ehrgeizes, vom Bild unserer Größenfantasien oder vom Bild unserer Selbstentwertung. Im Gebet sollen diese selbst gemachten Bilder abfallen, damit das Ursprüngliche in uns aufleuchtet. Wenn wir unser Beten mit dem Fasten verbinden, dürfen wir manchmal eine ähnliche Erfahrung machen. Auf einmal werden unsere Augen heller und wir fühlen uns leuchtender als sonst.

Als Jesus auf dem Berg verklärt wurde, erschienen Mose und Elija. Mose steht für den Gesetzgeber und für den Führer in die Freiheit. Und Elija ist der große Prophet. Das Ziel der Fastenzeit – so sagt uns die Liturgie mit diesem Evangelium – ist es, dass unser Leben wieder in Ordnung kommt und dass wir innerlich frei werden von allen Abhängigkeiten. Und das Ziel ist, dass wir unsere prophetische Sendung erkennen, dass wir das einmalige Wort, das Gott nur in uns spricht, in dieser Welt vernehmbar werden lassen.

Halte in diesen Tagen öfter einmal inne und spüre deinem inneren Wesen nach. Wenn du mit dir selbst in Berührung kommst, dann wirst du auch deine innere Schönheit erkennen. Dann verklärt sich dein Blick, dann wird in dir alles klar. Du spürst, du bist ganz du selbst. Und du bist dankbar, auf deine persönliche Weise Gottes Schönheit in dieser Welt widerzuspiegeln.

Reinigung – Tempelreinigung

Jede Zeit des Fastens ist eine Zeit innerer Reinigung. Das Fasten unterstützt diesen Prozess der Reinigung, indem es den Körper von unnötigem Ballast befreit. Ein wichtiges Bild für den Reinigungsweg der Fastenzeit ist der Bericht von der Tempelreinigung im Johannesevangelium. Johannes beschreibt, wie Jesus durch seinen Tod und seine Auferstehung unseren Leib reinigt.

Unser Leib gleicht oft einer Markthalle. Da gibt es lärmende Händler und schreiende Geldwechsler. Sie stehen für den inneren Lärm unserer Gedanken und für das Bemühen, unseren Wert auf dem öffentlichen Markt der Eitelkeiten zu erhöhen. In uns sind Rinder, Schafe und Tauben. Die Rinder stehen für das Triebhafte in uns, die Schafe für das Oberflächliche. Und die Tauben sind ein Bild für die Gedanken, die in uns hin und her flattern. Wenn wir uns als Markthalle fühlen, dann müssen wir das innere Chaos mit großer Energie zusammenhalten. Wir verkrampfen uns und spielen nach außen hin unsere selbstsichere Rolle. Im Innern aber tobt ein Kampf.

Jesus ist gekommen, um die Händler und Geldwechsler, die Rinder, Schafe und Tauben aus uns herauszutreiben, damit unser Leib Tempel Gottes wird. Die Fastenzeit ist dazu da, unser inneres Haus zu reinigen, damit Christus darin einziehen kann. Es ist die Zeit des Frühjahrsputzes. Bei der Reinigung unseres inneren Seelenhauses hilft es auch, unser äußeres Haus von allerlei Gerümpel und überflüssigem Ballast zu befreien. Wenn zu viel in unserem Haus herumsteht, engt das auch unsere Seele ein. Sie vermag nicht mehr frei zu atmen.

Vor allem aber geht es um die Reinigung unserer inneren Markthalle. In der Fastenzeit werden wir mit dem inneren Lärm in uns konfrontiert. Ihn zur Ruhe zu bringen, die lärmenden Händler und die flatternden Tauben herauszutreiben, kostet einige Mühe. Es gibt in uns Hausbesetzer, die sich nur schwer aus dem Haus drängen lassen. Negative Emotionen haben sich in uns eingenistet und lassen der Seele oft keinen Raum zum Wohnen. Um sie zu vertreiben, brauchen wir die Klarheit und die Entschlossenheit Jesu, die er bei der Vertreibung der Händler aus dem Tempel an den Tag gelegt hat.

Diese Klarheit wünsche ich dir bei deinem „Frühjahrsputz". Überlege, von welchen äußeren Dingen du dich befreien willst, was du aus deiner Wohnung herauswerfen möchtest. Und bitte Jesus, dass er die inneren Hausbesetzer aus dir vertreibt, damit du gerne in deinem Leib und deiner Seele wohnst und die Herrlichkeit Gottes in dir aufleuchtet.

Sehen lernen

Die katholische Liturgie verkündet am vierten Sonntag in der Fastenzeit das Evangelium von der Heilung des Blindgeborenen. Da ist ein Mann, der schon von Geburt an blind ist. Er hat also noch nie die Wirklichkeit so gesehen, wie sie ist.

Für Johannes ist das ein Bild für uns. Wir sehen nur die Oberfläche. Wir verschließen unsere Augen vor der inneren Wahrheit. Jesus heilt den Blindgeborenen, indem er auf die Erde spuckt, mit seinem Speichel einen Teig macht und ihn dem Blinden auf die Augen streicht. Jesus will dem Blinden damit verdeutlichen: „Nur wenn du bereit bist zu akzeptieren, dass du von der Erde genommen bist, nur wenn du den Dreck in dir selbst anschaust, kannst du sehend werden."

Blindsein hat oft etwas mit Überheblichkeit zu tun. Wir haben von uns ein hohes Idealbild und verschließen die Augen vor uns selbst. Jesus lehrt uns Demut, *humilitas*. Das lateinische Wort für

Demut kommt von *humus*, also von „Erde". Demut ist der Mut, hinabzusteigen zur Erde, sich hinabzubeugen zu unserer Menschlichkeit. In der Fastenzeit sollen wir die Fluchtmöglichkeiten aufgeben, mit denen wir unserer Wahrheit aus dem Weg gehen. Wir sollen uns der eigenen Wirklichkeit stellen. Nur dann werden unsere Augen sich öffnen und wir werden die Welt und uns selbst so sehen, wie sie in Wahrheit sind.

Jesus befiehlt dem Blinden, zum Teich Schiloach zu gehen und sich dort zu waschen. *Schiloach*, so erklärt uns Johannes im Evangelium, heißt: „Der Gesandte". Jesus selbst ist der von Gott Gesandte. Wenn wir zu ihm gehen und uns von ihm waschen lassen, dann können wir wieder sehen. Die kirchliche Tradition hat dieses Evangelium immer mit der Taufe in Verbindung gebracht. An Ostern wurden die Taufbewerber getauft. In der Taufe wurden uns die Augen geöffnet, damit wir richtig sehen lernen. Glauben heißt für Johannes, die Welt so sehen, wie sie ist, hinter den Schein schauen, Gott in allem erkennen. Nur der Glaube sieht richtig. Wir haben uns so an unsere verfälschenden Brillen gewöhnt, dass wir die Welt nur so sehen, wie wir sie möchten. Der Glaube zeigt uns das Hintergründige, die eigentliche Wahrheit.

Achte in diesen Tagen einmal bewusst auf dein Sehen. Was nimmst du wahr? Wo siehst du alles durch eine rosarote oder schwarze Brille? Was ist die eigentliche Wirklichkeit? Versuche, mitten in deinen Schwächen den guten Kern in dir zu sehen. Und schau auch auf die Mitmenschen mit Augen des Glaubens, die hinter der oft brüchigen Fassade die innere Schönheit erkennen, die an Christus in jedem Bruder und jeder Schwester glauben.

Umkehr – Der verlorene Sohn

Jede Zeit des Fastens ruft uns auf, umzukehren und den richtigen Weg zu beschreiten. Der Aufruf zur Umkehr setzt voraus, dass wir falsche Wege gehen, Wege, die uns in die Irre führen. Daher müssen wir kehrtmachen, zurückgehen, um den Weg zu entdecken, der uns zum Ziel führt. Wohl das schönste Bild von Umkehr, das wir kennen, erzählt uns das Gleichnis vom verlorenen Sohn. Der jüngere Sohn eines reichen Vaters wollte jetzt schon leben und nicht warten, bis das Erbe verteilt ist. Er wagt das Leben. Aber er hat kein Maß. Er lebt heillos, zügellos. Er verschleudert nicht nur sein Vermögen, sondern auch sein Leben. Er richtet sich selbst zugrunde. Er kommt so herunter, dass er sich an einen Bürger des fremden Landes hängen muss und sich völlig abhängig macht. Er landet bei den Schweinen.

Er kommt am tiefsten Punkt seines Lebens an. Als er nicht mehr tiefer fallen kann, da geht er in sich. Er kommt zu sich, er kommt in Berührung mit seinem Herzen. Jetzt beschließt er: „Ich will aufbrechen und zu meinem Vater gehen“ (Lukas 15,18). Er will aufstehen und sich auf den Weg zum Haus des Vaters machen, zu dem Haus, in dem er wahrhaft zu Hause sein kann. Er spürt, dass er sich entfremdet hat, dass er sein Leben verschleudert und sich mit billigem Zeug ernährt hat. Er hat sich selbst verloren.

Umkehren heißt nach dem Gleichnis vom verlorenen Sohn, zu sich selbst kommen, bei sich selbst einkehren. Die Umkehr setzt die Einkehr voraus. Die Einkehr in meinem Innern gibt mir Mut, aufzustehen, den Aufstand zu wagen gegen eine Lebensweise, bei der ich mich immer mehr verliere und mich von meinem Wesen entfremde. Und umkehren heißt: die Wegrichtung ändern, nicht mehr in die Irre gehen, sondern sich auf den Weg zu machen in das Haus, in dem ich wahrhaft zu Hause bin. Die Umkehr zielt auf die Heimkehr. Im Haus des Vaters finde ich Heimat. Wie der verlorene Sohn darf ich gewiss sein, dass mich der barmherzige Vater liebevoll empfängt. Er wird mir keine Vorwürfe machen. Er wird vielmehr ein Fest der Freude feiern: „Denn mein Sohn war tot und lebt wieder; er war verloren und ist wiedergefunden worden“ (Lukas 15,24).

In jeder Eucharistiefeier feiert Gott mir dir ein Fest, weil du, der du dich verloren hast, in das Haus zurückgefunden hast, in dem du zu Hause sein kannst. Du wirst dich auch in diesen vierzig Tagen immer wieder verlieren, dein Wesen aus dem Auge verlieren. Du wirst Wege gehen, die dich nicht weiterführen. Ich wünsche dir, dass du bewusst auf deine Wege achtest, ob sie dich zum Leben führen oder in die Erstarrung. Und ich wünsche dir, dass du immer wieder umkehrst, um dich zu bekehren zu einem Leben, das deinem Wesen entspricht, und um einzukehren bei dir selbst und in dem Haus des Vaters, in dem du wahrhaft daheim sein kannst.

Palmsonntag

Am Palmsonntag beginnt die Karwoche, in der uns das Leiden Jesu vor Augen geführt wird, damit wir das eigene Leid und die vielen Nöte unserer Welt nicht verdrängen. Das Kreuz Christi erinnert uns an die vielen Kreuze, die heute aufgerichtet werden, um Menschen festzunageln und zu töten. Wir meditieren die Passion Jesu, damit wir uns in unserer Passion nicht alleine fühlen, sondern mit Jesus einen Weg finden, sie zu bestehen.

Der Palmsonntag beginnt mit einer feierlichen Prozession. In unserer Abtei beginnen wir den Gottesdienst im Freien. Dort wird das Evangelium vom Einzug Jesu verkündet. Dann werden Palmzweige gesegnet und die ganze Gemeinde zieht mit diesen Palmzweigen singend in die Kirche. Wir begleiten Christus, der uns sein wahres Wesen, seine königliche Würde zeigt, auf dem Weg in die heilige Stadt, auf dem Weg in die Herrlichkeit Gottes. Jesus ist der eigentliche Herrscher dieser Welt. In ihm leuchtet Gottes Herrlichkeit unter uns auf. Im Lukasevangelium rufen die Jünger dem einziehenden Jesus zu: „Gesegnet sei der König, der kommt im Namen des Herrn. Im Himmel Friede und Herrlichkeit in der Höhe“ (Lukas 19,38). Bei der Geburt Jesu sangen die Engel vom Frieden auf Erden (vgl. Lukas 2,14). Jetzt, da Jesus einzieht in seine heilige Stadt, um darin für uns zu sterben, steigt mit ihm der Friede von der Erde bis zum Himmel auf. Jesus nimmt den Frieden mit in den Himmel. Indem wir auf ihn schauen, der jetzt bei Gott erhöht ist, haben wir teil an seinem Frieden, der von der Geburt bis zum Tod alle Bereiche von Jesu Leben durchdrungen hat und nun auch unser ganzes Leben mit allem, was ist, verwandeln möchte.

Nach dem jubelnden Einzug in seine heilige Stadt wird Jesus den Händen der Menschen überliefert und gerät in die Intrigen der Menschen, in die politischen Streitigkeiten zwischen Juden und Römern. Das kostet ihn das Leben. So wird am Palmsonntag als Evangelium die Passion Jesu gelesen. Es ist ein starker Kontrast: hier der jubelnde Einzug, dort die Schmach des Kreuzes, hier der Sieg, dort die Niederlage. Doch der Einzug Jesu zeigt uns, in welchem Licht wir die Passion Jesu lesen und meditieren sollen. In seiner Passion bringt Jesus den Frieden, der in seiner Geburt aufgeleuchtet ist, in alle Bereiche des menschlichen Lebens hinein, selbst in die größte Feindschaft, selbst in die Herzen seiner Mörder. So gibt es nichts mehr zwischen Himmel und Erde, das nicht von seinem Frieden erfüllt wird.

Ich wünsche dir, dass du die Karwoche bewusst erleben kannst als Zeit der Heilung für deine Wunden. Jesus möge in seiner Passion alles in dir mit seiner Liebe durchdringen, deine Angst und Ohnmacht, deine Verzweiflung und Depression, deine Einsamkeit und dein Gefühl von Verlassenheit und Unverstandensein. Ich wünsche dir den Glauben, dass es seit der Passion Jesu nichts mehr in dir gibt, das nicht vom Frieden Jesu Christi verwandelt werden kann, von dem göttlichen Frieden, der durch die Passion Jesu in alle Bereiche dieser Welt eingedrungen ist.

Gründonnerstag

Am Abend des Gründonnerstags versammeln sich die Christen, um die Einsetzung der Eucharistie feierlich zu begehen. Die Eucharistie hat Jesus beim Letzten Abendmahl gestiftet, um uns immer wieder seine Liebe leibhaft zu zeigen, die er bis zum Tode für uns durchgehalten hat. Die Heilige Messe, die wir täglich feiern, erinnert uns jedes Mal von Neuem an seinen Tod am Kreuz und an seine Auferstehung.

Wir brechen in der Eucharistie das Brot als Zeichen für den gewaltsamen Tod Jesu am Kreuz, in dem er sich für uns aufgebrochen hat, um das Gebrochene und Zerbrochene in uns zu heilen und zu verbinden. Und wir trinken aus dem Kelch seine menschgewordene Liebe, die uns gerade im Tod aufgeleuchtet ist. Die Lesung erinnert uns an das Paschamahl der Juden, bei dem sie sich an den Auszug aus Ägypten erinnern. In der Eucharistie feiern wir unsere Erlösung. Wir sind nicht mehr abhängig von Sklaventreibern und Fronvögten. In Tod und Auferstehung Jesu sind wir frei geworden von den Gesetzen dieser Welt, von der Abhängigkeit von Zuwendung und Bestätigung.

Als Evangelium wird die Erzählung von der Fußwaschung verkündet. Für Johannes ist das ein Bild für den Tod Jesu und für das Geheimnis der Eucharistie. In seiner Menschwerdung hat Jesus das Gewand seiner Herrlichkeit abgelegt, um sich hinabzubeugen bis zu unseren staubigen Füßen, bis zu unserer Achillesferse, an der wir uns nicht wehren können gegen die tödliche Wunde. Jesus beugt sich in seinem Tod bis an die verwundbarste Stelle unseres Menschseins.

Alles, selbst der Tod, wird von der Liebe Jesu berührt und verwandelt. Der Tod Jesu ist für Johannes die Vollendung der Menschwerdung. Selbst das Widergöttliche des Todes wird in Gott hineingenommen. Der Tod trennt uns nicht mehr von Gott.

In der Fußwaschung gipfelt das Tun Jesu an seinen Jüngern. Durch seine Worte und durch sein Tun hat Jesus die Jünger innerlich gereinigt. Sie kamen durch ihn in Berührung mit ihrem wahren Wesen. Im Tod beugt er sich bis zu ihren Füßen hinab. An den Füßen machen wir uns immer wieder schmutzig. Daher braucht es zur vollständigen Reinigung die Fußwaschung, den Tod Jesu am Kreuz, an dem er uns seine Liebe bis zur Vollendung zeigt. Doch die Fußwaschung Jesu ist nicht nur Bild für seine vollendete Liebe, die im Kreuz für uns am deutlichsten aufleuchtet. Vielmehr ist sie für uns ein Ansporn, genauso wie Jesus zu handeln, einander die Füße zu waschen, einander zu heilen und zu dienen. Anstatt unseren Brüdern und Schwestern den Kopf zu waschen, indem wir sie beschimpfen, sollten wir uns an ihre verwundbarste Stelle hinabbeugen und sie dort liebevoll berühren, damit ihre Wunden heilen und ihr Schmutz von ihnen abfällt.

Am Ende des feierlichen Mahls, das die Kirche am Gründonnerstag feiert, wird der Altar abgeräumt und die verbleibenden Hostien werden in die Sakramentskapelle getragen. Der nackte Altar erinnert uns an den Tod Jesu, der entblößt am Kreuz hängt, um für uns zu sterben. Die Kirche lädt uns ein, in der Nacht vom Gründonnerstag auf Karfreitag bei Jesus zu wachen, mit ihm am Ölberg zu ringen, damit auch wir „Ja" sagen können zu dem, was Gott uns in unserem Leben zumutet.

Stehe in der Nacht des Gründonnerstags bewusst einmal auf, um in die nächtliche Anbetung in der Kirche zu gehen oder um in deinem eigenen Zimmer zu meditieren. Versuche, mit Jesus zu wachen und im Blick auf ihn, der für dich den Weg ans Kreuz geht, dein eigenes Leben und das Leben all derer zu bedenken, die dir am Herzen liegen. Wachend werden dir die Augen aufgehen und du wirst das Geheimnis deines Lebens besser verstehen.

Karfreitag

Am Karfreitag gedenken wir des Todes Jesu am Kreuz. Aber dieser Tod wird nicht verkündet als etwas Leidvolles und Schmerzliches, sondern als der Sieg der Liebe über den Tod. Wir hören im Gottesdienst die Passion aus dem Johannesevangelium. Dort schreitet Jesus durch die Stationen unseres leidvollen Lebens hindurch als der König, dem diese Welt nichts anhaben kann. Jesus ist der souveräne König, der von sich sagt: „Mein Königtum ist nicht von dieser Welt" (Johannes 18,36). So geht Jesus als der eigentlich freie Mensch durch alle Fesseln, die uns binden und gefangen nehmen. Er geht hindurch durch den Verrat, durch die Verletzungen, durch die Einsamkeit und Ohnmacht, durch das Verleumdetwerden, das Geschlagenwerden, durch den Hass der Mörder und durch die Verlassenheit am Kreuz. Er zeigt uns, dass auch das Leiden uns unsere göttliche Würde nicht zu nehmen vermag. Es gibt etwas in uns, über das diese Welt keine Macht hat.

Im Gottesdienst verehren wir das Kreuz Jesu. Das verhüllte Kreuz wird feierlich in die Kirche getragen und in drei Schritten enthüllt. Dabei singt der Priester: „Seht das Holz des Kreuzes, an dem das Heil der Welt gehangen.“ Und alle knien nieder und antworten: „Kommt, lasset uns anbeten.“ Im Kreuz ist alles Leid der Welt verwandelt worden. Es gibt nichts mehr, was uns von Gott zu trennen vermag. Am Kreuz verehren wir die Liebe Jesu, mit der er uns bis zur Vollendung geliebt hat. Eine Antiphon besingt das Kreuz mit den Worten: „Denn siehe, durch das Holz des Kreuzes kam Freude in alle Welt.“ Durch das Kreuz dringt die Freude Jesu in alle Bereiche unseres Lebens, selbst bis in die tiefste Dunkelheit der Depression. Daher besingt die Kirche angesichts des Kreuzes den heiligen, starken und unsterblichen Gott, der selbst den Tod besiegt und in einen Akt der Liebe verwandelt hat. Das Kreuz ist das Siegeszeichen, der Schlüssel zum Leben, die Himmelsleiter, auf der wir aufsteigen dürfen zu Gott, der uns – wie einst Jakob – verheißt: „Ich vollbringe an euch, was ich euch verheißen habe.“ Das Kreuz ist Zeichen, dass auch unser Leben gelingen wird, selbst wenn es durch viele Bedrängnisse hindurchführt.

Am Karfreitag lädt uns die Kirche ein, zu fasten. Es soll ein Tag sein, an dem wir nicht nur die Liturgie besuchen, sondern auch daheim unser Leben vom Geheimnis des Kreuzes prägen lassen. Der Karfreitag konfrontiert uns mit dem eigenen Leid, damit wir uns aussöhnen mit dem, was uns durchkreuzt. Und der Karfreitag will unsere Augen öffnen, damit wir die vielen Kreuze sehen, die heute in unserer Welt aufgerichtet werden, um Menschen daran aufzuhängen.

Für mich gehört es zum Ritual des Karfreitags, Teile aus der Matthäuspassion von Bach zu hören und mich so in das Geheimnis des Kreuzes hineinzumeditieren. Überlege, wie du diesen Tag verbringen möchtest. Nimm ihn bewusst als Tag des Schweigens und Fastens, als Tag, an dem du dir Zeit nimmst für die Meditation und für das Lesen, damit du dich angesichts des Kreuzes Jesu bedingungslos geliebt weißt und deine Angst verlierst vor dem, was dich durchkreuzen könnte.

Karsamstag

Am Karsamstag meditieren wir in den Stundengebeten das Geheimnis des Todes Jesu. Jesus ist nicht nur für uns gestorben. Er lag auch drei Tage im Grab. In seinem Tod ist er hinabgestiegen in das Reich des Todes. Das Grab galt für die Alten als Ort der Dämonen und als Ort der Finsternis. Jesus ist in seinem Tod in den Bereich der größten Gottesferne hineingeschritten, um auch dort sein Licht leuchten zu lassen.

Wir begehen den Karsamstag in aller Stille, um uns der eigenen Grabessituation zu stellen. Grab, das ist ein Bild für das Schattenreich unserer Seele, für alles, was wir vom Leben ausgeschlossen haben, für unsere Schattenseiten, die wir nicht wahrhaben wollen. Jesus will in seinem Tod alles Schattenhafte in uns erhellen, damit wir als ganze Menschen mit ihm auferstehen können. Das Grab steht auch für unsere Gottesferne, die immer wieder nach uns greift. Der Karsamstag konfrontiert uns mit der Verdunkelung Gottes in unserem Herzen, aber auch in den Herzen vieler Menschen. Wir beten still, dass die Auferstehung Jesu unser eigenes Grab und das Grab der vielen Menschen, die uns in den Sinn kommen, verwandeln möge.

Der Karsamstag lädt uns dazu ein, uns zu überlegen, was wir gerne begraben möchten. Wir schleppen oft so viel Ballast mit uns herum, die Verletzungen unserer Lebensgeschichte, die wir oft als Vorwand benutzen, um nicht selbst die Verantwortung für unser Leben zu übernehmen, unsere Schuldgefühle, mit denen wir uns zerfleischen und lähmen, und die neurotischen Lebensmuster, die uns belasten und uns vom Leben abhalten. All das sollen wir begraben, damit es uns nicht mehr am Leben hindert. Dann können wir an Ostern mit Jesus aus dem Grab aufsteigen, befreit von allem Ballast, von allen Fesseln, die uns einengen, von allem Schattenhaften, das unser wahres Wesen verdunkelt.

Der Karsamstag will dich ermutigen, mit Jesus hinabzusteigen in die Tiefen deines Menschseins, in das Schattenreich deiner Seele, in das du alles verdrängt hast, was du nicht wahrhaben möchtest. Lasse dich von Jesus an der Hand nehmen und durch alles Dunkle und Abgestorbene hindurch in den Grund deiner Seele führen. Der Jesus, der dich in deinen tiefsten Grund führt, wird dich auch herausführen aus dem Grab, um mit dir aufzustehen und alles in dir zu erleuchten und es mit seinem göttlichen Leben zu erfüllen.

Ostern – Auferstehung zu neuem Leben

Wie jede Zeit des Fastens auf einen Endpunkt, einen Wendepunkt zielt, so zielt die Fastenzeit der Kirche auf das Osterfest. Der hl. Benedikt sagt in seiner Regel, der Mönch solle während der Fastenzeit in der Freude und Sehnsucht des Geistes das heilige Osterfest erwarten. Ostern ist das Fest der Auferstehung, das Fest, an dem wir aufstehen sollen aus dem Grab unserer inneren Dunkelheit, aus dem Grab unserer Angst und unseres Selbstmitleids. Wir sollten dem Leben trauen, das Gott auch in uns zur Blüte bringen möchte.

Vielleicht bist du an Ostern nicht zufrieden mit der Fastenzeit, so wie du sie erlebt hast. Du hast nicht erfüllt, was du dir vorgenommen hast. Ganz gleich, wie die Fastenzeit für dich war, an Ostern gilt es, das Vergangene zu begraben und loszulassen und aufzustehen, um das Leben zu wagen, das Gott dir in der Auferstehung Jesu zutraut.

Die Kirche beginnt die Feier des Osterfestes mit der Osternacht. Es ist die Nacht aller Nächte, so sagt die Liturgie. In dieser Nacht muss man wachen. Da kann man nicht schlafen. Denn in dieser Nacht ist auch unsere Nacht erhellt und verwandelt worden. Das Licht der Osterkerze, das die dunkle Kirche erleuchtet, soll auch in uns die Finsternis vertreiben. Und nach der langen Fastenzeit lädt uns die Kirche ein, das Osterhalleluja anzustimmen. Vierzig Tage lang haben wir darauf verzichtet, das Jubellied des Halleluja zu singen. Jetzt gibt es keinen schöneren Ausdruck, unsere Freude über die Auferstehung Jesu und unsere eigene Auferstehung zu besingen, als das Halleluja. Im Singen können wir erahnen, dass der Stein, der uns vom Leben abhält, auch von unserem Herzen weggewälzt wird, dass die Fesseln, die uns einengen, von uns abfallen, und dass wir die Weite und Freiheit des Auferstandenen atmen. Augustinus nennt das Halleluja das neue Lied. Neu geworden durch die Auferstehung singen wir das neue Lied, Ausdruck der Freude und der Liebe, Ausdruck des neuen Lebens, das uns an Ostern geschenkt wird.

Wir feiern an Ostern nicht nur, dass wir hier und jetzt aufstehen zu neuem Leben und dieses neue Leben in einem neuen Lied besingen. Jesus Christus ist nicht im Grab geblieben. Er ist in Gottes Herrlichkeit hinein auferstanden. So wird auch für uns der Tod nicht das bittere Ende sein, sondern der Weg in das ewige Leben, das Gott uns bereitet hat.

Ostern nimmt dem Tod den Stachel. Der Tod ist die größte Herausforderung für den Menschen. Jede Philosophie endet bei der Frage des Todes. Und nur wer sich dem eigenen Tod stellt, vermag wahrhaft menschlich zu leben. Die Auferstehung Jesu ermöglicht es uns, uns ohne Angst mit dem eigenen Sterben zu konfrontieren. Denn das Tor, das wir im Tod durchschreiten, führt nicht in die Dunkelheit, sondern in das helle und warme Licht der Liebe Gottes.

Die Liebe, mit der uns Jesus in seinem Tod am Kreuz bis zur Vollendung geliebt hat, wird uns auch durch den Tod hindurch tragen. Wir werden im Tod nicht aus dieser Liebe herausfallen, sondern von ihr aufgenommen werden für immer. Dann wird unsere tiefste Sehnsucht erfüllt. Das Wissen um unsere eigene Auferstehung lässt uns aber schon hier und jetzt anders leben. Der Tod hat seine Macht über uns verloren. Er ist zum Schlüssel für das Leben geworden.

Die Feier von Ostern wird dir sagen: Wenn der Tod in der Auferstehung mündet, dann gibt es nichts mehr, was dich vom Leben abhalten kann, weder Angst noch Dunkelheit, weder Ohnmacht noch Erstarrung, weder Anfeindung noch Verleumdung. Die Auferstehung zeigt dir, dass es kein Grab gibt, in dem nicht das Leben hineinragt, keine Dunkelheit, die nicht vom Licht erleuchtet wird, keine Angst, die nicht in Vertrauen verwandelt wird, und keine Feindschaft, die nicht überwunden werden kann. Niemand kann dich der liebenden Hand Gottes entreißen.

Das ist die frohe Botschaft von Ostern, die dich mit einem neuen Gefühl von Lebendigkeit und Freiheit in den Frühling entlässt: Die Liebe ist stärker als der Tod, das Grün vertreibt das Grau des Winters. Nach jeder Zeit des Fastens und der Entbehrung blüht überall neues Leben auf, auch in deiner Seele. Trau dem Leben, übe dich ein in dieses Leben, das alle Fesseln sprengt. Und steh auf vom Tod. Es ist Zeit zu leben!

Stille Zeiten

Wege in die Stille

Die deutsche Sprache unterscheidet zwischen „Stille“ und „Schweigen“. „Stille“ kommt von „stellen“. Ich bleibe stehen und werde still. Aber Stille ist auch etwas Vorgegebenes. Ich tauche ein in einen Raum der Stille. Der Wald ist still, eine Kirche ist still, die Wüste ist still. Schweigen ist dagegen ein Tun. Ich muss den Mund halten. Ich soll die äußere Stille nicht stören.

Aber ich kann im Schweigen auch innerlich still werden. Indem ich nichts rede und indem ich auch den Schwall meiner Gedanken zum Schweigen bringe, werde ich still. Da bleibe ich stehen und erlebe mich in neuer Weise.

Die geistlichen Schriftsteller aller Zeiten singen ein Loblied auf die Stille. Die Stille ist heilsam, sie bringt den Menschen zu sich selbst. Sie öffnet ihn für Gott. Sie bringt ihn in Berührung mit seiner eigenen Kreativität, mit neuen Ideen. Ich möchte dir mit den folgenden Gedanken einige Wege aufzeigen, wie du die Stille wahrnehmen und genießen und wie du das Schweigen einüben kannst. Es sind Wege, die dir guttun und dich in Berührung bringen mit deiner eigenen Wahrheit.

Die Stille des Waldes spüren

Such deinen Lieblingswald auf. Gehe darin spazieren. Dann bleibe stehen und horche in den Wald hinein. Da hörst du nur das Rauschen des Windes, keine Motorsäge, kein Autogeräusch. Und genieße diese Stille. Bleibe bewusst stehen und nimm die Stille wahr. Was macht die Stille mit dir?

Wenn du für ein paar Augenblicke gar nichts hörst, hat die Stille etwas Heiliges an sich. Manchmal überläuft uns ein Schauder, wenn alles um uns still ist. Stille hat etwas Reines an sich, etwas Unberührtes.

Die Stille ist nicht beschmutzt vom Lärm der Welt. Wenn wir in die Stille hineinhorchen, dann stört uns nicht das Rauschen des Windes, aber jedes menschliche Gerede und jeder Lärm einer Maschine.

Rainer Maria Rilke spricht in einem Gedicht von seiner Sehnsucht nach der völligen Stille:

Wenn es nur einmal so ganz stille wäre

Wenn es nur einmal so ganz stille wäre.
Wenn das Zufällige und Ungefähre
verstummte und das nachbarliche Lachen,
wenn das Geräusch, das meine Sinne machen,
mich nicht so sehr verhinderte am Wachen –:
Dann könnte ich in einem tausendfachen
Gedanken bis an deinen Rand dich denken
und dich besitzen (nur ein Lächeln lang),
um dich an alles Leben zu verschenken
wie einen Dank.
Rainer Maria Rilke, Das Stundenbuch

Rilke verbindet die Stille mit dem Verstummen des Zufälligen und Ungefähren. Alles, was zufällig mein Leben ausmacht, wird unwichtig, es löst sich auf. Die Geräusche hindern mich am Wachen. Stille ist der Raum, in dem ich wach werde, in dem ich die Augen öffne und das Eigentliche sehe. Stille ist für den Dichter der Raum, in dem er Gott selbst denken kann, in dem er Gott bis zu seinem Rand denken kann, also ihn in seiner Unendlichkeit erahnt. Und die Stille ist ein Augenblick, in dem er Gott besitzen kann, aber nur ein Lächeln lang. Gott besitzen hat immer mit Heiterkeit zu tun, nicht mit Anstrengung.

Die Stille braucht dieses Leichte, dieses Heitere. Dann wird sie zu einem Ort, an dem wir Gott erspüren. Aber es geht nicht darum, Gott zu besitzen, sondern ihn zu verschenken. Rilke möchte Gott an alles Leben verschenken, nicht nur an die Menschen, sondern auch an die Tiere und Pflanzen. Wenn ich Gott erspüre, dann nehme ich alles um mich herum anders wahr.

Ich verschenke Gott, indem ich diese göttliche Heiterkeit und dieses Unberührte, Reine, das ich in der Stille von Gott spüre, in die Welt hineinströmen lasse. Ich sehe in allem dieses Unberührte, Eigentliche, Reine. Dann gehe ich anders mit den Pflanzen, Tieren und Menschen um. Das Verschenken ist keine Pflicht, kein Muss, sondern ein Dank. Ich verschenke Gott wie einen Dank. Aus Dank für die wunderbare Erfahrung Gottes in der Stille kann ich mich selbst und kann ich Gott verschenken mit einem heiteren Gefühl der Dankbarkeit.

Die Stille einer Kirche genießen

Setze dich in eine stille Kirche. Vielleicht hast du eine Lieblingskirche, in der es ganz still ist. Vielleicht kennst du Kirchen, die gebaute Stille sind. Gerade die romanischen Kirchen haben diese Qualität gebauter Stille. Da gibt es klare Formen, einfache Formen und runde Formen, die uns das Gefühl von Mütterlichkeit, von Geborgenheit geben. So wie die Mutter das Kind stillt, damit es still wird, so erfahren wir eine Kirche, die gebaute Stille ist. Der mütterliche Raum der Stille stillt unseren Hunger und unseren Durst. Wir kommen zur Ruhe und können die Ruhe genießen.

Schau dich um in der Kirche. Je nachdem, in welcher du sitzt, wirst du anderes wahrnehmen. Du schaust die klaren Formen der Architektur. Du erahnst die Idee des Architekten, der einen heiligen Raum schaffen wollte. Heilig ist das, was der Welt entzogen ist, worüber die Welt keine Macht hat, wohin der Lärm der Welt nicht dringt.

Das griechische Wort für heilig heißt „hagios". Davon kommt im Deutschen das alte Wort „Hag", das ein abgeschlossenes und umzäuntes Gehege bezeichnet. Im Deutschen spricht man von einem umfriedeten Ort, also von einem Ort, der so geschützt ist, dass darin Frieden herrscht. Von „hagios“ ist auch das Wort „behaglich“ abgeleitet. Dort, wo ein heiliger Ort ist, fühle ich mich behaglich, da bin ich geschützt. Da kann ich so sein, wie ich bin. Da muss ich mich nicht vor irgendwelchen Menschen beweisen. Ich kann mich niederlassen, ausruhen, einfach da sein. Es behagt mir, es gefällt mir. Ich fühle mich geschützt.

Du siehst in der Kirche Bilder oder Statuen. Da ist vielleicht ein großes Kreuz. Schau auf das Kreuz, an dem Christus die Arme ausstreckt, um dich zu umarmen mit all deinen Gegensätzen. Wenn du diese Gebärde der Umarmung verinnerlichen und dich selbst umarmen kannst, die Arme gekreuzt auf deine Brust legst, dann kommst du zur Ruhe. Denn ein Grund unserer Unruhe ist, dass wir zu viel Energie darauf verwenden, unsere Schattenseiten zu unterdrücken. Wir sind nicht nur fromm, sondern auch gottlos, wir sind nicht nur ruhig, sondern auch unruhig, wir sind nicht nur stark, sondern auch schwach.

Wenn du all diese Seiten in dir umarmst, dann spürst du auf einmal eine tiefe Stille. Dann kommt der innere Aufruhr in dir zur Ruhe. Du verbrauchst keine Energie mehr, dich selbst zu verurteilen, weil du noch nicht so bist, wie du gerne sein möchtest.

Du siehst in der Kirche eine Marienstatue. Maria strahlt etwas Mütterliches aus. Sie hat das Kind auf ihrem Arm. Und sie hat etwas Königliches an sich. Sie steht einfach da in ihrer Schönheit. Sie steht zu sich, sie ruht in sich. Wenn du auf die Marienstatue schaust, erahnst du etwas von der Mütterlichkeit Gottes. Und du kannst dich in Gott geborgen fühlen, geliebt, angelächelt.

Schau dann auf die anderen Figuren oder Bilder, die du in deiner Kirche entdeckst. Oft sind es Szenen aus der Bibel. Die Bilder wollen sich in dein Herz einbilden und dich mit den eigenen heilenden Bildern in deinem Inneren in Berührung bringen. Von den Bildern geht eine heilsame Kraft aus und sie beruhigen.

Du sollst dir Zeit lassen, die Bilder anzuschauen, nicht als Zuschauer, der neugierig hinsieht, sondern als einer, der so schaut, dass er mit dem Geschauten eins wird. Und du siehst Heilige, die in Bildern oder Statuen dargestellt sind. Die Heiligen tragen alle

Symbole. Wenn du auf die Heiligen schaust, so kann in dir die Hoffnung wachsen, dass Gott das, was der Heilige verkörpert, auch in dir bewirkt, dass er auch dich in deiner Brüchigkeit heil und ganz macht.

Beliebt sind unter den Heiligen die vierzehn Nothelfer. Sie stehen für deine eigenen Nöte, deine Krankheiten, Gefährdungen, deine krankmachenden Lebensmuster und für die Heilung, die von Gott ausgeht. Wenn du auf einen der Nothelfer schaust, dann wächst in dir das Vertrauen, dass auch deine Wunde von Gott geheilt wird. Die heiligen Nothelfer laden dich ein, deine Wunden Gott hinzuhalten, so wie es die Heiligen getan haben. Dann wirst du nicht länger um deine Wunden kreisen. Vielmehr öffnen deine Wunden dein Herz für Gott, dass Gottes heilende Liebe in dich einströmen kann.

Wenn du so eine Zeit lang in der Kirche sitzt, ohne etwas Bestimmtes erreichen zu wollen, sondern einfach nur als einer, der schaut, der in die Stille hineinhört und der sich vom Schauen selbst in eine noch tiefere Stille führen lässt, dann spürst du die „Behaglichkeit", die vom „heiligen" Raum ausgeht.

Die Stille im Zimmer wahrnehmen

Setz dich einmal in dein Lieblingszimmer, vermutlich in dein Wohnzimmer, und genieße die Stille, die davon ausgeht. Stell dir vor, dass du nicht allein in deinem Wohnzimmer sitzt, sondern dass du von Gottes Segen umgeben und eingehüllt bist. Du musst gar nichts tun, auch nicht fromm beten. Schau einfach mal dein Wohnzimmer an, die Möbel, die du selbst ausgesucht, die Bilder, die du aufgehängt, die Erinnerungsstücke, die du aufgestellt hast.

Ich weiß nicht, wie ruhig dein Wohnzimmer ist oder ob da der Lärm der Straße hineindringt. Aber wenn du einfach im Schauen bist, dann wirst du in deinem Wohnzimmer still. Vom Raum geht Stille aus. Doch vielleicht spürst du auch, dass du das Wohnzimmer zu voll gestellt hast, dass es entrümpelt werden muss, damit es ein Raum der Stille werden kann. Nimm wahr, dass alles, was in deinem Wohnzimmer steht und hängt, auch ein Bild für dich ist. Du drückst darin deine Seele aus. Wenn es Bilder deiner verstorbenen Eltern sind oder Bilder deiner Kinder, so kommst du in Berührung mit deiner Lebensgeschichte, mit deinen Wurzeln, aus denen du lebst, und mit deiner Fruchtbarkeit. Dein Leben hat Früchte getragen, die du jetzt dankbar anschauen kannst.

Vielleicht fühlst du dich auch einsam, wenn du so in deinem Zimmer bist. Dann solltest du dir vor Augen halten: Dort, wo ich allein bin, bin ich auch „all-eins", mit allen Menschen eins, eins mit aller Welt und eins mit Gott, dem Grund der Welt. Dann wird das Alleinsein zu einer Erfahrung, die dich in die Stille führt. Vielleicht taucht am Anfang dieses Gefühls der Einsamkeit Traurigkeit in deinem Herzen auf. Geh durch die Traurigkeit hindurch und gelange so in den Grund der Seele. Dort, auf dem Grund der Seele, bist du mit allem eins. So hat es auch Evagrius Ponticus, ein Mönch aus der ägyptischen Wüste im 4. Jahrhundert, als seine Erfahrung beschrieben: Ein Mönch ist ein Mensch, der sich von allem getrennt hat und sich doch mit allem verbunden fühlt.

Rainer Maria Rilke hat in einem Gedicht die Stille mit der Sehnsucht nach Liebe verbunden:

Die Stille

Hörst du, Geliebte, ich hebe die Hände –
hörst du: es rauscht ...
Welche Gebärde der Einsamen fände
sich nicht von vielen Dingen belauscht?
Hörst du, Geliebte, ich schließe die Lider,
und auch das ist Geräusch bis zu dir.
Hörst du, Geliebte, ich hebe sie wieder ...
... aber warum bist du nicht hier.
Der Abdruck meiner kleinsten Bewegung
bleibt in der seidenen Stille sichtbar;

Unvernichtbar drückt die geringste Erregung
in den gespannten Vorhang der Ferne sich ein.
Auf meinen Atemzügen heben und senken
die Sterne sich.
Zu meinen Lippen kommen die Düfte zur Tränke,
und ich erkenne die Handgelenke
entfernter Engel.
Nur die ich denke: Dich
seh ich nicht.
Rainer Maria Rilke, Das Buch der Bilder

Der Dichter sitzt allein in seinem Zimmer. Um ihn herum ist es still. Da taucht die Sehnsucht nach seiner Geliebten in ihm auf. In dieser Stille sind alle seine kleinen Gebärden, wie das Handaufheben und das Schließen der Lider Geräusche zur Geliebten hin. Sein Atem ist Sehnsucht zur Geliebten hin. Aber sie ist nicht hier. Das tut weh. Doch er vertraut, dass die kleinste Bewegung, die er macht, in der „seidenen Stille sichtbar" wird. Und seine Gedanken der Liebe, seine inneren Regungen, drücken sich in den Vorhang der Ferne ein, sie zielen hin zur Geliebten. Er verlässt in der Stille den Raum seiner Einsamkeit. Seine Gedanken und Sehnsüchte gehen über den Raum der Stille hinaus hin zur Geliebten. So erlebt er trotz aller Abwesenheit doch ihre Nähe. Und so ist es nicht nur eine traurige Erfahrung der Ferne. Vielmehr spürt er, dass sich auf seinen Atemzügen die Sterne heben und senken.

Die Lateiner bezeichnen die Sehnsucht mit „desiderium". Das Wort kommt von „sidera", was „die Sterne" bedeutet. Sehnsucht bringt also die Sterne auf die Erde, sie verbindet Himmel und Erde, sie zielt über das Irdische hin auf das Himmlische. Und so ahnt der Dichter, der sich nach seiner Geliebten sehnt, dass seine Einsamkeit ihn für Gott öffnet, dass sich über ihm der Himmel öffnet und ihm weiten Raum schenkt. An seinen Lippen, die sich nach dem Kuss der Geliebten sehnen, erkennt er die „Handgelenke entfernter Engel". Die Geliebte, an die er denkt, sieht er nicht. Aber dafür spürt er die Berührung durch Engel.

Engel stehen für die Liebe Gottes, die uns berührt, begleitet und einhüllt. So fühlt sich der Dichter trotz allen Schmerzes und aller Wehmut doch von den Sternen und Engeln – beide sind Boten Gottes für den Menschen – berührt und umgeben, eingehüllt in einen Raum größerer Liebe, die sich bis zum Himmel erstreckt.

Stille und Wahrheit

In meinen frühen Klosterjahren hielt ich zehn Jahre lang eine Wanderung durch den Steigerwald für Jugendliche. Wir wanderten täglich etwa fünfundzwanzig Kilometer. Nach der ersten Stunde Wanderung hielten wir inne und ich hielt eine Einführung in das stille Wandern. Wir wanderten dann eine Stunde lang schweigend. Dabei gab ich jeweils Bilder an, die unser schweigendes Wandern begleiten sollten: wie der Auszug aus Ägypten, wie das Wandern Jesu, wie das Wort von Novalis: Wohin denn gehen wir? Immer nach Hause!

Die Jugendlichen ließen sich gerne auf dieses schweigende Wandern ein. Als ich dann später einmal für einen Familienkreis diese Wanderung durchführte, fragte ich die Teilnehmer, ob sie sich das mit dem schweigenden Wandern auch vorstellen konnten. Die meisten waren dafür. Eine Frau meinte, die Kinder könnten nicht schweigen. Aber das erwies sich als falsch: Die Kinder fragten mich am nächsten Tag, ob wir das wieder so machen könnten mit den schönen Gedanken. Schweigen war für die Kinder: schöne Gedanken haben.

Eine andere Frau sagte: „Nein, ich kann nicht schweigen. Da gerate ich in Panik." Sie gab ehrlich zu, dass sie das Schweigen nicht aushalten konnte. Denn da könnte sie ja mit ihrer eigenen Wahrheit konfrontiert werden. Da könnte sie vielleicht erkennen, dass ihr Leben nicht stimmt, dass sie an sich selbst vorbeilebt. Oder ihre Enttäuschungen oder Verletzungen könnten aufsteigen. Oder Schuldgefühle könnten sie quälen. Da wurde mir deutlich, was Jesus zu den Juden gesagt hat: „Die Wahrheit wird euch befreien" (Johannes 8,32).

Wir können die Stille nur genießen, wenn wir die eigene Wahrheit aushalten. Aber das verlangt kein grimmiges Hinschauen auf die eigene Wahrheit. Vielmehr ermöglicht uns Christus, unsere Wahrheit anzuschauen, weil er uns mit allen Höhen und Tiefen annimmt. Stille heißt, dass wir die Wahrheit, die in unserem Herzen auftaucht, Christus hinhalten, in seine Barmherzigkeit. Dann wissen wir: Wir sind ganz und gar angenommen. Wir brauchen vor Christus nichts zu verbergen. Er kennt sowieso schon alles. Und er nimmt uns an mit all unserer Wahrheit. In der Stille leuchtet unsere Wahrheit auf. Wir kommen zu unserem wahren Wesen. Das ist immer auch etwas Befreiendes, etwas Reinigendes und Heilendes.

Schweigen als Selbstbegegnung

Die frühen Mönche haben das Schweigen als wesentlichen Weg für ihren spirituellen Weg verstanden. Sie haben sehr ausführlich diesen ersten Schritt des Schweigens als Selbstbegegnung beschrieben: Wenn ich aufhöre zu reden, dann tauchen die Gedanken und Gefühle auf, die mich im Inneren beschäftigen.

Der Wüstenvater Evagrius Ponticus hat diese Selbstbegegnung ausführlich beschrieben. Er meint, im Schweigen tauchen die neun *logismoi* auf, das sind emotionale, leidenschaftliche Gedanken. Die Leidenschaften können mich beherrschen. Sie können aber auch zu Kräften werden, die mich stärken auf meinem spirituellen, aber auch auf meinem rein menschlichen Weg. Daher geht es nicht darum, die Leidenschaften abzuschneiden, sondern sie anzuschauen, sich mit ihnen auszusöhnen. Ein Mönchsvater sagt: Wenn die Leidenschaften kommen, dann gib ihnen und nimm von ihnen. Dann werden sie dich bewährter machen.

Der ehrliche Umgang mit den Leidenschaften macht uns zu reifen und spirituellen Menschen. Die Unterdrückung der Leidenschaften führt zu einem beständigen Kampf, in dem wir sehr viel Energie verbrauchen. Wer die Leidenschaften abschneidet oder unterdrückt, dem fehlt eine wichtige Energiequelle auf seinem Weg.

Evagrius nennt jeweils drei *logismoi* für die verschiedenen Bereiche im Menschen. Da gibt es den begehrlichen Bereich *(epithymia)*. Dem ordnet er drei Grundtriebe zu: Essen, Sexualität und Besitzstreben. Alle drei Triebe sind in sich gut. Sie wollen den Menschen letztlich antreiben, das Leben zu genießen, sich selbst zu übersteigen und Ruhe zu finden. Und sie wollen den Menschen letztlich antreiben auf Gott hin.

Das Essen gipfelt in der heiligen Mahlzeit, für uns Christen in der Eucharistie, in dem wir im Essen eins werden mit Gott. Die Sexualität zielt darauf hin, uns in der mystischen Ekstase ganz in Gott hinein zu versenken. Und das Besitzstreben treibt uns an, den Schatz in unserem eigenen Herzen zu suchen, den Schatz im Himmel, den keine Motte und kein Wurm zerstört und kein Dieb zu rauben vermag (vgl. Matthäus 6,19f).

Doch alle drei Triebe können auch zu Süchten werden, zur Esssucht oder Magersucht, zur Sexsucht und zur Habsucht. Dann beherrschen sie den Menschen und schaden ihm. Es geht darum, angemessen damit umzugehen. Im emotionalen Bereich *(thymos)* gibt es drei Emotionen, die den Menschen gefährden können: die Traurigkeit, der Zorn und die Akedia. Die Traurigkeit ist etwas anderes als die Trauer. Mich mit meiner Durchschnittlichkeit zu betrauern ist etwas Positives, was mich in die eigene Wahrheit führt. Doch Traurigkeit meint Selbstmitleid. Ich schwimme im Selbstmitleid und komme nicht weiter. Auf dem Grund der Traurigkeit stehen übertriebene Wünsche an mein Leben, Illusionen, denen ich nachhänge. Die Traurigkeit soll in Trauer verwandelt werden. Der Zorn kann mich zerfressen. Ich rebelliere gegen alles und schimpfe auf alles. Doch im Zorn steckt die Aggressionskraft. Und die gehört wesentlich zu mir. Die Aggression ist die Kraft, mich zu distanzieren gegenüber Menschen, die meine Grenze überschreiten. Sie ist die Fähigkeit, das Verhältnis von Nähe und Distanz zu regeln. Auch hier geht es darum, die gute Kraft von der zerstörerischen Kraft des Zorns zu scheiden. Die dritte Emotion ist die Akedia. Es ist die Unfähigkeit, im Augenblick zu leben. Wer von der Akedia beherrscht wird, der hat weder Lust zum Beten noch zum Arbeiten noch zum Nichtstun. Er kann sich selbst nicht aushalten. Das Arbeiten ist zu beschwerlich, das Beten zu fromm und das Nichtstun ist zu langweilig. Nichts kann dieser Mensch genießen. Er jammert nur und ist unzufrieden. Er ist innerlich zerrissen. Viele Menschen sind heute von der Akedia geplagt. Für sie hat die Stille eine heilende Wirkung, stehen zu bleiben und sich selbst auszuhalten. Die Mönche geben als Übung an: Bleib in deiner Zelle sitzen. Halte dich aus. Bleib bei dir selbst.

Schweigen als Loslassen

Der zweite Schritt des Schweigens ist das Loslassen. Loslassen ist etwas anderes als Loswerden. Viele wollen negative Symptome, an denen sie leiden, loswerden. Sie wollen ihre Angst loswerden, ihre Eifersucht, ihren Neid. Aber es gibt ein Grundgesetz des menschlichen Lebens: Ich kann nur loslassen, was ich angenommen habe. Was ich loswerden will, das schaue ich nicht an. Ich brauche die Demut, mir einzugestehen: In mir ist Angst, Eifersucht, Neid, Ärger, Unzufriedenheit. Nur wenn ich das eingestehe und mich darin annehme, kann ich es loslassen. Was ich loswerden will, das bleibt an mir hängen oder es kommt wieder zu mir zurück.

Es gibt verschiedene Wege loszulassen. In der Meditation werden, sobald ich still werde, Gedanken auftauchen, meine Ängste, meine Eifersucht, mein Neid. Ich nehme die Gefühle wahr, aber ich distanziere mich sofort von ihnen. Meine Angst darf sein, aber jetzt gebe ich ihr keinen Raum. Jetzt gehe ich durch die Angst hindurch in den inneren Raum der Stille, zu dem die Angst keinen Zutritt hat. In der Stille tauchen auch meine Lebensmuster immer wieder auf: mein Perfektionismus, mein Zwang, immer sofort zu helfen, für alles verantwortlich zu sein, meine ständigen Selbstbeschuldigungen. Loslassen heißt: Ich lasse sie zu, ich nehme sie wahr, aber jetzt gebe ich diesen Mustern keine Macht. So werde ich allmählich frei davon. Die Muster bestimmen mich nicht mehr.

Was die Mönche vor 1600 Jahren entwickelt haben, das beschreibt die heutige Psychologie als Methode der Disidentifikation: Ich nehme meinen Ärger wahr, der in mir aufsteigt. Doch der Punkt in mir, der den Ärger wahrnimmt, ist nicht vom Ärger infiziert. Ich sage mir dann: Ich habe Ärger, aber ich bin nicht mein Ärger. Ich habe Angst, aber ich bin nicht meine Angst. So ziehe ich mich von den Gefühlen und Lebensmustern jeweils auf mein wahres Selbst zurück. Roberto Assagioli, der italienische Psychiater, der diese Methode beschrieben hat, spricht vom spirituellen Selbst, zu dem wir uns zurückziehen. Es ist unberührt von den Leidenschaften, Lebensmustern und Emotionen.

Schweigen als Einswerden

Ziel des Schweigens ist das Einswerden mit Gott. Das kann man personal verstehen: Ich sitze vor Gott und schaue auf ihn. Oder ich stelle mir vor, dass seine heilende und liebende Gegenwart mich umhüllt. Ich werde still vor Gott und mit Gott. Ich lasse mich von Gott anschauen und mich von seinem Geist durchdringen.

Evagrius Ponticus versteht das Einswerden mit Gott noch auf andere Weise. Er spricht davon, dass der Mensch durch das Gebet in den inneren Raum gelangt. Evagrius nennt diesen Raum im Blick auf die Bibel „Ort Gottes". Es ist der Ort, an dem Gott wohnt, den Gott mit seinem Licht und seiner Herrlichkeit erfüllt. Evagrius nennt diesen Raum auch „Schau des Friedens, an dem einer in sich jenen Frieden schaut, der erhabener ist als jedes Verstehen, und der unsere Herzen behütet."

An diesem Ort des Friedens wohnt Gott selbst in uns. Gott ist uns hier weniger ein Gegenüber, sondern der, der den Grund unserer Seele bewohnt, der uns zu unserem wahren Selbst führt, mit dem wir ganz eins werden dürfen.

Gott wohnt in uns im Raum der Stille. In jedem von uns ist so ein Raum der Stille. Doch oft sind wir von diesem Raum abgeschnitten. Es haben sich zu viele Sorgen und Ängste darauf gelegt, sodass wir den Raum nicht spüren. Aber allein das Wissen, dass dieser Raum in uns ist, hilft uns, anders in dieser Welt zu leben. Wir können uns immer wieder an diesen Ort der Stille zurückziehen, auch mitten im Lärm der Welt. Wir können mitten in einer Sitzung uns erinnern, dass da in uns ein Raum der Stille ist, zu dem die Teilnehmer an der Sitzung und ihre Argumente und ihre Kritik keinen Zutritt haben. In diesem inneren Raum der Stille sind wir geschützt vor dem Lärm der Welt, vor den Angriffen der Welt, vor den Verletzungen, die von außen auf uns einstürmen. In diesem inneren Raum der Stille können wir uns selbst auf fünffache Weise neu erleben:

1. Wir sind frei.
Wir sind frei von der Macht der Menschen, von ihren Erwartungen, von ihren Wünschen und von ihren Meinungen. Was die anderen über uns denken, das geht uns an diesem inneren Ort der Stille nichts an. Da wohnen wir bei Gott und bei uns selbst.

2. Wir sind heil und ganz.
In diesen inneren Raum der Stille können die verletzenden und kränkenden Worte der anderen nicht vordringen. Diesen inneren Kern haben auch die Verletzungen unserer Kindheit nicht zerstört. Er ist heil und ganz geblieben.

3. Wir sind ursprünglich und authentisch.
Dort kommen wir in Berührung mit dem ursprünglichen und unverfälschten Bild, das Gott sich von jedem von uns gemacht hat. Dort lösen sich alle Bilder auf, die andere uns übergestülpt haben. Dort lösen sich die Bilder unserer Selbstentwertung und unserer Selbstüberschätzung auf. Wenn wir mit unserem wahren Selbst

in Berührung sind, dann müssen wir vor anderen nicht unsere Authentizität und unsere Besonderheit beweisen. Wir sind einfach da, ohne Druck, uns beweisen oder uns irgendwie anpassen zu müssen.

4. Wir sind rein und klar.
In unseren inneren Raum können auch die Schuldgefühle nicht vordringen. Das ist für mich ein wichtiges Bild. Denn ich kenne so viele Menschen, die sich ganz und gar schlecht fühlen, die sich mit Schuldgefühlen zerfleischen. Sie wagen nicht, in die Stille zu gehen, aus Angst, die Schuldgefühle überschwemmen sie.

Da ist es wichtig, sich vorzustellen: Ja, in mir sind Schuldgefühle, die manchmal sogar krankhaft sind, entweder wegen realer oder wegen eingebildeter Schuld. Aber unterhalb der Schuldgefühle ist in mir ein Raum der Stille. Und dort bin ich rein und klar, ohne Schuld. Dort bin ich auch geschützt vor den Schuldgefühlen. Wer von Schuldgefühlen geplagt wird, ist ständig unruhig. Kain, der seinen Bruder Abel erschlagen hat, wird von den Schuldgefühlen in die Welt hinausgetrieben, um ewig unruhig umherzuwandern. Der Raum der Stille ist ein Zufluchtsort auch vor meinen eigenen Schuldgefühlen, auch vor dem schlechten Gewissen, das andere mir oft einreden wollen.

5. Wir sind zu Hause.
Dort, wo Gott, das Geheimnis schlechthin, wohnt, kann ich bei mir daheim sein. Die deutsche Sprache hat ja die beiden Worte Heimat und Geheimnis miteinander verbunden. Daheim sein kann ich nur, wo das Geheimnis wohnt. Viele haben Angst, in sich hineinzuschauen und auf den Grund ihrer Seele zu gehen, weil sie meinen, sie würden dort auf einen Vulkan treffen, der in ihnen Feuer speien könnte. Mit solch einem Bild kann man keine innere Heimat finden. Nur wenn wir vertrauen, dass auf dem Grund unserer Seele Gott selbst wohnt, das unbegreifliche Geheimnis, können wir es mit uns selbst aushalten.

Wie gelange ich in den Ort der Stille?

Wir sollen also nicht nur Orte der Stille in der Natur, in Kirchen, in der eigenen Wohnung aufsuchen, sondern auch den Ort der Stille auf dem Grund der eigenen Seele – immer wieder werde ich gefragt, wie man denn zu diesem Raum finden kann.

Viele finden die Idee des inneren Raumes ansprechend – sie berührt ihre Sehnsucht. Aber zugleich fühlen sie sich hilflos, diesen Raum in sich zu erfahren. Von den vielen verschiedenen Wegen, diesen heiligen Raum in sich zu entdecken und zu betreten, möchte ich hier nur zwei kurz aufzeigen:

1. Meditation mit Worten und Atem

Der erste Weg ist die Meditation mit Worten. Dazu genügt schon eine ganz einfache Übung: Ich binde meinen Atem an ein Wort. Ich persönlich verwende für diese Übung das Jesusgebet. Beim Einatmen sage ich: „Herr Jesus Christus", und beim Ausatmen: „Sohn Gottes, erbarme dich meiner!"

Ich stelle mir dabei vor, dass mich im Atem Jesus selbst in den Grund meiner Seele führt, in den Raum der Stille, der jenseits aller Worte ist. Isaak der Jüngere, ein weiterer früher Mönch, sagt: „Das Wort schließt die Türe auf zum wortlosen Geheimnis Gottes." Natürlich kann ich nicht immer in der Meditation diesen Raum der Stille spüren. Manchmal ist es nur ein Augenblick. Aber dieser eine Augenblick verändert mich. Ich spüre eine innere Freiheit. Und ich kann mich dann immer wieder an diesen Augenblick erinnern, in dem ich ganz frei war, weil ich ganz still geworden bin und diesen Raum der Stille in mir gespürt habe.

2. Imagination

Ein anderer Weg ist, äußere Orte der Stille aufzusuchen, die mir helfen können, an den Ort der Stille im Inneren zu glauben. Wenn ich in einer Kirche sitze, kann ich mir zum Beispiel vorstellen: Ich selbst bin Tempel Gottes. Dieser Raum der Stille, in dem ich sitze, den gibt es auch in mir. Und ich kann mir dann mitten in der Arbeit, in den Turbulenzen des Lebens immer wieder vorstellen: Ja, diese Unruhe, dieser Druck, diese Erwartung ist jetzt da. Aber unterhalb all dieser Gefühle ist in mir der innere Raum der Stille.

Allein diese Vorstellung kann uns immer wieder in Berührung bringen mit dem Ort der Stille. Zumindest weckt die Vorstellung in uns die Sehnsucht nach diesem inneren Ort. Und in jeder Sehnsucht liegt auch schon etwas von dem, wonach wir uns sehnen.

Stille Wünsche

Wir sind einige Wege zur Stille miteinander gegangen. Ich wünsche dir, dass du die Wege, die uns die frühen Mönche vorgegangen sind, auch heute in unserer so veränderten Zeit zu gehen vermagst.

Natürlich sind die Voraussetzungen heute anders. Die Mönche damals sind in die Wüste gegangen. Sie waren von äußerer Stille umgeben. Wir sind heute in einer lauten Welt. Da ist es nicht so einfach, Orte der Stille aufzusuchen. Aber den inneren Ort der Stille tragen wir immer bei uns.

Für mich selbst ist es immer wieder eine spannende Übung, gerade dann, wenn ich in der Öffentlichkeit bin, wenn ich vom äußeren Lärm umspült werde, mir den inneren Ort der Stille vorzustellen.

Ich setze mich dann nicht unter Druck, dass ich mitten in den Turbulenzen ruhig bleiben muss. Ich setze mich vielmehr den äußeren Anforderungen aus, aber ich erinnere mich immer wieder an den inneren Ort der Stille. Dann haben die Turbulenzen keine Macht über mich. Dann erfahre ich auf einmal mitten in der äußeren Unruhe innere Ruhe.

Diese Erfahrung wünsche ich dir von Herzen, dass du im Raum der Stille bei dir selbst und bei Gott sein kannst und so geschützt bist vor Verletzungen, vor den Erwartungen der anderen. Die Erfahrung der Stille befreit dich von der Hektik, in die viele stürzen, weil sie sich ganz von den Erwartungen der anderen bestimmen lassen. Der Ort der Stille macht dich wahrhaft frei, heil und ganz, ursprünglich und authentisch, rein und klar. Und er lässt dich mitten in der Fremde in dir selbst daheim sein, weil das Geheimnis Gottes in dir wohnt.

Literaturangaben

Evagrius Ponticus, Briefe aus der Wüste, Sophia, Band 24, Trier 1986.

Evagrius Ponticus, Über das Gebet, Quellen der Spiritualität, Band 4, Münsterschwarzach 2011.

Rainer Maria Rilke, Das Buch der Bilder, Des ersten Buches erster Teil, München 1902.

Rainer Maria Rilke, Das Stundenbuch, Teil 2: Buch vom Mönchischen Leben, München 1899.

In der Lebensmitte

Das Problem in der Lebensmitte – Erfahrungen

Zwischen 40 und 50 Jahren geraten viele Menschen in eine Krise. Sie haben beruflich alles erreicht, was sie angestrebt haben. Sie haben eine Familie gegründet, ein Haus gebaut. Die Kinder haben eine gute Ausbildung bekommen. Nach außen hin scheint alles in Ordnung. Doch auf einmal fragen sich diese Leute: „Soll das alles gewesen sein?" Worum geht es in den nächsten Jahren? Sie fragen sich plötzlich neu nach einem Sinn ihres Arbeitens und Strebens.

Oft zeigt sich die Krise in der Mitte des Lebens aber auch in tiefen inneren Erschütterungen. Ich habe einen Mann begleitet, der in der Lebensmitte auf einmal Schwindelanfälle bekam. Er hat immer mit voller Kraft gearbeitet, war überall beliebt, weil er sich für alle in seiner Umgebung eingesetzt hat. Doch nun ging es nicht mehr. Er wollte unbedingt der Alte bleiben, mit der gleichen Kraft. Es war für ihn nicht leicht zu akzeptieren, dass er sich selbst etwas vorgeschwindelt hat. Er hat sich eingebildet, er könnte immer unbegrenzt alle Erwartungen erfüllen und überall beliebt sein. In dieser Situation begegnete er seiner eigenen Schwäche. Und die wollte er möglichst schnell wieder loswerden. Doch je mehr er dagegen ankämpfte, desto mehr holte sie ihn ein. Seine Schwindelgefühle zwangen ihn, ein neues Maß für seine Arbeit und sein Engagement zu finden und besser auf sich und seine Gefühle zu hören. Sie luden ihn ein, die eigene Bedürftigkeit nach Zuwendung anzuschauen und sich in seiner Schwäche anzunehmen.

Bei vielen Menschen wirkt sich die Midlifecrisis in einer Verunsicherung aus. Sie werden nachts von Albträumen heimgesucht und wachen morgens schweißgebadet auf. Sie wissen nicht, was mit ihnen los ist. Andere verlieren ihren Schwung. Sie haben sich für die Firma eingesetzt oder alle Kraft in den Hausbau gesteckt. Doch jetzt stockt alles, auch die Partnerschaft. Die Frau kritisiert den Mann, weil er sich nur hinter der Arbeit versteckt. Er weiß aber gar nicht, was er anders machen soll. Er hat den Zugang zu seinem Innern verloren und findet keinen Zugang zu sich und zu seiner Frau.

Bei Frauen tritt die Krise der Lebensmitte meistens früher auf. Für eine Frau stellt sich die Frage, wie sie ihr Leben gestalten und wie sie sich selbst verstehen will, besonders dann, wenn die Kinder aus dem Haus sind. Als Mutter war sie selbstsicher und ruhte in sich. Doch auf einmal spürt sie Angst, nach draußen zu gehen. Sie ist sich nicht mehr klar über ihre eigentliche Identität. Viele versuchen, die Krise der Lebensmitte zu überspielen, indem sie sich nach außen als selbstsicher geben. Doch im Inneren wächst die Angst, dass die andern entdecken könnten, wie es wirklich in ihnen aussieht. So ziehen sie sich immer mehr zurück und isolieren sich von ihrer Umgebung.

Deutung der Lebensmitte nach Jung

Wie ich auf die Krise der Lebensmitte reagiere, das hängt immer von der Deutung ab, die ich der Krise gebe. Wenn ich von dem Deutungsmuster ausgehe, dass die Krise eigentlich nicht geschehen dürfte, dann werde ich sie verdrängen und die Zähne zusammenbeißen, damit ich die alte Sicherheit zumindest nach außen darstellen kann.

Gläubige Menschen machen sich oft Selbstvorwürfe. Sie deuten ihre Krise als Schuld. Sie meinen, wenn sie genügend gebetet und ein religiöses Leben geführt hätten, dann wären sie nicht in die Krise geraten. Doch solche Deutungen helfen nicht weiter. Sie treiben nur an, die Krise möglichst schnell zu überwinden. Und wenn das nicht gelingt, dann werden die Selbstvorwürfe immer stärker oder die Verunsicherung wächst. Man kennt sich überhaupt nicht mehr aus. Kein Mittel hilft, wieder der oder die Alte zu werden und die gewohnte Kraft wiederzugewinnen.

Der Schweizer Therapeut C.G. Jung deutet die Krise anders. Er bewertet es als ganz normal, dass es in der Lebensmitte um ein neues Ausbalancieren geht. In der ersten Lebenshälfte leben wir immer ein Stück einseitig. Jung geht davon aus, dass jeder von uns immer zwei Pole hat: Liebe und Aggression, Verstand und Gefühl, Disziplin und Disziplinlosigkeit, Licht und Dunkel, Stärken und Schwächen.

In der ersten Lebenshälfte leben wir einen Pol intensiver als den anderen. Männer leben dann oft ihren Willen. Sie meinen, sie könnten alles erreichen, was sie wollen. In der Lebensmitte werden sie auf einmal mit ihrer Bedürftigkeit konfrontiert. Sie versuchen etwas, aber sie haben keine Kraft dazu, weil es in ihnen einen Widerstand gibt. Hier wäre es wichtig, den bisher vernachlässigten Pol anzuschauen und ihm seine Berechtigung zuzugestehen. Dabei geht es nicht darum, von einem Extrem ins andere zu fallen, wie zum Beispiel ein treusorgender und pflichtbewusster Familienvater, der plötzlich meinte, er müsse in die Ferne ziehen und allein Schafe hüten. Oder eine Mutter, die sich für ihre Kinder aufgeopfert hat, die das unbedingte Bedürfnis verspürt, nur noch sich selbst zu verwirklichen.

Es geht in der Lebensmitte darum, die Einseitigkeit aufzugeben und den bisher vernachlässigten Pol mehr ins Bewusstsein zu heben. Aber wer das Kind mit dem Bad ausschüttet, wer das bisher Gelebte völlig verleugnet und nun allein das Gegenteil lebt, der wird in der Lebensmitte nicht weiterkommen. Es geht um ein neues Gleichgewicht zwischen Geben und Nehmen, zwischen Pflicht und Freiheit, zwischen Arbeit und Gebet, zwischen Engagement und Zeit für sich selbst. So wie man in der ersten Lebenshälfte gelebt hat, war es gut. Doch nun gilt es, andere Grundsätze und Maßstäbe für sich zu entdecken und andere Strategien für die Lebensbewältigung zu entwickeln.

Die Aufgaben der Lebensmitte nach Jung

Für C.G. Jung stellt uns die Lebensmitte vor wichtige Aufgaben. Zunächst sollen wir von außen nach innen gehen. Wir sollen unsere Maske – unsere *persona* – relativieren und mit unserem wahren Selbst in Berührung kommen. In der ersten Lebenshälfte war es sinnvoll, das Ich immer mehr zu stärken und einen guten Stand in der Welt zu finden. Dazu gehört es, eine Maske bzw. *persona* zu schaffen, die davor schützt, mit seinen Gefühlen und Stimmungen den Menschen preisgegeben zu sein. Doch manche identifizieren sich so mit ihrer *persona*, dass sie ihr wahres Selbst dabei vergessen. So geht es in der Lebensmitte verstärkt darum, die *persona* etwas zu lockern, damit wir wieder mit dem inneren Kern in Berührung kommen.

Die zweite Aufgabe besteht darin, den Schatten zu integrieren. In den Schatten ist all das abgedrängt worden, was wir nicht bewusst gelebt haben. Wenn wir z. B. einseitig unseren Verstand entfaltet haben, hat sich das Gefühl in den Schatten zurückgezogen und überfällt uns von dort manchmal als Sentimentalität. Oder wir waren nur für andere da und haben unsere Aggression verdrängt. Wenn wir sie nicht ins Bewusstsein heben, wird sie sich nach innen wenden und uns depressiv werden lassen.

Den Schatten integrieren heißt jedoch nicht, ihn einfach auszuleben. Es geht vielmehr darum, die berechtigten Anliegen der verdrängten Seiten in uns ernst zu nehmen und sie in unserem Leben zu berücksichtigen. Dann wird uns aus dem Schatten neue Kraft zufließen. Wer vom Schatten getrennt ist, verliert immer mehr seine Kraft. Und wer den Schatten unterdrückt, ist schnell erschöpft, denn es kostet zu viel Kraft, wichtige Kräfte in sich unter Verschluss zu halten.

Ein Teil des Schattens stellen für Jung *anima* und *animus* dar. Die *anima* beschreibt die weiblichen Seelenteile und *animus* die männlichen. Jeder von uns trägt in sich *anima* und *animus*. Doch in der ersten Lebenshälfte haben wir oft einseitig unsere *anima* oder unseren *animus* gelebt. Männer projizieren dann ihre *anima* auf eine konkrete Frau, Frauen ihren *animus* auf einen Mann.

Die Aufgabe wäre nun, diese Projektion wieder zurückzunehmen und in sich *anima* und *animus* zuzulassen. Wenn wir die Gegenseite nicht integrieren, dann äußert sich beim Mann die *anima* in ständigen Launen und bei der Frau der *animus* in Meinungen, die man nicht mehr hinterfragen kann. Man verstrickt sich in heillose Diskussionen.

Jung meint einmal, den Schatten zu integrieren wäre das Gesellenstück, *anima* und *animus* in sich zu verbinden dagegen das Meisterstück, das nicht viele zuwege bringen. Wenn die Frau ihren *animus* zulässt, dann spürt sie in sich die Kraft, diese Welt zu gestalten, Konflikte anzugehen und sich in der Gesellschaft zu engagieren. Für den Mann bedeutet die Integration der *anima*, dass er sich nach innen wendet, dass er seine Gefühle zulässt und nicht nur seine Machermentalität lebt. Jung erklärt, das Nichtintegrieren der *anima* kann beim Mann zu frühzeitiger Erstarrung, zu Verkalkung, fanatischer Einseitigkeit und Prinzipienreiterei führen, oder manchmal auch zum Gegenteil: zu Resignation, Müdigkeit, Schlamperei und Unverantwortlichkeit – oft auch mit Neigung zum Alkohol.

Anima und *animus* sind für Männer und Frauen eine wichtige Quelle innerer Erneuerung und Gesundung. Wenn Frauen ihren *animus* und Männer ihre *anima* integrieren, dann hören sie auch auf, sich zu bekämpfen. Sie lassen sich gelten. Sie schätzen den inneren Reichtum des andern. Sie lassen sich vom andern inspirieren, ohne von ihm oder ihr abhängig zu werden.

Annahme des Sterbens und Loslassens

Jung vergleicht das Leben des Menschen mit einem Halbkreis. Die biologische Kurve hat in der Lebensmitte ihren Höhepunkt erreicht und neigt sich wieder nach unten. Lebendig bleibt ab der Lebensmitte nur der, der sein Älterwerden und das Abnehmen seiner Kräfte bejaht.

In der Lebensmitte geht es um das Loslassen – letztlich um das Bereitsein, sein eigenes Sterben zu akzeptieren. Jung meint nun, dass es oft die gleichen Menschen sind, die in der Jugend Angst vor dem Leben haben und nun im Alter am liebsten den Tod verdrängen möchten. In der Jugend quält sie die Angst vor der Herausforderung des Lebens und im Alter vor der Herausforderung des Sterbens.

Das Sterben gehört zum Leben. Letztlich weichen diese Menschen vor den wichtigsten Aufgaben ihres Lebens aus, vor die sie die beiden Lebenshälften stellen. Die Angst vor dem Tod ist letztlich: nicht leben wollen. Denn leben, lebendig bleiben, reifen kann nur, wer das Gesetz des Lebens annimmt, das sich auf den Tod als sein Ziel hinbewegt.

Wer in der Lebensmitte nicht bereit ist, sich und seine Lebenskraft loszulassen, der wird sich innerlich verkrampfen. Wer möchte künstlich jung bleiben. Doch dann knickt seine psychologische Lebenslinie ein. Er bleibt seelisch stehen. Jung nennt es pervers und kulturlos, wenn sich die älter werdenden Menschen wie Jugendliche gebärden. „Ein Junger, der nicht kämpft und siegt, hat das Beste seiner Jugend verpasst, und ein Alter, welcher auf das Geheimnis der Bäche, die von Gipfeln in Täler rauschen, nicht zu lauschen versteht, ist sinnlos, eine geistige Mumie, welche nichts ist als erstarrte Vergangenheit."

Um nicht in diese Kulturlosigkeit zu verfallen, braucht es heute Schulen, die uns in die zweite Lebenshälfte einüben. Für Jung war das früher die Religion. Doch heute besitzen die Religionen offensichtlich nicht mehr die Kraft, uns in das Geheimnis der zweiten Lebenshälfte einzuführen. Die eigentliche Aufgabe der Religion wäre es nämlich, den Menschen einzuweisen in das Sterben, ihn über das Sich-Behaupten in der Welt hinaus zu führen in einen Bereich, in dem der Mensch erst wahrhaft zum Menschen wird.

Für Jung fördert es die psychische Gesundheit, wenn wir an ein Fortleben nach dem Tod glauben. Wenn der Tod ein Ziel darstellt, in dem unsere tiefste Sehnsucht erfüllt wird, dann brauchen wir uns hier nicht krampfhaft an unserer Kraft und Gesundheit oder an den Großtaten der Vergangenheit festzuhalten. Jung kritisiert die rührenden alten Herren, die ständig ihre „Studentenzeit aufwärmen müssen und nur im Rückblick auf ihre homerische Heldenzeit ihre Lebensflamme anfachen können, im Übrigen aber in einem hoffnungslosen Philistertum verholzt sind".

In der zweiten Lebenshälfte soll der Mensch von außen nach innen gehen. Innen geschieht die wahre Wandlung. Und in seiner Seele kommt er in Berührung mit seinem wahren Selbst. Das Ziel des menschlichen Lebens ist die Selbstwerdung, die Individuation. Der Mensch soll vom Ego, das alles an sich raffen möchte, zum Selbst gelangen. Das Selbst umfasst nicht nur das Bewusste und Unbewusste.

Wir kommen nur dann wirklich mit unserem Selbst in Berührung, wenn wir auch Gott in uns erfahren. Das Wort des hl. Paulus „Nicht mehr ich lebe, sondern Christus lebt in mir" drückt nach Jung die Erfahrung eines Menschen aus, der zu sich selbst gefunden hat. Daher gibt es nach Jung im Grunde keine areligiösen Menschen. Auch wenn viele in der ersten Lebenshälfte Gott nicht vermisst haben, weil sie zu sehr mit dem äußeren Aufbau ihres Lebens beschäftigt waren, so kann in der zweiten Lebenshälfte keiner an der religiösen Frage vorbeigehen. Jung sagt in diesem Zusammenhang das berühmte Wort: „Unter allen meinen Patienten jenseits der Lebensmitte, das heißt jenseits 35, ist nicht ein einziger, dessen endgültiges Problem nicht das der religiösen Einstellung wäre." In den Träumen tauchen in der Lebensmitte oft religiöse Symbole auf. Sie laden uns ein, uns wieder unseren religiösen Wurzeln zuzuwenden. Letztlich überwinden wir nach Jung unsere Krise in der Lebensmitte nur, wenn wir wieder in Berührung kommen mit unserer Seele und ihrer Welt, wenn wir uns dem Göttlichen öffnen.

Deutung der Lebensmitte nach Tauler – Die Krise

Im 14. Jahrhundert hat sich der deutsche Mystiker Johannes Tauler mit der spirituellen Krise in der Lebensmitte beschäftigt. Was er den Schwestern und Brüdern, für die er seine Predigten hielt, zu sagen hatte, kann auch für uns heute noch hilfreich sein.

Tauler beobachtet, dass viele religiöse Menschen zwischen dem 40. und 50. Lebensjahr in eine geistliche Krise geraten. Sie finden auf einmal keinen Geschmack mehr am Beten. Sie haben das Gefühl, dass ihnen der Glaube zwischen den Fingern zerronnen ist. Sie haben lange meditiert. Auf einmal haben sie keine Lust mehr dazu. Sie sind jeden Sonntag in die Kirche gegangen und haben davon gelebt. Jetzt kommt ihnen alles hohl vor. Sie schauen hinter die Kulissen des frommen Theaters und nehmen die weniger erbaulichen Seiten des Priesters wahr. Das hindert sie daran, sich auf die Liturgie einzulassen. Oder aber sie haben die Freude an der Spiritualität verloren oder gehen andere spirituelle Wege, in der Hoffnung, dort bessere Erfahrungen zu machen.

Viele Menschen suchen in der spirituellen Krise die Schuld bei sich selbst. Sie meinen, wenn sie konsequenter spirituell leben würden, würden sie wieder Geschmack an der Meditation finden. Doch wenn ich meine Krise sofort als eigene Schuld deute, kann ich nicht gut damit umgehen. Tauler bietet uns eine hilfreichere Deutung an. Für ihn ist die Krise Werk des Heiligen Geistes. Er deutet das Gleichnis von der verlorenen Drachme in folgendem Sinn: Wenn wir unser Lebenshaus eingerichtet haben, wenn wir wissen, wie wir leben sollen, wenn alle Möbel gleichsam am richtigen Ort stehen, dann tritt Gott in unser Haus ein und bringt uns in Bedrängnis. Denn vor lauter Einrichten haben wir unsere Drachme verloren, haben wir uns selbst verloren, sind wir uns abhandengekommen.

Gott macht es wie eine Frau, die die Stühle auf den Tisch stellt, die Schränke von ihrem Platz rückt und das ganze Haus auf den Kopf stellt, um die verlorene Drachme zu suchen.

Die Krise ist nach Tauler in diesem Sinne also nicht Schuld unserer Unachtsamkeit, sondern Werk der Gnade. Gott selbst wirkt in der Krise an uns, damit wir von der Oberfläche weg in den Seelengrund gelangen. Dort im Seelengrund können wir die Drachme finden. Dort werden wir unser wahres Selbst und dort auf dem Grund unserer Seele werden wir Gott in uns finden.

Die Flucht

Viele Menschen wollen die Krise nicht wahrhaben. Anstatt sich ihr zu stellen, fliehen sie davor. Tauler schildert drei Weisen der Flucht:

Die erste besteht darin, sich zu weigern, die Unruhe in sich anzuschauen und sich zu fragen, was sie einem sagen möchte. Man weigert sich schlicht, sein Herz zu prüfen. Vielmehr verlagert man die Unruhe nach außen. Statt sich selbst zu verändern, möchte man die anderen Menschen ändern, die Gesellschaft und ihre Strukturen verbessern. So gut es auch ist, diese Welt zu verändern, so kann das gleichsam eine Flucht sein vor der eigenen Veränderung.

Als ich 1974–76 in Nürnberg Betriebswirtschaft studierte, haben immer wieder linke Studentengruppen vor der Vorlesung ihre Parolen ins Mikrofon geschrien. Sie hatten durchaus gute Anliegen. Sie wollten vieles verbessern, aber ihre Stimme klang oft so zerrissen, dass man spürte: Von denen kann nichts Gutes ausgehen. Die projizieren ihre innere Zerrissenheit auf die Gesellschaft und wollen sich heilen, indem sie die Gesellschaft sanieren. Der typische Revolutionär ist oft blind für die eigentliche Wirklichkeit. Er läuft vor sich selbst davon, indem er die Verhältnisse um sich herum umstürzt.

Die zweite Art der Flucht besteht darin, dass ich am Äußeren festhalte. Im religiösen Bereich sieht das dann so aus, dass ich die äußeren Formen und Rituale peinlich genau erfülle, mich aber weigere, mich mit meiner eigenen Seele und ihren Turbulenzen auseinanderzusetzen.

Immer wenn einer meint, mit einer bestimmten Methode alles lösen zu können, flieht er letztlich vor seiner eigenen Wahrheit. Meine Schwester erzählte mir, dass sie die Mütter im Kindergarten beobachtete, die um die vierzig waren. Vielen merkte man ihre Probleme an. Aber sie versuchten, sich mit aller Kraft entweder auf sportliche Aktivitäten oder auf gesunde Ernährung zu verlegen. Sie meinten, sie könnten ihre Probleme in den Griff bekommen, wenn sie nur genügend liefen oder sich gesund ernährten. Äußere Formen können hilfreich sein auf meinem Weg, aber wenn ich das innere Chaos nur dadurch zu bannen versuche, ohne es anzuschauen, werden sie nicht weiterhelfen.

Es gibt noch eine dritte Möglichkeit, vor der Krise zu fliehen: Ich verlagere die Unruhe wieder nach außen – nun aber nicht in die Veränderung der andern, sondern indem ich alle paar Jahre auf einen anderen Trend aufspringe. Die innere Rastlosigkeit führt mich dann beispielsweise dazu, dass ich ständig neue spirituelle oder psychologische Methoden ausprobiere. Es gibt heute einen richtigen Markt für solche Angebote. Gerade die Esoterik tut sich damit hervor, tausend verschiedene Wege anzubieten, wie wir das Leben meistern können. Die Methoden, die da angepriesen werden, verheißen die Lösung aller Probleme. Aber viele wenden sich nach einiger Zeit wieder enttäuscht ab. Sie halten diese Methoden nicht lange durch. Sie springen von einer Methode zur andern und gelangen so nie zu ihrem inneren Grund.

Tauler bringt das Bild der Schlange, die sich zwei enge Steine sucht, durch die sie durchschlüpft, um ihre alte Haut abzustreifen. Das lässt sich auf uns Menschen übertragen: Jeder Weg führt durch einen Engpass. Doch heute springen viele immer dann, wenn es eng wird, von einem Gleis zum andern. Sie fahren und fahren und kommen nie durch den Tunnel auf die andere Seite, auf der sich das Leben weitet. Sie sind ständig mit allerlei Methoden und Heilswegen beschäftigt. Aber sie weigern sich, die eigene Wahrheit wahrzunehmen und sie zu bearbeiten. So bleiben sie trotz aller Bemühungen innerlich stehen.

Das Zurückbleiben

Viele Menschen nehmen die Herausforderung der Krise der Lebensmitte nicht an. Sie bleiben einfach stehen und weigern sich, den nächsten Entwicklungsschritt zu tun. Sie halten sich an ihre Prinzipien, werden eng, verschanzen sich hinter ihren Grundsätzen.

Im religiösen Bereich zeigt sich das Zurückbleiben darin, dass man sich auf die bisherigen Frömmigkeitsformen versteift. Man erfüllt treu seine Pflichten. Aber man wird dadurch nicht weicher oder menschlicher. Vielmehr wird man sehr hart andern gegenüber. Die Härte andern gegenüber zeigt, mit wie viel Gewalt diese Zeitgenossen auch gegen sich selbst vorgehen. Sie wollen mit aller Kraft das innere Chaos unterdrücken, indem sie sich an feste Normen halten. Letztlich liegt der Grund für dieses Zurückbleiben in der Angst vor dem Neuen. Und man könnte sagen: Es ist die Angst vor dem ganz anderen Gott, der mich infrage stellen könnte, und die Angst vor dem Versinken in einem Sumpf unterdrückter Emotionen und Leidenschaften.

Die Lebensmitte ist die Zeit, in der viele Menschen auf einmal mit Ängsten zu tun haben. Jahrelang war Angst kein Thema. Jetzt taucht sie ganz massiv auf. Fritz Riemann hat in seinem grundlegenden Werk über die Grundformen menschlicher Angst vier Formen von Angst beschrieben: die Angst des zwanghaften Menschen – das ist die Angst vor der eigenen Wertlosigkeit. Die Angst des depressiven Menschen, die in der Angst vor Schuldhaftigkeit gründet und zu permanenten Schuldgefühlen führt. Die Angst des hysterischen Menschen ist die Angst vor der Haltlosigkeit und bringt diesen dazu, sich an dem Bestehenden festzuklammern – am Besitz oder an Menschen. Die Angst des schizoiden Typs zeigt sich in den vielen Phobien wie Platzangst oder Höhenangst.

Es ist wichtig, sich diesen Ängsten zu stellen. Doch statt die Angst vor der Wertlosigkeit durch immer höhere Leistung zu unterdrücken oder die Angst vor der Schuldhaftigkeit durch Sich-Verausgaben zu beruhigen, will uns die Angst einladen, unseren wahren Wert von Gott her zu sehen. Wir sind von Gott bedingungslos angenommen und geliebt. Das müssten wir uns in der Lebensmitte nicht nur mit dem Kopf vorsagen, sondern es in unsere Ängste hinein wirken lassen. Dann kann neues Vertrauen wachsen. Und dann brauchen wir die Angst nicht mehr zu unterdrücken durch ein rigoroses Verhalten, durch Härte uns selbst und den andern gegenüber.

Selbsterkenntnis

Für Tauler besteht die Aufgabe der Lebensmitte darin, uns selbst ehrlich und schonungslos anzuschauen und uns so anzunehmen, wie wir sind. Gerade die Selbsterkenntnis macht vielen Menschen Angst. Wir können uns selbst aber nur dann erkennen, wenn wir aufhören, alles, was in uns ist, zu bewerten.

In Begleitungsgesprächen merke ich immer wieder, wie viel wir Menschen uns selbst bewerten. Das Bewerten führt dazu, dass ich meine Wirklichkeit nicht wahrhaben will. Viele sagen: Mit 45 Jahren dürfte ich doch nicht mehr eifersüchtig sein. Da müsste ich doch meine Angst überwunden haben. Da dürfte ich nicht mehr so empfindlich sein. Je mehr sie sich bewerten, desto mehr versuchen sie, die eigene Wirklichkeit zu verdrängen. Daher ist die wichtigste Botschaft: Es ist so, wie es ist. Und es darf so sein. Erst wenn ich mir das eingestehe, wage ich es, in mein Inneres zu sehen. Alles, was da in mir auftaucht, hat einen Sinn. Wenn ich den Sinn erkenne, dann finde ich auch einen Weg, mit dem umzugehen, was mich bewegt.

Viele möchten die Krise so überwinden, dass sie wieder die alte Kraft bekommen. Doch die Krise will uns verwandeln. Auch Jakob ging aus dem Kampf mit dem Engel nicht als der Alte hervor. Er hat einen neuen Namen bekommen und er hinkte an der Hüfte. Er musste langsamer und behutsamer durchs Leben gehen und wurde gerade so zum Segen für viele Menschen. So will uns auch die ehrliche Selbsterkenntnis zu einem achtsameren Umgang mit uns selbst, mit unserer Arbeit und mit unseren Beziehungen führen.

Gelassenheit

Die zweite Aufgabe, die uns die Lebensmitte stellt, ist die Einübung von Gelassenheit. Gelassenheit ist ein zentraler Begriff der deutschen Mystik von Tauler, Meister Eckhart und Heinrich Seuse. Gelassenheit hat vor allem damit zu tun, sich selbst loszulassen.

In der Lebensmitte muss ich die alten Lebensmuster loslassen. Ich kann nicht mehr so weiterleben wie bisher. Ich muss mein Selbstbild loslassen. Ich hatte gedacht, ich könne alles, was ich will, doch jetzt muss ich anerkennen, dass mein Wille nicht alles vermag. Ich habe auch Grenzen. Ich muss mich verabschieden von dem Bild des perfekten Menschen. Jeder hat auch Fehler und Schwächen. Meine Schattenseiten verlangen danach, respektiert zu werden.

Gelassenheit heißt nach Meister Eckhart, Besitz zu lassen, die Anhänglichkeit an äußere Dinge zu lassen, Menschen zu lassen, mit denen ich meinen Weg gegangen bin. Ich darf mich nicht von Menschen abhängig machen. Gelassenheit ist schließlich die Bedingung dafür, dass ich dem andern in Freiheit begegnen kann. Wenn ich nichts von ihm will, wenn ich aufhöre, ihn zu beurteilen, wenn ich ihn einfach lasse, wie er ist, dann kann das Wunder der Begegnung sich ereignen.

Meister Eckhart spricht sogar davon, dass ich Gott um Gottes willen lassen soll. Ich soll meine Bilder von Gott loslassen. Gott erscheint mir in der Lebensmitte als der ganz andere, als der unbekannte, oft auch unbegreifliche, in dessen abgrundtiefes Geheimnis ich mich einfach ergeben muss.

Letztlich geht es bei der Gelassenheit darum, sein Ego loszulassen und die wahre innere Mitte zu finden, das ursprüngliche und unverfälschte Selbst, das Bild, das Gott sich von mir gemacht hat. Unser Ego mischt sich in alle unsere Tätigkeiten. Wir wollen ständig andern imponieren, wir wollen manchmal auch mit unserem spirituellen Weg imponieren. All dieses Sich-beweisen-Wollen, sich Darstellen-Wollen sollen wir aber loslassen, damit das wahre Selbst zum Vorschein kommt.

Tauler spricht immer wieder davon, dass wir die Strategien loslassen müssen, mit denen wir die Probleme der ersten Lebenshälfte gemeistert haben. Da haben wir alles aktiv angepackt, was uns in die Quere kam. Doch jetzt geht es darum, manches zu lassen, zu warten, bis sich etwas Neues in uns ergibt.

Lassen heißt auch: die Dinge sein zu lassen, wie sie sind, mich so zu lassen, wie ich gerade bin, und nicht voller Unruhe mich wieder so hinzubiegen, wie ich gerne sein möchte und wie mich die Menschen bisher gesehen haben. Gelassenheit ist die Grundvoraussetzung jeder Kultur. Denn wenn wir die Dinge nicht lassen, wie sie sind, sondern sie ständig benutzen, ausbeuten, manipulieren, können wir sie auch nicht mehr bestaunen und bewundern. Das aber ist der Beginn von Kulturlosigkeit.

In der Lebensmitte lasse ich mich selbst und mein Ego los, um mich ganz und gar Gott und seinem Wirken in mir zu überlassen. Ich lasse mich selbst los, damit in mir das wahre Wesen wachsen und immer klarer hervortreten kann. Und ich lasse die alte Sicherheit los, mit der ich durchs Leben gegangen bin, damit ich mich einlassen kann auf das, was auf mich zukommt. Diese Gelassenheit befreit mich von aller Verkrampfung und Enge. Diese Gelassenheit bedeutet für Tauler gleichzeitig auch die Bereitschaft zu leiden. Denn es tut weh, mich selbst und meine Vorstellungen vom Leben loszulassen und mich auf das einzulassen, was Gott mir zumutet.

Gottesgeburt

Das Ziel der Krise in der Lebensmitte besteht für Tauler darin, dass Gott in uns geboren wird. Die Krise ist das Werk des Heiligen Geistes. Er bringt uns in Bedrängnis, damit wir in unseren

Seelengrund gelangen. Dort im Seelengrund, im innersten Kern unseres Selbst, im Raum des inneren Schweigens geschieht die Gottesgeburt. Wenn Gott in uns geboren wird, dann werden wir ganz wir selbst, dann kommen wir in Berührung mit dem ursprünglichen und unverfälschten Bild, das Gott sich von uns gemacht hat.

Tauler weiß um die Gefahr, dass wir die Krise am liebsten selbst lösen wollen. Wir suchen nach Methoden, uns wieder in den Griff zu bekommen. Oder wir suchen nach Menschen, die uns die innere Bedrängnis nehmen. Doch Tauler erklärt: Was uns die Krise nimmt, das wird auch in uns hineingeboren. Wenn ein Mensch uns die Krise löst, dann entsteht eine neue Abhängigkeit von diesem Menschen, von einem spirituellen Meister oder Lehrer oder Arzt. Wenn eine Methode uns die Krise nimmt, dann wird sie zum Gott, zum Allheilmittel für unsere Probleme. Nur wenn Gott in uns geboren wird, werden wir wirklich neu, dann kommen wir zu uns selbst.

Daher braucht es für Tauler Geduld. Alle Menschen möchten möglichst schnell aus der Krise herauskommen. Ich habe Menschen erlebt, die von Arzt zu Arzt, von Therapeut zu Therapeut gerannt sind, um von diesen die Krise lösen zu lassen. Sie hatten nicht die Geduld zu warten, bis etwas Neues in ihnen wuchs.

Es ist nicht so einfach, sich dem Wirken Gottes zu überlassen. Unsere Methode in der ersten Lebenshälfte war, alles selbst in die Hand zu nehmen. Doch in der zweiten Lebenshälfte geht es um die Gelassenheit als Voraussetzung, dass Gott in uns geboren wird, dass Gott uns in die wahre Freiheit führt. Wenn wir unsere eigenen Bilder von unserer Selbstwerdung loslassen, dann kann Gott das Bild in uns einbilden, das unserem wahren Wesen entspricht.

Die Krise der Lebensmitte lädt uns ein, nach innen zu schauen, in Berührung zu kommen mit dem eigenen Seelengrund, mit dem Seelenfünklein, wie Meister Eckhart es nennt. In jedem von uns existiert ein Raum der Stille. Doch durch die Turbulenzen unseres Lebens werden wir oft abgeschnitten von diesem inneren Raum. Daher braucht es in der zweiten Lebenshälfte die Bereitschaft, still zu werden, einfach mal innezuhalten und nach innen zu horchen. Manche haben Angst, nach innen zu horchen. Sie meinen, sie würden dort konfrontiert mit ihren Schattenseiten oder gar mit dem Bösen. Doch diese Meinung entspringt einem pessimistischen Selbstbild.

Die deutsche Mystik sieht den Menschen positiver: Natürlich begegnen wir im Schweigen unserer Wirklichkeit, die nicht immer angenehm und für uns schmeichelhaft ist. Aber unterhalb all der Schattenseiten, der Enttäuschungen, der verdrängten sadistischen und masochistischen Impulse ist ein Raum der Stille, von dem Meister Eckhart sagt, dass er das Wertvollste ist, das ein Mensch in sich trägt.

In diesem Raum der Stille, zu dem kein Gedanke oder Bild gelangt, keine Sorge, keine Angst, kein Urteil von Menschen, in diesem unberührten Raum wird Gott in uns geboren. Und wenn Gott in uns geboren wird, dann wird unser Leben neu und echt, authentisch und frei, heil und gesund.

Entscheidungen treffen

Was muss ich tun?

Bei Seminaren für Führungskräfte fragen mich die Teilnehmer in der Gesprächsrunde oft, wie sie lernen können, gute Entscheidungen zu treffen. Viele von ihnen haben den Eindruck, dass sie ständig unter Druck stehen, etwas entscheiden zu müssen. Dieser Druck überfordert sie und kostet Energie.

Andere Menschen tun sich schwer, überhaupt etwas zu entscheiden. Sie brauchen Zeit, um eine Entscheidung treffen zu können. Sie möchten auf jeden Fall die richtige Entscheidung treffen und zweifeln deshalb immer wieder und fragen sich, was denn die richtige Entscheidung sein könnte. So suchen sie konkrete Wege, wie sie entscheidungsfreudiger werden und wie sie richtige und gute Entscheidungen treffen können. Vor allem fragen sie, wie sie erkennen könnten, was die richtige Entscheidung ist, und welche Übungen es gäbe, sich für eine Richtung zu entscheiden, wenn die Argumente für verschiedene Richtungen gleich stark wären.

Das Thema „Entscheidung" bezieht sich aber nicht nur auf die konkreten Planungen, die wir im Beruf oder auf unserem Lebensweg zu treffen haben. Jeden Augenblick unseres Alltags sollen wir uns entscheiden, entweder Opfer zu sein oder unser Leben selbst zu gestalten. Wir können uns für das Jammern oder für das Ändern, für den Ärger oder für innere Gelassenheit, für das Unglück oder Glück entscheiden.

Viele Bücher, die heute am Markt erscheinen, erwecken den Eindruck, dass wir alles in unserer Hand haben können, dass wir uns durch unsere Entscheidungen für gute Gedanken und Gefühle gleichsam selbst erschaffen dürfen. Das ist übertrieben. Und doch steckt in dieser Sicht ein Körnchen Wahrheit: Wir sind verantwortlich, mit welchen Gedanken oder Gefühlen wir auf das reagieren, was uns widerfährt. In unserer Hand liegt die Entscheidung für oder gegen das Leben. So hat schon Gott den Israeliten vor die Entscheidung zwischen Leben und Tod gestellt: „Leben und Tod lege ich dir vor, Segen und Fluch. Wähle also das Leben, damit du lebst" (Deuteronomium 30,19).

Die Wahl des Lebens ist nicht nur eine grundsätzliche Entscheidung, die wir einmal zu treffen haben. Vielmehr sind wir ständig herausgefordert, uns jetzt in diesem Augenblick für das Leben zu entscheiden. Religiös ausgedrückt bedeutet das auch: sich jeden Augenblick für Gott entscheiden, für ein Leben entscheiden, das dem Willen Gottes entspricht.

Es gibt die großen Lebensentscheidungen. Bei ihnen geht es darum, zu heiraten oder nicht zu heiraten, diesen oder jenen Beruf zu ergreifen, die Arbeitsstelle und den Wohnort zu wechseln, in der Ehe zu bleiben oder sich scheiden zu lassen. Und es gibt die alltäglichen Entscheidungen: Ob ich jetzt dieses oder jenes kaufe, ob ich dahin oder dorthin fahre, was ich zuerst in die Hand nehme, wie ich auf die Bitten der Kinder reagiere, ob ich ja oder nein sage. Ständig sind wir vor Entscheidungen gestellt.

Oft treffen wir sie, ohne vorher große Überlegungen anzustellen. Aber es ist doch auch hilfreich, sich seine Entscheidungen anzuschauen und nach Wegen zu suchen, wie ich sowohl die vielen kleinen als auch die großen Entscheidungen so treffen kann, dass ich im Einklang mit mir selbst bin.

So möchte ich hier einige Gedanken zum Thema „Entscheidung und Entscheidungsprozess" darlegen. Ich wünsche dir und hoffe, dass du auch für dich und deine Entscheidungen Anregungen findest, die dir ganz konkret weiterhelfen.

Was sagt die Bibel?

Der Evangelist Lukas schreibt sein Evangelium auf dem Hintergrund der griechischen Philosophie und Mythologie. Für die Griechen war das Thema „Entscheidung" ein zentrales Thema. Die griechische Heraklessage kennt zum Beispiel „Herakles am Scheideweg". Herakles muss sich in dieser Erzählung zwischen der

Sinnlichkeit und dem Vergnügen auf der einen und der Tugend („arete“) auf der anderen Seite entscheiden.

Mit dieser Sage drücken die Griechen aus, dass jeder von uns vor die Entscheidung gestellt ist, sich für den leichten oder schweren Weg, für den Weg des oberflächlichen Vergnügens oder für den Weg der Tugend, für den Weg gelingenden Lebens zu entscheiden. Ob das Leben gelingt oder nicht, liegt in unserer Hand. Doch wir müssen zwischen dem Weg, der in den Abgrund führt, und dem Weg, der wahres Leben verheißt, wählen.

Für die Griechen ist der gute Weg der Weg der Tugend, der Weg, der dem Willen der Götter entspricht. Die Frau, die die Tugend verkörpert, verheißt dem Herakles kein leichtes Leben: „Wisse also, dass von allem, was gut und wünschenswert ist, die Götter den Menschen nichts ohne Arbeit und Mühe gewähren“ (zitiert bei: Wickert 65).

Lukas hat den griechischen Gedanken der Entscheidung und des Wählens aufgegriffen und an vielen Stellen seines Evangeliums thematisiert. Auch die anderen Evangelisten schildern uns, dass Jesus die Menschen vor die Entscheidung zwischen Leben und Tod, zwischen Glauben und Unglauben gestellt hat. Doch im Lukasevangelium rückt das Thema „Entscheidung“ ganz in den Mittelpunkt. So möchte ich mich hier auf das Lukasevangelium beschränken, um von der Bibel her Antworten auf die Frage nach gelingenden Entscheidungen zu bekommen.

Entscheidungen im Lukasevangelium

Schon zu Beginn seines Evangeliums zeigt uns Lukas die beiden Möglichkeiten auf, wie wir auf die Botschaft des Engels reagieren können: Wir können wie Zacharias zweifeln oder wie Maria vertrauen. Wir können uns wie Zacharias mit rationalen Argumenten vor der Entscheidung drücken oder wir können uns wie Maria auf die inneren Impulse einlassen, die uns ein Engel eingibt.

Wenn wir uns mit Maria dafür entscheiden, uns auf diese inneren Impulse, die Botschaft Gottes, einzulassen, dann wird auch in uns Gott geboren und dann kommen wir mit unserem ursprünglichen und unverfälschten Bild in Berührung, das Gott sich von uns gemacht hat.

Der greise Simeon verheißt dem Kind Jesus, dass er zum Zeichen wird, das die Menschen zur Entscheidung zwingt: „Dieser ist dazu bestimmt, dass in Israel viele durch ihn zu Fall kommen und viele aufgerichtet werden, und er wird ein Zeichen sein, dem widersprochen wird" (Lukas 2,34). An Jesus scheiden sich die Geister. Diesem Jesus kann man nicht unentschieden begegnen. Er fordert immer Entscheidung. Man kann Jesus nicht bequem vom Sessel aus betrachten und einfach so in seinem Leben weitermachen. Wenn wir Jesu Worte lesen, dann fordern sie uns heraus, aus dem unbewussten Dahinleben auszubrechen und bewusst und entschieden zu leben, uns für das Leben und für die Liebe zu entscheiden. Entscheidung hat hier mit Aufwachen aus dem Schlaf zu tun, in den wir uns eingelullt haben.

Jesus selbst wird in der Versuchung vom Satan vor die Entscheidung gestellt, entweder sich selbst und seinen Ruhm oder aber Gottes Willen zu wählen (vgl. Lukas 4,1–13). Wie Jesus sind auch wir ständig versucht, uns selbst in den Mittelpunkt zu stellen und alles nur für uns auszunutzen. Da braucht es in jedem Augenblick die Entscheidung, Gott und nicht dem eigenen Ego zu dienen.

In seiner ersten Predigt in der Synagoge von Nazaret stellt er die Hörer vor die Entscheidung, seiner Botschaft zu folgen oder ihn abzulehnen (vgl. Lukas 4,16–30). Die erste Reaktion der Hörer war Begeisterung. Doch als Jesus sie vor die Entscheidung stellt, schlägt die Begeisterung in Ablehnung um. Ich kenne diese Versuchung: Ich möchte mich im Licht eines großen und bekannten Menschen sonnen. Aber sobald der mich vor eine Entscheidung stellt, weiche ich aus. Jesus stellt mich vor diese Entscheidung. Ich kann nicht einfach nur fromm über ihn meditieren. Ich muss mich entscheiden, ihm nachzufolgen oder meinen eigenen Weg zu gehen.

Die Seligpreisungen

Das Thema Entscheidung zeigt sich vor allem in den Seligpreisungen und Weherufen (vgl. Lukas 6,20–26). Matthäus hat die acht Seligpreisungen als einen Weg der Weisheit beschrieben: Jesus zeigt acht Wege auf, wie das Leben gelingen kann. Bei Lukas stellt Jesus keine Weisheitslehre auf, sondern spricht die Hörer direkt an. Dort heißt es nicht: „Selig, die arm sind im Geist", sondern: „Selig, ihr Armen". Er spricht die Armen, die Hungernden, die Weinenden und die von der Gemeinschaft Ausgeschlossenen an und verheißt ihnen Heil. Er sagt ihnen zu: Dein Leben kann sich ändern. Auch für dich ist Glück möglich. Es liegt an dir, wie du mit deiner Armut, deinem Weinen und deinem Hunger umgehst. Jesus macht den Ausgeschlossenen Mut, dass Gott auf sie schaut und dass sie im Vertrauen auf Gott mitten im Gehasstwerden durch die Menschen Seligkeit erfahren.

Man könnte diese Seligpreisungen Jesu auch noch anders verstehen. Man könnte sagen: Jesus sagt den verschiedenen Gruppen von Menschen zu, dass sie sich für das Leben entscheiden sollen. Ganz gleich, in welcher Situation sie sich befinden, können sie sich für die Seligkeit, für das Glück – oder aber für das Unglück, für das Weh und Ach – entscheiden.

Die Armen können nichts dazu, dass sie in Armut geraten sind. Aber sie können entweder jammern und klagen oder aber sich für das Reich Gottes entscheiden. Sie können auf die Armut reagieren, indem sie sie annehmen und sich von ihr auf Gott verweisen lassen. Wenn Gott in ihnen herrscht, dann wandelt sich ihre äußere Armut in inneren Reichtum.

Leider werden die Worte Jesu heute in manchen christlichen Kreisen anders gebraucht. Gerade von amerikanischen Pfingstlern werden die Armen beschuldigt, sie würden sich von einem Armutsdämon bestimmen lassen. Der Glaube solle dann den Armutsdämon vertreiben. Dann würden die Armen an Geld und Gütern reich werden. Der Glaube ist in diesem Verständnis ein Weg zu äußerem Reichtum. Jesus hat das anders verstanden.

Der Arme kann seine äußere Armut oft nicht ändern. Aber er kann sich trotzdem dafür entscheiden, Gott in seinem Herzen zu suchen. Gott ist der wahre Schatz. Wenn Gott in mir herrscht, dann habe ich genug. Dann ist es nicht mehr so wichtig, wie viel Geld ich habe.

Zu denen, die hungern, sagt Jesus: „Ihr werdet satt werden." Dies ist nicht nur eine äußere Verheißung. Jesus fordert die Hungernden auf, nach dem zu suchen, was sie wirklich sättigt. Auch wenn ich körperlich hungere, kann ich seelisch gesättigt werden. Ich bin nicht nur von äußeren Umständen abhängig.

Viele bleiben heute in einer Erwartungshaltung stecken: Die anderen sollten sie doch sättigen. Doch das, was andere uns geben, kann nie unsere innere Leere füllen. Wir brauchen eine andere Nahrung, die uns wirklich sättigt.

Jesus spricht vom Wort, das aus dem Munde Gottes kommt und das uns mehr sättigt als Brot. Wenn wir das Wort Gottes in unser Herz fallen lassen, dann wird unsere Seele satt. Unsere tiefste Sehnsucht wird vom Wort Gottes angesprochen und erfüllt. Der wahre Hunger ist der Hunger nach Liebe und Zuwendung, nach Angenommensein und innerem Frieden. Diesen Hunger stillt nicht das Brot, sondern jenes Wort, das mir verheißt, dass ich bedingungslos geliebt bin.

Ähnlich ist es mit den Weinenden. Wenn Jesus ihnen zusagt, dass sie lachen werden, dann ist das nicht nur ein Versprechen, sondern zugleich eine Aufforderung: Du kannst dich auch für das Lachen entscheiden. Du kannst im Weinen steckenbleiben oder versuchen, das, was dich zum Weinen bringt, anders zu sehen. Manchmal ist das Weinen auch Ausdruck, dass wir es nicht ertragen können, wenn unsere Wünsche nicht erfüllt werden.

Jesus ruft die Weinenden daher auf, sich über ihre Maßstäbe, Wünsche und Illusionen Gedanken zu machen. Wenn uns jemand verletzt und kränkt, sind wir nicht nur Opfer. Wir können das Verletzende auch beim anderen lassen. Dann lachen wir über den, der uns mit Worten kränkt. Wir lachen ihn nicht aus, aber wir distanzieren uns im Lachen von seinem verletzenden Tun.

In gewisser Weise gilt der Grundsatz, dass wir uns in jeder Situation für die Freude entscheiden können. Wir sollen die negativen Gefühle dabei nicht verdrängen. Aber wir sollen sie relativieren. Manche Menschen haben sich für das Jammern entschieden. Sie kreisen im Selbstmitleid immer um sich selbst. Und sie meinen, die anderen seien schuld daran, dass es ihnen so schlecht geht. Jesus schaut diese Menschen an und traut ihnen zu, dass sie sich für einen anderen Weg, für den Weg der Freude, entscheiden.

Wenn ich mich von den kränkenden Worten löse, die mich zum Weinen bringen, und wenn ich dann in mein Herz zurückkehre, werde ich dort eine Quelle von Freude finden. Meine Stimmung ist nicht nur von anderen abhängig. Ich bin selbst verantwortlich, von welchen Gefühlen ich mich prägen lasse. Dabei soll ich mich nicht unter Druck setzen und die negativen Gefühle verdrängen, als ob ich immer gut gelaunt sein müsste. Aber ich soll meine Traurigkeit und mein Weinen analysieren und fragen, ob dafür nicht infantile Bedürfnisse oder Illusionen, die ich mir von meinem Leben mache, letztlich die Ursache sind.

Die vierte Gruppe, die Jesus anspricht, sind diejenigen, die von den Menschen gehasst und beschimpft werden, die von der Gemeinschaft ausgeschlossen werden. Wir könnten sagen, das sind die, die gemobbt werden, die von anderen verachtet werden. Jesus fordert sie auf, sich zu freuen.

Das klingt wie eine Überforderung. Doch wenn ich verachtet werde, sollte ich mir klarmachen, dass die anderen ihre Probleme auf mich projizieren. Ich soll mich einerseits von ihren Projektionen innerlich befreien. Andererseits kann ich mich auf Gott verweisen lassen. Mein Grund, auf den ich mein Leben baue, ist nicht die Zustimmung der Menschen, sondern letztlich Gottes Liebe. Wenn ich so auf die Verachtung durch die anderen reagiere, hat sie keine Macht über mich.

Es liegt also wieder in meiner Entscheidung, wie ich auf das reagiere, was mich aus der Gemeinschaft ausschließt und mich verfolgt. Ich kann beim Mobbing in Selbstmitleid zerfließen oder aber ich kann die Situation als Herausforderung annehmen, innerlich zu wachsen. Dann erringe ich einen festen Stand, von dem aus ich das, was andere mit mir tun, beobachten kann, ohne umgeworfen zu werden.

Jesus verheißt denen, die von der Gemeinschaft ausgeschlossen werden, einen großen Lohn im Himmel. Das klingt für uns wie eine Vertröstung. Doch es meint, dass wir jetzt, da wir von anderen Menschen verfolgt werden, in uns den Raum des Himmels entdecken können. Die Verfolgung zwingt uns, in uns einen Ort der Zuflucht zu entdecken, in dem wir den Himmel in uns erleben. Dort fühlen wir uns frei und geliebt, weil Gott in ihm wohnt.

Den Armen, Hungernden, Weinenden und Beschimpften zeigt Jesus Wege auf, wie sie sich für die Seligkeit, für das Glück, für die Freude entscheiden können. In den vier Weherufen, die den Seligpreisungen folgen, wendet sich Jesus an die Reichen, die Satten, die Lachenden und die von den Menschen Gelobten.

Er spricht sie in der Du-Form an und mahnt sie: Dein Reichtum kann zunichtewerden, dein Lachen sich in Weinen verwandeln und dein Sattsein in Hunger. Schau zu, dass du dich nicht allzu sicher fühlst. Dein Leben kann sich ins Gegenteil verwandeln. Nichts, was du jetzt hast, ist sicher. Du kannst dich nicht auf deiner jetzigen Situation ausruhen. Daher entscheide dich für das Leben.

Den Reichen sagt er: Wenn du dich nur von deinem Reichtum her definierst, dann hast du keinen anderen Trost mehr, dann verlierst du den Halt. Du hast nichts, auf das du wirklich bauen kannst. Also entscheide dich für das, was dein Leben wirklich trägt: Entscheide dich für den inneren Reichtum. Den Satten sagt er: Wenn du deinen inneren Hunger mit Essen und Trinken zustopfst, dann wirst du innerlich immer mehr hungern. Also entscheide dich für das, was dich wirklich nährt. Und denke daran, dass nur Sattsein müde macht und träge und du in deinem Sattsein am Leben vorbeilebst. Entscheide dich für das Leben. Sonst wirst du von deiner inneren Leere zerfressen. Den Lachenden ruft er zu: Passt auf, dass euer Lachen über andere sich nicht gegen euch selbst wendet, sodass ihr die Ausgelachten seid. Jesus verweist die Menschen auf die Folgen ihres Tuns. Es ist nicht selbstverständlich, dass die Lachenden immer lachen. Sie werden weinen, wenn sie sich nicht für das Leben entscheiden.

Denen, die sich auf das Lob der Menschen verlassen, hält Jesus vor Augen, wie brüchig das Fundament des Lobes ist. Wir erfahren das heute täglich in der Gesellschaft: Menschen werden in den Medien hochgelobt und kurze Zeit später in die Hölle verdammt.

All das, worauf wir unser Leben bauen – Reichtum, Sattsein, Lachen und Anerkennung –, ist brüchig. Wir sollten uns daher für ein Fundament entscheiden, das trägt. Nichts ist sicher. Es braucht immer wieder von Neuem die Entscheidung für das Leben.

Wer sich für das Leben entscheidet, der ist wie ein kluger Mann, der sein Haus auf einen Felsen baut. Dessen Haus kann dann durch das Zerbrechen der Illusionen nicht zerstört werden. Es ist auf ein festes Fundament, letztlich auf Gott selbst gebaut. Der kluge Mann hat die Worte Jesu nicht nur gehört, sondern auch danach gehandelt. Er hat sich entschieden, so zu leben, wie Jesus es ihm gesagt hat. Diese Entscheidung bietet ein Fundament, auf dem er sein Lebenshaus so errichten kann, dass es durch Krisen, durch Stürme, durch Anfeindungen von außen, durch Ablehnung und Verurteiltwerden nicht zerstört wird.

Nur deine Entscheidung zählt

Lukas will mit diesen vier Seligpreisungen und den vier Weherufen sagen: Du musst dich entscheiden, ob du selig und glücklich werden willst oder ob du dir selbst schadest. Und er sagt: Ganz gleich, in welcher Situation du bist, ob in Armut oder Reichtum, bilde dir nichts darauf ein. Es kommt in jeder Situation darauf an, dich für Gott zu entscheiden. Nur dann wird dein Leben gelingen. Ruhe dich nicht aus, weder auf deinem Reichtum noch auf deiner Frömmigkeit, sondern entscheide dich jeden Augenblick für Gott. Und entscheide dich für den Weg, der wirklich zum Leben führt.

Man könnte auch die Worte der Feldrede bei Lukas als Aufruf zur Entscheidung für das Leben verstehen. „Euch, die ihr mir zuhört, sage ich: Liebt eure Feinde; tut denen Gutes, die euch hassen. Segnet die, die euch verfluchen, betet für die, die euch misshandeln“ (Lukas 6,27f). Feindschaft entsteht immer aus Projektion. Jemand projiziert etwas in mich hinein, was er bei sich selbst nicht annehmen kann. Es ist aber meine Entscheidung, wie ich darauf reagiere: Ob ich die Feindschaft annehme und dann gegen den Feind kämpfe oder ob ich die Projektion durchschaue, mich von ihr distanziere und im Feind den Hilfsbedürftigen und Ängstlichen sehe, der seine Angst auf mich projiziert.

Ich entscheide mich für eine ganz bestimmte Sichtweise. Es ist die Sichtweise der Liebe, die im Feind den Menschen sieht, der sich nach Liebe sehnt. Die Liebe ist eine aktive Reaktion.

Wenn ich auf die Feindschaft mit Feindschaft reagiere, bleibe ich in der Passivität stecken. Ich lasse mir vom Feind die Reaktion aufdrängen.

Wie reagiere ich auf Feindschaft?

Jesus zeigt uns drei Weisen, wie wir aktiv auf die Feindschaft eines anderen reagieren können. In jeder dieser drei Reaktionen entscheiden wir uns, aus der Opferrolle auszusteigen und selbst zum Handelnden zu werden, der die Situation, in die er passiv geraten ist, aktiv zu verwandeln vermag.

Die erste Reaktion zeigt sich für Jesus darin, dass ich denen Gutes tue, die mich hassen. Indem ich sie gut behandle, kann ich sie verwandeln. Wenn ich ihnen Böses antue, fühlen sie sich in ihrem Hass und ihrer Bosheit bestätigt. Doch ich lasse mir mein Handeln nicht vom anderen aufzwingen, auch nicht vom Feind. Ich tue das, was meinem Wesen entspricht.

Die zweite Reaktion ist das Segnen. Im Segnen sende ich gleichsam eine positive Energie zu dem, der mich verflucht, der mich mit Worten kränkt und der negative Worte gegen mich schleudert. Mein Segen erweist sich als stärker. Er schützt mich vor der negativen Energie des anderen. Und er ermöglicht es mir, dem anderen auf neue Weise zu begegnen. Die Entscheidung, den anderen zu segnen, tut mir selbst gut. Es ist eine Entscheidung für das Leben. Bei Kursen mache ich mit den Teilnehmern oft die Übung, dass sie den Menschen segnen sollen, mit dem sie gerade Schwierigkeiten haben. Eine Frau erzählte mir, es sei ihr dabei gut gegangen. Sie habe den Segen wie einen Schutzschild erlebt, der sie vor den negativen Emotionen des anderen geschützt habe. Und sie sei nicht in der passiven Rolle geblieben. Sie habe den Segen als aktive Energie empfunden, die stärker sei als das Negative, das vom anderen auf sie einströme.

Die dritte Reaktion auf die Feindschaft ist das Beten für die Menschen, die mich misshandeln. Indem ich für sie bete, entscheide ich mich für eine aktive Reaktion. Ich bleibe nicht in der Opferrolle, sondern ich werde aktiv und bete. Im Gebet wende ich mich an Gott. Aber ich bete auch für die Menschen. Ich wende mich den Menschen in einer positiven Weise zu. Ich bitte für sie, dass sie ihren inneren Frieden finden. Das Beten verändert meine Sichtweise. Ich versuche, mich im Gebet in den anderen hineinzudenken: Was braucht er? Wonach sehnt er sich? Und so bete ich, dass Gott ihm das schenkt, wonach er sich sehnt und was er braucht, um mit sich selbst im Frieden zu leben.

Durch die „enge Tür" gehen

Jesus fordert uns auf, uns für unseren ganz persönlichen Weg zu entscheiden. Es genügt nicht, einfach das zu tun, was die anderen tun, nur im allgemeinen Strom mitzuschwimmen. Jesus drückt das mit dem Bild der engen Tür aus: „Bemüht euch mit allen Kräften, durch die enge Tür zu gelangen; denn viele, sage ich euch, werden versuchen hineinzukommen, aber es wird ihnen nicht gelingen“ (Lukas 13,24).

Die enge Tür ist die Tür, durch die ich treten muss, um den Weg zu gehen, den Gott mir zugedacht hat, auf dem mein Leben stimmig wird. Es braucht eine Entscheidung, dass ich wirklich mein eigenes Leben lebe und meinen Weg gehe, der mich in die Lebendigkeit, Freiheit und Weite führt und auf dem mein Leben Frucht für andere bringt. Jesus wendet sich an die Menschen, die meinen, sie würden doch fromm leben, sie hätten doch mit ihm zusammen gegessen und getrunken. Doch Jesus sagt: „Weg von mir, ihr habt alle Unrecht getan!“ (Lukas 13,27)

Wer sich nicht auf seinen individuellen und einmaligen Weg einlässt, den ihm Gott zugewiesen hat, der tut Unrecht, der lebt ohne Beziehung zu seinem inneren Kern. Er tut zwar nach außen hin das Fromme – er geht etwa in die Kirche –, aber er kennt Jesus letztlich nicht. Auch in diesem Wort zeigt sich Lukas als der Evangelist der Entscheidung.

Wie wir eine Entscheidung treffen sollen, zeigt uns Jesus im Gleichnis vom Turmbau: „Wenn einer von euch einen Turm bauen will, setzt er sich dann nicht zuerst hin und rechnet, ob seine Mittel für das ganze Vorhaben ausreichen? Sonst könnte es geschehen, dass er das Fundament gelegt hat, dann aber den Bau nicht fertigstellen kann. Und alle, die es sehen, würden ihn verspotten und sagen: Der da hat einen Bau begonnen und konnte ihn nicht zu Ende führen“ (Lukas 14,28–30).

Bevor wir uns entscheiden, einen Turm zu bauen, müssen wir erst einmal überlegen, ob wir genügend Mittel haben. Das Bild vom Turm gilt für alle Entscheidungen. Bevor wir einen Beruf ergreifen, müssen wir überlegen, ob wir überhaupt die Fähigkeiten dazu haben. Bevor wir eine Entscheidung über unser Leben treffen, sollen wir uns hinsetzen und nachdenken, ob wir damit glücklich werden. Wir sollten uns fragen, ob diese Perspektive realistisch ist oder ob wir uns etwas vormachen und einer Illusion nachlaufen.

Der Turm ist auch ein Symbol für unser Selbstbild. Wir sollen die Entscheidungen über unser Leben so treffen, dass sie mit unserem Selbstbild übereinstimmen. Ein Beispiel: Eine Frau litt an Minderwertigkeitsgefühlen. Sie machte eine Therapie. Ihr Therapeut ermutigte sie, sich mehr zuzutrauen. So schrie sie auf einmal ihre Arbeitskollegen an und äußerte alle jene Aggressionen, die sie jahrelang unterdrückt hatte. Als sie jedoch daheim allein in ihrer Wohnung saß, fiel das mühsam aufgebaute Selbstwertgefühl in sich zusammen. Sie saß wie ein Häuflein Elend da. Sie hatte ihren Turm groß geplant, aber sie hatte die Mittel nicht. Sie hat sich zu einem Verhalten entschieden, das ihrer Selbsteinschätzung nicht entsprach. Damit hat sie sich selbst geschadet. Wir müssen uns so entscheiden, dass es unserem Maß und unserem Vermögen entspricht.

Unsere Potenziale, mit denen wir bauen können, sind unsere Lebensgeschichte, unsere Fähigkeiten, aber auch unsere Verletzungen. All das ist das Material, das wir in unseren Turm einsetzen. Wir übernehmen mit der Entscheidung die Verantwortung über unser Leben. Statt andere anzuklagen, dass wir zu wenig Mittel haben, sind wir bereit, mit den uns zugeteilten Mitteln jenen Turm zu bauen, der unserem Wesen entspricht.

Jesus spricht von klugen Entscheidungen. Der kluge Mann baut sein Haus auf den Felsen, nicht auf den Sand seiner Illusionen. Der kluge Verwalter trifft die für den Augenblick beste Entscheidung. Er hat keine Chance, sich seinem Herrn gegenüber zu rechtfertigen. Also nutzt er die Gelegenheit und lässt die Schuldner kommen, um ihnen einen großen Teil ihrer Schuld zu erlassen. Mit dieser Entscheidung sichert er sich nach seiner Entlassung genügend Freunde, die ihn stützen. Es ist eine Entscheidung in einer schwierigen Situation. Statt den Kopf in den Sand zu stecken, tut er das, was für ihn optimal ist (vgl. Lukas 16,1–8).

Seid klug!

Klugheit ist die Tugend, gute Entscheidungen zu treffen. Frömmigkeit allein reicht nicht, um sich richtig zu entscheiden. Nach Thomas von Aquin geht es der Klugheit nicht nur darum, das Richtige zu erkennen, sondern darum, dass das „Wissen um die Wirklichkeit umgeformt werde in den klugen Beschluss" (Pieper 28). Die Klugheit ist die Fähigkeit, „eine unvermutete Situation augenblicks zu erfassen und mit äußerster Schlagfertigkeit sich zu entscheiden" (Pieper 30).

Unschlüssigkeit ist nach der Philosophie Thomas von Aquins ein Zeichen mangelnder Klugheit. Der erste Schritt der Klugheit ist die Erkenntnis der konkreten Situation. Der zweite Schritt ist die Umsetzung in das Tun, in die Entscheidung. Kluge Entscheidungen verlangen jedoch „providentia": das Vorausschauen. Nur wenn ich das Ziel vor Augen habe, kann ich für den Augenblick kluge Entscheidungen treffen. Dabei betont Thomas, dass die Klugheit keine Gewissheit über die Wahrheit ist und dass sie deshalb die Sorge um die Folgen der Entscheidung nicht aufzuheben vermag (vgl. Pieper 39). Wer Gewissheit möchte, würde nie zu einer Entscheidung kommen. Klugheit ist für Thomas von Aquin gerade das Gegenteil der „astutia", der Verschlagenheit, der es nur um das Taktieren geht.

Die Klugheit wählt den Weg, der der Wahrheit entspricht und der den Menschen zum wahren Leben führt. Für Josef Pieper gehört es zum Wesen der Entscheidung, „dass sie nur von dem getroffen werden kann, der eben in diese Entscheidung gestellt ist" (Pieper 60). Und zugleich gilt: Ich entscheide nicht nur für etwas oder gegen etwas, ich entscheide immer mich selbst. Entscheidung trifft immer die Person selbst, die sich für oder gegen etwas entscheidet.

Was mit Entscheidung gemeint ist, drückt die Bibel oft mit dem Begriff des „Wählens" aus. Schon das Alte Testament stellt uns vor die Entscheidung, zwischen Tod und Leben zu wählen. Im Psalm 119 sagt der Beter: „Ich wählte den Weg der Wahrheit"

(Psalm 119,30). Im Lukasevangelium sagt Jesus von Maria: „Maria hat das Bessere gewählt, das soll ihr nicht genommen werden" (Lukas 10,42). Maria hat eine Entscheidung, eine Wahl getroffen. Sie hat sich für das Zuhören und gegen das Bedienen entschieden. Marta, ihre Schwester, war mit dieser Entscheidung nicht einverstanden. Sie hätte lieber gehabt, Maria hätte ihr geholfen. Das ist die normale Tätigkeit einer Hausfrau, sobald Gäste kommen. Doch Maria hat sich anders entschieden. Sie wollte zuerst hören, was Jesus zu sagen hat.

Wir meinen oft, wir müssten das tun, was von uns erwartet wird. Aber oft sind es unsere eigenen Erwartungen, denen wir dann folgen. Wir folgen nicht dem Herzen, sondern dem, was üblich ist. Maria hat sich entschieden, das zu tun, was der Gastfreundschaft noch mehr entspricht: auf das zu hören, was der Gast zu sagen hat. Jesus antwortet der Marta auf ihre Bitte, er möge doch Maria sagen, dass sie ihr helfen solle: „Marta, Marta, du machst dir viele Sorgen und Mühen. Aber nur eines ist notwendig. Maria hat das Bessere gewählt, das soll ihr nicht genommen werden" (Lukas 10,41f).

Während wir oft wie Marta im Vielen aufgehen und uns davon zerreißen lassen, hat Maria den guten Teil gewählt: das Eine, das Einswerden. Indem sie auf Jesus gehört hat, ist sie mit dem Wort und mit sich selbst eins geworden. Bei allem, was wir tun, sollten wir uns immer für das Eine entscheiden, auf das es ankommt, dass wir eins werden, in Einklang kommen mit unserem wahren Wesen.

Hilfen auf dem Weg

Im Folgenden möchte ich einige Hilfen beschreiben, wie wir klare Entscheidungen treffen können. Dabei ist zu berücksichtigen, dass es entscheidungsfreudige Menschen gibt und andere, die sich mit Entscheidungen eher schwertun. Das hängt von ihrem Temperament ab und von dem Druck, den sie sich selbst machen.

Der Perfektionist tut sich schwerer, Entscheidungen zu treffen als der Mensch, der alles gelassener nimmt. Wer an einer Vaterwunde leidet, ist auch in seiner Fähigkeit beeinträchtigt, Entscheidungen zu treffen. Und es gibt einfach Menschen, die längere Zeit brauchen, um sich entscheiden zu können. Sie wollen alles reiflich überlegen. Wer sich rein vom Verstand leiten lässt, muss oft lange überlegen, bevor er sich entscheidet. Denn rein rational liegen die Argumente für die eine oder andere Entscheidung oft nahe beieinander. So kommen immer neue Überlegungen in ihm hoch. Wer jedoch auf seinen Bauch hört, der entscheidet sich oft spontan.

Unser Temperament können wir nicht ändern. Aber mit dem, was wir an Charakter und Eigenschaften mitbekommen haben, können wir gut umgehen. Und so kann jeder – gleich, welche Voraussetzungen er mit sich bringt – lernen, sich besser, klarer und schneller zu entscheiden.

Einstellungen

Der erste Schritt, um zu guten Entscheidungen zu kommen, ist daher, die eigene Einstellung zu überprüfen. Gehe ich davon aus, dass ich eine absolut richtige Entscheidung treffen muss? Dann sollte ich mich von diesem Ideal verabschieden. Es gibt keine absolut richtige Entscheidung. Ich soll mich für das entscheiden, was klug ist. Die Klugheit ist eine wichtige Hilfe, sich gut entscheiden zu können. Die Klugheit setzt voraus, dass ich die Dinge so sehe, wie sie sind. Dann kann ich mich auch richtig entscheiden. Josef Pieper sagt daher: „Klugheit ist die Kunst, sich richtig, sachgerecht zu entscheiden" (zitiert bei: Wickert 260). Die Klugheit braucht aber immer auch ein Voraussehen. Die Klugheit ist die Fähigkeit, das zu tun, was für den Menschen jetzt in diesem Augenblick das Beste ist.

Der zweite Schritt, zu Entscheidungen zu kommen, ist, bei sich zu bleiben und sich nicht von der Reaktion der anderen abhängig zu machen. Viele trauen sich nicht, sich zu entscheiden, weil sie ständig darüber nachdenken, was die anderen über diese Entscheidung denken würden. Daher sind sie nicht bei sich und in ihrer Mitte. Sie sind in Gedanken nur bei den anderen.

Sie machen ihre Entscheidung von der Reaktion der anderen abhängig. Natürlich ist die Reaktion der anderen nicht ganz unwichtig.

Wenn ich etwa eine schwierige Entscheidung treffe – ich verlasse meine Frau, ich trete aus dem Kloster aus –, dann sollte ich durchaus auch die Reaktionen der anderen bedenken. Ich muss die Reaktion der anderen dann ja auch aushalten. Wenn ich meine Frau verlasse, weil ich gerade verliebt bin, dann möchte ich am liebsten weder meine Frau noch meine Umgebung berücksichtigen, sondern einfach nur dem Verliebtsein folgen. Doch das kann auch blind machen. Wenn ich die Reaktion meiner Umgebung bedenke, wache ich oft auf und merke, welche Folgen meine Entscheidung hat.

Aber ich muss unterscheiden zwischen der Reaktion guter Freunde, denen wirklich an mir liegt, und der Reaktion der Umgebung, die ihre eigenen unterdrückten Bedürfnisse auf meine Entscheidung projizieren wird. Entscheidend aber ist, dass ich für mich selbst vor Gott und vor den Menschen verantwortlich bin für die Menschen, an die ich mich gebunden habe. Ich muss jede Entscheidung auch in Verantwortung für meine Umwelt treffen. Aber ich darf mich nicht von jeder Reaktion der anderen abhängig machen. Ich muss in Übereinstimmung mit meinem Innersten sein.

Es geht nicht immer um „richtig“ oder „falsch“

Meine Schwester, die in der Frauenarbeit tätig ist, erzählte mir, Frauen täten sich oft schwer mit Entscheidungen, weil sie Angst haben, die anderen könnten dann sagen: „Das war ein Fehler, sich so zu entscheiden.“ Sie haben Angst, durch ihre Entscheidung angreifbar zu werden. Oft ist es der kritische Blick des Vaters, der die Frauen bei dieser Angst begleitet. Der Vater hatte sie immer aufgefordert, alles richtig zu machen. Sie sind so fixiert auf dieses „Richtigmachen“, dass sie vor der Entscheidung zurückschrecken. Was ist, wenn ich etwas nicht richtig mache?

Doch es geht gar nicht darum, alles richtig zu machen. Würde ich dies tun, dann würde ich mich als Frau zu sehr nach dem Vater richten und seine männliche Sichtweise übernehmen. Ein besseres Bild als das Richtigmachen wäre: einfach den Weg gehen, dem Wachsen trauen, das sich in mir regt. Die Entscheidung will das Wachstum fördern. Manche Frauen verbrauchen zu viel Energie, alles genau abzuwägen. Doch dann sind sie nicht bei sich. Sie lassen sich zu sehr vom Vater bestimmen.

Wenn sie sich dann endlich entscheiden, dann erfahren sie das oft als Energie- und Wachstumsschub. Auf einmal fließt wieder etwas. Der Weg geht weiter. Sie gehen ins Leben. Sie spüren dann ihre weibliche Energie, die das Wachstum fördert. Wenn sie sich vom Vater bestimmen lassen, tun sie sich schwer mit der Entscheidung. Wenn sie ihrer weiblichen Seite trauen, dann kommt die Entscheidung von innen heraus und verhilft zum Wachsen.

Die dritte Haltung, die für das Treffen von Entscheidungen nötig ist, ist die Bereitschaft, auch verlieren zu können. Wer gewinnen will, muss auch verlieren können. Wer Angst hat, er könne als Verlierer dastehen, der ist innerlich gelähmt. Er wird sich nie entscheiden. Er hat nicht nur Angst vor der Reaktion der anderen, sondern auch vor sich und seinem inneren Richter.

Solche Menschen könnten es sich selbst nicht verzeihen, wenn sie als Verlierer dastünden.

Doch jeder Sportler weiß, dass er nur dann ein Spiel oder einen Wettkampf beginnen kann, wenn er auch bereit ist, eine Niederlage in Kauf zu nehmen. Er geht zwar mit dem Willen ins Spiel, zu gewinnen. Aber er muss auch damit rechnen, dass die andere Mannschaft oder der Gegner gewinnt.

Gerade im Verlieren zeigt sich seine Größe. Ein fairer Verlierer zu sein zeichnet die Würde eines Menschen aus. Wer immer nur auf der Welle des Erfolges schwimmt, der bleibt an der Oberfläche. Wenn er dann einmal verliert, liegt er völlig am Boden und gibt sich oft selbst auf. Er kann sich selbst nicht verzeihen, dass er verloren hat. Ohne die Bereitschaft, auch einmal verlieren zu können, werde ich mich nie entscheiden.

Die vierte Haltung ist das Vertrauen: Ich habe die Argumente alle bedacht. Jetzt höre ich auf mein Inneres. Ich höre auf die Impulse, die aus meinem Herzen kommen. Ich lege gleichsam die verschiedenen Möglichkeiten der Entscheidung vor den Richterstuhl meines Herzens. Und wohin mein Herz mich spontan treibt, so entscheide ich. Ich bleibe also nicht im Kopf, sondern höre vertrauensvoll auf mein Herz. Und dann entscheide ich, ohne länger zu überlegen. Und ich höre auf, mir nach der Entscheidung Vorwürfe zu machen, dass ich doch nicht gut entschieden hätte. Ich verzichte darauf, die Entscheidung nochmals infrage zu stellen. Viele verbrauchen sehr viel Energie damit, die getroffenen Entscheidungen nochmals zu hinterfragen. Es ist wichtig, dass ich diese Entscheidung erst einmal verfolge.

Ich weiß nicht, was mir auf dem Weg, den mir die Entscheidung eröffnet hat, alles begegnen wird. Deshalb werde ich später immer wieder nachsteuern und die Entscheidung an das anpassen, was sich mir in den Weg stellt, ohne mit ihr grundsätzlich zu hadern.

Dem Bauch vertrauen

Das Vertrauen hat auch mit dem sogenannten Bauchgefühl zu tun. Wenn wir aus dem Bauch heraus entscheiden, treffen wir oft die besten Entscheidungen. Unternehmer haben mir erzählt:

Immer dann, wenn sie bei einem Einstellungsgespräch aus dem Bauch heraus entschieden haben, hat sich die Entscheidung im Nachhinein als richtig erwiesen. Wenn sie den Bewerber nach rein rationalen Gesichtspunkten – etwa nur nach seinen Noten oder seinen Zeugnissen – beurteilten, dann lagen sie oft falsch. Der andere hat dann zwar Fähigkeiten. Aber er passt nicht in die Firma, er passt nicht zu den anderen Mitarbeitern. Wenn Unternehmer ihrem Bauchgefühl trauen, dann stellt sich heraus: Der neue Mitarbeiter passt gut in die Firma und er entwickelt sich gut.

Wir meinen, das Bauchgefühl sei irrational. Doch das stimmt nicht. Die Gehirnforschung hat herausgefunden, dass vom Bauch aus wichtige Informationen an das Gehirn geleitet werden. „Die Mehrheit der Nervenstränge führt vom Bauch zum Gehirn, nicht umgekehrt. Das heißt, dass der Bauch permanent das Gehirn mit Informationen und Signalen versorgt" (Meier 26). Der Bauch hat seine eigene Intelligenz, er hat vor allem emotionale Intelligenz. Und der Bauch hat ein gutes Gefühl für Beziehungen. Das wissen wir ja auch sonst. Wenn wir verliebt sind, kribbelt es uns im Bauch. Umgekehrt machen sich auch gestörte Beziehungen im Bauch und Magenbereich bemerkbar. Wir können nicht mehr richtig essen. Wir haben entweder keinen Appetit. Oder aber wir stopfen das Gefühl im Bauch mit zu viel Essen zu, um es zu unterdrücken.

Unser Bauchgefühl sagt uns, ob die Beziehung zum anderen stimmt, ob wir auf Dauer mit ihm können, ob er in unsere Unternehmenskultur passt oder ob er in meinen Freundeskreis passt. Das Bauchgefühl sagt mir oft auch, dass etwas nicht in Ordnung ist. Rein rational scheint alles in Ordnung zu sein. Doch in der Tiefe sagt uns der Bauch, dass da noch etwas anderes im Spiel ist.

Der Schweizer Schiedsrichter Urs Meier berichtet von einer Situation im Spiel um die Europameisterschaft zwischen England und Portugal im Jahr 2004. Beim Stand von 1:1 schießt Sol Campbell in der 89. Minute per Kopfball ein Tor für England. Doch sein Bauchgefühl sagte dem Schiedsrichter, dass da etwas nicht stimmte, obwohl er von seiner Position aus nichts gesehen hatte. Er erkannte das Tor nicht an. Im Nachhinein sah er die Videoaufzeichnung und erkannte, dass seine Entscheidung richtig war (vgl. Meier 15ff). In dieser Situation, in der es um den Einzug ins Halbfinale oder aber Abreise ging, ist es nicht einfach, dem Bauchgefühl zu trauen und innerhalb kurzer Zeit eine Entscheidung zu treffen. Doch das Bauchgefühl ist oft schneller als der Verstand, der alle Gründe zusammensuchen muss.

Bei großen Entscheidungen, die mein zukünftiges Leben betreffen – etwa die Entscheidung für eine Partnerschaft, die Entscheidung für einen Beruf oder Berufswechsel, die Entscheidung für einen Ortswechsel, die Entscheidung für einen ehelosen Weg –, gibt es konkrete Hilfen. Ich möchte im Folgenden drei Hilfen beschreiben.

Sich die Zukunft vorstellen

Die erste Hilfe besteht darin, dass ich mir die Zukunft vorstelle: In zehn Jahren lebe ich mit dieser Partnerin oder ohne sie. Was für Gefühle steigen in mir hoch, wenn ich mir vorstelle, mit dieser Partnerin zusammen zu sein? Und welche Gefühle spüre ich in mir, wenn ich mir die Zukunft ohne sie vorstelle? Oder ich stelle mir vor: In fünf Jahren bin ich noch in diesem Beruf. Wie geht es mir dann? Oder ich bin an der neuen Stelle, für die ich gerade angefragt werde. Welche Gefühle stellen sich dann in mir ein? Ich vergleiche dann die Gefühle bei den jeweiligen Alternativen. Dort, wo mehr Friede, Lebendigkeit, Freiheit ist und wo mehr Liebe fließt, liegt auch die Einladung, mich dafür zu entscheiden. Wenn bei einer Alternative die Angst und die Befürchtungen überwiegen, ist das ein Zeichen, dass dies nicht mein Weg ist.

Ich kann auch fragen: Was ist der Wille Gottes? Die frühen Mönche haben die Lehre von der Unterscheidung der Geister entwickelt. Sie unterscheiden den Willen Gottes vom Willen der Dämonen. Und sie unterscheiden die Gedanken, die von Gott kommen, die von den Dämonen kommen und die aus mir selbst herausfließen. Um zu entscheiden, woher die Gedanken kommen, kann ich auf die Qualität meiner Seele achten, auf die Art und Weise, wie meine Seele auf die Gedanken reagiert.

Gedanken, die von Gott kommen, bewirken in mir Friede, Freiheit, Lebendigkeit und Liebe. Gedanken, die von den Dämonen – wir würden heute eher sagen aus dem Über-Ich – kommen, rufen in mir Angst und Enge hervor. Sie geben mir das Gefühl von Überforderung. Ich fühle mich angespannt. Ich verkrampfe mich innerlich. Gedanken, die aus mir kommen, zerstreuen. Sie sind unverbindlich. Ich gehe in den Räumen dieser Gedanken spazieren, ohne mich festzulegen. Solche Gedanken zentrieren nicht, sondern lösen mein Selbst auf.

Diese Unterscheidung der Geister, wie sie die Mönche entwickelt haben, kann uns bei unseren Entscheidungen helfen. Dort, wo diese vier Qualitäten der Seele – Friede, Freiheit, Lebendigkeit und Liebe – sind, dorthin soll ich mich entscheiden. Dort finde ich den Willen Gottes. Dort liegt für mich der Segen Gottes.

Die vier Qualitäten der Seele entsprechen dem, was die Bibel immer als Kennzeichen des Geistes Jesu beschreibt. Jesus selbst sagt von sich: „Ich bin der Weg und die Wahrheit und das Leben" (Johannes 14,6). Dort, wo Lebendigkeit ist, ist Jesus mit seinem Geist.

Der Apostel Paulus sagt von Jesus: „Der Herr aber ist der Geist, und wo der Geist des Herrn wirkt, da ist Freiheit." (2 Korinther 3,17). Und im Galaterbrief zählt Paulus unter die Früchte des Geistes vor allem die Liebe und den Frieden. Man könnte natürlich auch die anderen Früchte des Geistes als Kriterium dafür nehmen, dass der Heilige Geist bei dieser Entscheidung am Werk ist oder dass wir gemäß dem Wirken des Heiligen Geistes entschieden haben: „Die Frucht des Geistes aber ist Liebe, Freude, Friede, Langmut, Freundlichkeit, Güte, Treue, Sanftmut und Selbstbeherrschung" (Galater 5,22). Diese neun Früchte sind die Entfaltung der vier oben genannten Kriterien für eine geistgewirkte Entscheidung. Freude und innere Weite, Treue und Sanftmut interpretieren die Liebe und die innere Freiheit.

Eine Entscheidung ausprobieren

Die zweite Hilfe und Übung geht ähnlich wie die erste, aber meine Vorstellung ist zeitlich versetzt. Ich gehe zwei Tage mit der festen Vorstellung in den Tag: Ich habe mich dafür entschieden, ins Kloster zu gehen. Oder ich habe mich entschieden, in diesem Beruf und an dieser Stelle zu bleiben. Ich stehe auf mit dem Gedanken, mich dafür entschieden zu haben. Beim Frühstück gehe ich mit diesem Gedanken schwanger. Wenn ich spazieren gehe, ist es klar, dass ich mich so entschieden habe. Bei den Gesprächen mit anderen habe ich immer diese Entscheidung im Hinterkopf. Dann schreibe ich die Gefühle auf, die ich in diesen beiden Tagen hatte. Anschließend gehe ich zwei Tage mit der anderen Entscheidung durch meinen Alltag. Ich stehe auf mit dem Gedanken: Ich habe mich gegen das Kloster oder gegen diese Arbeitsstelle entschieden. Beim Frühstück, bei der Arbeit, in der Freizeit, überallhin begleitet mich der Gedanke, diese Alternative zu leben. Dann schreibe ich nach zwei Tagen wieder die Gefühle auf, die ich dabei hatte. Und dann vergleiche ich die Gefühle, die ich jeweils an den beiden Tagen hatte. Dorthin, wo die Gefühle von Frieden, Freiheit, Lebendigkeit und Liebe überwiegen, will sich meine Seele entscheiden.

Manchmal schafft diese Übung noch keine Klarheit. Dann ist es wichtig, zu warten. Manchmal ist es wichtig, sich Fristen zu setzen, innerhalb derer wir uns entscheiden sollen. Aber trotzdem können wir nicht jede Entscheidung „aus dem Ärmel schütteln". Und wenn wir uns dann zu sehr unter Druck setzen, hilft es uns nicht weiter. Wir brauchen dann Geduld.

Manchmal habe ich erlebt, dass diese Übung ein Anstoß war, einen Entscheidungsprozess in Gang zu setzen. Beim ersten Mal lag die Entscheidung eher für den Verbleib im Kloster, an der Arbeitsstelle oder in der Ehe. Mit der Zeit kristallisierte sich dann aber eine andere Entscheidung heraus.

Wichtig ist, dass dann irgendwann Klarheit herrscht. Es braucht hier beides: die Geduld, dass eine Entscheidung heranreift, und den Mut, die Entscheidung zu treffen. Irgendwann muss ich springen. Allerdings kann ich gerade grundsätzliche Entscheidungen über mein Leben nicht durch eine zeitliche Frist erzwingen. Auf der einen Seite ist es gut, mir vorzusagen: Innerhalb von drei Wochen muss ich mich entscheiden. Aber ich habe auch oft erlebt, dass so eine zeitliche Grenze die Menschen zu sehr unter Druck setzt. Und dieser Druck war nicht förderlich für eine freie Entscheidung. Auf der einen Seite soll ich mich herausfordern, auf der anderen Seite mir auch Zeit lassen, damit ich dann zum Sprung ansetze, wenn dieser Sprung mich wirklich weiterbringt.

Den Träumen trauen

Eine dritte Hilfe und Übung besteht darin, den Träumen oder inneren Bildern zu trauen, die Gott mir schickt. Ich kann Gott bitten, dass er mir einen Traum schickt, der mir bei meiner Entscheidung helfen kann. Manche Menschen haben eine innere Gewissheit darüber, was ihnen Träume sagen möchten. Eine Frau hatte eine Stelle als Bibliothekarin angeboten bekommen. In der Nacht träumte sie jedoch, dass an dieser Stelle Chaos herrsche. Sie entschied sich gegen die Stelle, obwohl der Wechsel ihr finanziell sehr geholfen hätte. Ihr Traum gab ihr Recht. Als sie sich später genauer erkundigen konnte, erfuhr sie, dass dort ein schlechtes Arbeitsklima herrsche und die Machtverhältnisse sehr unklar seien. Bei anderen hinterlassen auch die Träume Unsicherheit.

Carl Gustav Jung sagt: Man soll dem Traum die Entscheidung nicht überlassen. Man soll den Traum nur in die Entscheidung mit einbeziehen. Er ist eine wichtige Stimme, die gehört werden will. Aber die Entscheidung ist dann eine klare Sache des Willens, der den Verstand, das Gefühl und die inneren Bilder der Träume berücksichtigt. Doch manche Menschen haben nach einem Traum die innere Gewissheit, dass sie sich so entscheiden müssen. Es ist weniger eine Deutung des Traumes, die sie zur Entscheidung drängt, sondern das Gefühl, das sie beim Aufwachen haben.

Folgendes Beispiel zeigt, wie Träume auf dem Entscheidungsweg helfen können. Vor vielen Jahren kam ein junger Mann zu mir in Einzelexerzitien. Er wollte in diesen Exerzitien eine Entscheidung treffen, ob er seine Freundin heiraten oder sich von ihr trennen solle. Die rationalen Argumente für oder gegen eine Partnerschaft brachten ihn nicht weiter. Auf der einen Seite verstand er sich gut mit seiner Freundin. Beide waren in der Jugendarbeit tätig und hatten da die gleiche Wellenlänge. Doch sie war nicht seine Traumfrau, in die er sehr verliebt war. In dieser Woche der Exerzitien hatte er zwei wichtige Träume.

Im ersten Traum träumte er, dass er mit seiner Freundin auf dem Weg zum Traualtar war. Da sagte er auf einmal: „Nein, ich heirate dich nicht." Aber am Ende des Traumes waren sie doch gemeinsam am Traualtar, an dem die Hochzeit vollzogen wurde. Der andere Traum war ähnlich. Er stritt sich mit seiner Freundin, ging weg und nahm einen Zug, in dem Terroristen waren. Er schloss sich ihnen an und schoss mit einem Gewehr um sich. Am Ende des Traumes war er wieder mit seiner Freundin in der Kirche bei der Hochzeit. Die Träume halfen dem jungen Mann, sich für seine Freundin zu entscheiden. Aber sie stellten ihm auch noch zwei wichtige Aufgaben. Der erste Traum sagte: „Du musst erst nein sagen können, bevor du wirklich ja sagen kannst." Der Mann fühlte sich nicht wirklich frei. Er hatte Angst vor der Reaktion der Jugendlichen, für die er als Jugendleiter verantwortlich war, wenn er seine Freundin, die alle kannten, verlassen würde. Viele Menschen trauen sich nicht, nein zu sagen. Sie lassen sich zu sehr von dem bestimmen, was die anderen zu dieser oder jener Entscheidung sagen würden. Doch nur, wenn ich mich frei fühle, nein zu sagen, ist mein Ja ein wirkliches Ja. Der zweite Traum sagte: Du musst erst Mann werden, bevor du eine Frau heiraten kannst. Der junge Mann war eher ein Softie. Er musste mit seiner Aggression in Berührung kommen, mit seinen männlichen Seiten, damit er für seine Frau ein wirklicher Partner sein konnte. In diesem Fall haben die beiden Träume dem jungen Mann einen Weg gezeigt, der tiefer als rein rationale Argumente war. Er konnte sich nun von seinem Herzen her für seine Freundin entscheiden.

Es müssen nicht immer Nachtträume sein, die uns bei der Entscheidung helfen. Es können auch innere Bilder sein, die in uns aufsteigen. Sie zeigen uns auf einer tieferen Ebene, wie wir uns entscheiden sollen. Allerdings ist es wichtig, auch diese Bilder bewusst zu betrachten und auf dem Hintergrund der Bilder die Entscheidung zu treffen. Wir dürfen den Bildern nicht die Entscheidung überlassen.

Ein Arzt kam zu mir mit der Frage, ob er eine Arztpraxis in seiner Kleinstadt übernehmen oder aber eine Oberarztstelle im Krankenhaus annehmen solle. Die rationalen Gründe ließen keine Klarheit erkennen. Beide Wege waren vernünftig und gangbar. So lud ich ihn ein, die Augen zu schließen und wahrzunehmen, welche Bilder in ihm aufsteigen, wenn er sich vorstellt: Ich habe die Arztpraxis übernommen. Nach ein paar Minuten machte er die Augen auf und erzählte, ihm sei das Bild gekommen, dass er hinter einem großen Schreibtisch sitze und betrunken sei. Der Arzt hatte keine Alkoholprobleme. Doch das Bild, das aus seinem Inneren emporstieg, machte ihn hellhörig.

Ich sagte ihm, er solle sich noch nicht sofort entscheiden, sondern die Nacht noch abwarten. Aber er solle das Bild ernst nehmen. Er entschied sich schließlich gegen die Arztpraxis. Und die Realität zeigte ihm, dass seine Entscheidung richtig war. Er ist auf diesem Weg gut weitergegangen und ist schließlich Chefarzt geworden. Seine Seele hat ihm in den Bildern geholfen, sich zu entscheiden.

Leider sind die Bilder nicht bei allen Menschen so klar wie bei diesem Arzt. Aber wir sollen auf jeden Fall nicht nur mit dem Verstand an die Entscheidung herangehen, sondern immer auch mit dem Herzen, das uns oft Bilder bereitstellt, die uns einen Weg weisen.

Freiheit bewahren – und finden

All diese Methoden sind jedoch kein Wundermittel, das mir immer die richtige Entscheidung ermöglicht. Manchmal bleiben diese Methoden ohne konkretes Ergebnis. Ich begleite seit 20 Jahren Priester und Ordensleute im Münsterschwarzacher Recollectio-Haus. Sie kommen oft mit der Frage, wie sie sich entscheiden sollen: für oder gegen ihr Priestertum, für oder gegen die Pfarrei, in der sie die letzten Jahre waren, für oder gegen das Ordensleben. Manche kommen mit dem inneren Druck: Nach den zwölf Wochen dort muss ich ganz klar wissen, was ich will und wie mein Leben in der Zukunft aussieht. Sie wollen sich für immer klar entscheiden. Doch dann setzen sie sich oft unter Druck und geraten manchmal in Panik, weil sie auch nach neun Wochen immer noch nicht klar sehen, wie sie sich entscheiden sollen. Ich versuche, den Gästen dann zu vermitteln: Sie müssen sich nicht für Ihr ganzes Leben entscheiden. Sie müssen entscheiden, was Sie nach den zwölf Wochen tun wollen: Ob Sie zurückkehren in Ihre Pfarrei oder den Personalchef um einen Wechsel oder um eine noch längere Auszeit bitten. Sie müssen sich entscheiden, ob Sie zurück in den Orden gehen oder um Beurlaubung bitten, um sich noch länger zu erproben. Bei all den Entscheidungen, die wir zu treffen haben, müssen wir immer auch die eigene Seele berücksichtigen. Manche Ordensleute oder Priester haben sich zu schnell für ihren Weg entschieden. Jetzt wäre es gut, sich Zeit zu lassen und dem zu trauen, was in ihnen heranreift. In der Begleitung spürt man oft, ob die Zeit für eine Lebensentscheidung wirklich da ist oder ob sich der Gast noch mehr Zeit und Raum zugestehen sollte.

Doch genauso wie der Gast die Erfahrung innerer Freiheit braucht, um sich gut entscheiden zu können, muss auch ich als Begleiter diese Freiheit haben. Ich brauche als Begleiter die Indifferenz, die Ignatius von Loyola für den Entscheidungsprozess des Exerzitanten verlangt. Ich spüre in mir, wie ich den Gast gerne in eine Richtung drängen möchte. In mir ist die Tendenz, einen Priesterberuf oder Ordensberuf zu retten. Doch ich muss in der Begleitung von den eigenen Wünschen frei werden. Es geht darum, was für den anderen mehr Frucht und Trost bringt, was ihn auf den Weg zu größerer Lebendigkeit, Freiheit, Frieden und Liebe führt. Es geht nicht darum, dass ich ein gutes Ergebnis meiner Begleitung vorweisen kann, dass ich dem Bischof einen Priester zurückgeben kann oder dem Orden eine Ordensfrau bewahre. Es geht einzig und allein um den Willen Gottes für diesen Mann und für diese Frau. Alle egozentrischen Wünsche müssen zurücktreten.

Literatur:

Urs Meier: Du bist die Entscheidung. Schnell und entschlossen handeln, Frankfurt am Main 2008

Josef Pieper: Traktat über die Klugheit, München 1949

Ulrich Wickert: Das Buch der Tugenden, Hamburg 1995

Gute Worte für schwierige Zeiten

In Zeiten von Krankheit

Eine schwierige Situation

Es fällt mir als Gesundem schwer, dich in deiner Krankheit anzusprechen. Ich war zwar auch schon öfter krank und im Krankenhaus. Aber ich habe noch keine lebensbedrohliche Krankheit mitgemacht. Ich kann nicht sagen, wie ich mit deiner Krankheit zurechtkommen würde, ob mir das, was ich dir nun zuspreche, wirklich helfen würde. Ich weiß nicht, welche Krankheit du hast, wie schwer sie dich getroffen hat. Ich möchte dich einladen, über dein Leben und dein Kranksein nachzudenken. Ich möchte etwas von dem, wie ich Krankheit als eine Aufforderung zu Veränderungen in meinem Leben erfahren habe, mit dir teilen.

Es kann sein, dass manche Gedanken für dich nicht zutreffen, weil du in einer anderen Situation bist. Es kann sein, dass manche Worte dich verletzen, weil sie dir nicht gerecht werden. Ich möchte dich nicht verletzen. Welchem Gesunden wird es gelingen, sich ganz in deine Situation hineinzuversetzen? Ich kann dir nur sagen, was mir in der Krankheit geholfen hat, wie ich selber mit einer Krankheit umgehe und umgehen möchte. Ob ich dann als Kranker meine eigenen Worte beherzigen kann, weiß ich nicht. Ich hoffe darauf.

Wenn dir manche Gedanken als zu fromm erscheinen, dann traue deinem Gefühl. Erlaube dir deinen inneren Widerspruch und horche auf das Echo, das meine Worte in dir auslösen. Ich werde immer wieder von dem sprechen, was meinen Glauben ausmacht. Glauben meint dann nicht, irgendwelche Dinge einfach für wahr zu halten. Es meint in erster Linie, dass ich mein Vertrauen auf Gott setze, der mich trägt und hält, der mich annimmt, wie ich bin, der mich führt und für mich sorgt. Glaube ist nicht ein naives Vertrauen, dass mir nie ein Unglück geschehen könnte. Es ist die Gewissheit, dass meinem Kern nichts zustoßen kann, dass mein innerster Kern unversehrt bleibt, dass ich als Person nie aus der liebenden Hand Gottes fallen werde – auch in lebensbedrohender Krankheit nicht. Niemand wünscht sich, krank zu sein. Viel eher rebellieren wir gegen die Beeinträchtigung unserer Gesundheit und fragen nach dem Grund für die Krankheit. Ich möchte dich ermutigen, auch der Anklage und dem Zorn in dir Raum zu geben, auch der Rebellion gegen Gott. Vielleicht brauchst du jetzt gerade den Widerstand, und es wäre noch zu früh, die Krankheit anzunehmen und dich damit auszusöhnen.

Nimm meine Worte an und spüre, ob sie dich treffen oder nicht. Wenn sie an dir vorbeigehen, dann überlege, was du dir selbst zusprechen möchtest, was für dich in deiner konkreten Krankheit stimmt und was dir hilft, damit umzugehen. Ich wünsche dir, dass dich meine Worte anrühren, dass sie dich herausfordern, deinen ganz persönlichen Weg zu finden, deine Krankheit anzunehmen und sie als Chance zu sehen, tiefer in das Geheimnis deines eigenen Lebens und in das Geheimnis Gottes einzudringen.

Krankheit als Schlüssel

Die Krankheit hat dich aus deinem gewohnten Leben herausgerissen. Vielleicht hast du schon lange geahnt, dass du nicht mehr so gesund bist, wie du es dir immer vorgestellt hast. Vielleicht hat dich die Krankheit auch wie aus heiterem Himmel getroffen, von einem Augenblick zum andern. Dann war es doppelt schwer, die Krankheit anzunehmen. Du sagst dir immer wieder: Ich habe doch noch so viel zu tun. Die Termine stehen schon alle. Und jetzt diese Krankheit. Sie wirft alle meine Pläne über den Haufen. Muss das sein? Ich habe doch versucht, vernünftig zu leben. Ich habe nicht übertrieben mit der Arbeit. Ich habe mich gesund ernährt. Und trotzdem bin ich krank geworden. Was will Gott mir damit sagen? Warum hat er mir einen Strich durch die Rechnung gemacht?

Ich verstehe deine Rebellion gegen die Krankheit. Du willst ja gesund sein. Du willst dich dem Leben stellen. Du hast noch so viel zu tun. Du möchtest die Menschen in deiner Umgebung nicht enttäuschen und ihnen nicht zur Last fallen. Du möchtest weiter für sie die Verantwortung tragen. Aber jetzt geht es nicht mehr. Jetzt musst du umdenken.

Versuche, die Krankheit als Chance zu sehen. Halte inne und überlege, wie dein Leben in der letzten Zeit war. Wo hast du dich überfordert? Was hast du alles heruntergeschluckt? Du hattest keine Zeit, über manches, was dich bewegt, zu sprechen. Was kommt in dir hoch, wenn du die letzten Wochen und Monate überdenkst? War alles stimmig oder gärte unter der Oberfläche doch etwas in dir, was du nicht wahrhaben wolltest? Der französische Schriftsteller André Gide versteht die Krankheit als Schlüssel zum wahren Menschsein. Aus eigener Erfahrung heraus schreibt er: „Ich glaube, dass Krankheiten Schlüssel sind, die uns gewisse Tore öffnen können. Ich glaube, es gibt gewisse Tore, die einzig die Krankheit öffnen kann. Es gibt jedenfalls einen Gesundheitszustand, der uns nicht erlaubt, alles zu verstehen. Vielleicht verschließt uns die Krankheit einige Wahrheiten, ebenso aber verschließt uns die Gesundheit andere."

Nimm deine Krankheit als Schlüssel. Vielleicht schließt sie dir wichtige Kammern deines inneren Lebenshauses auf, die dir bisher verschlossen waren, in denen du noch nie gewesen bist. Auch diese Räume gehören zu dir. Du kannst darin Schätze entdecken, die dir bisher verborgen waren. In einem Zimmer ist vielleicht der Schatz der Geduld, in einem andern findest du Weisheit, in einem dritten Liebe. Die Krankheit will dir die Räume aufschließen, die du bei der Hektik deines Alltags übergehst. Sie sind genauso wichtig wie die Räume, in denen du normalerweise lebst. Geh in diesen Tagen der Krankheit auf Entdeckungsreise. Erkunde dein Lebenshaus und verweile bewusst in den Räumen, die dir bisher unbekannt waren. Dann wirst du erkennen, was in dir steckt und was zum Reichtum und zur Vielfalt deines Lebens gehört.

Krankheit als Chance

Manche fragen sich bei einer Krankheit, was sie verkehrt gemacht haben. Aber diese Frage hilft uns nicht weiter. Sie erzeugt in uns nur Schuldgefühle, als ob wir selbst an der Krankheit schuld seien. Schuldgefühle führen nicht zur Heilung, sondern lähmen uns nur. Statt in die Vergangenheit zu schauen und nach Ursachen für deine Krankheit zu suchen, solltest du dich lieber fragen, was dir die Krankheit sagen möchte, was der Sinn dieser Krankheit sein könnte und wohin sie dich führen will.

Es gibt ein schönes Märchen, das dir helfen kann, deine Krankheit als Chance zu verstehen. „Ein Schweizer Graf schickt seinen Sohn zu einem Meister in eine fremde Stadt, damit er von ihm das Leben lerne. Nach einem Jahr kommt der Sohn zurück. Auf die Frage, was er denn gelernt habe, antwortet er, er habe die Sprache der bellenden Hunde gelernt. Der Vater ist wütend und schickt ihn zu einem anderen Meister. Dort lernt er die Sprache der Frösche und bei einem dritten die Sprache der Vögel. Voller Zorn befiehlt der Vater seinen Dienern, den Sohn zu töten. Doch der kann entfliehen. Auf seiner Wanderung kommt er in eine Burg. Dort möchte er gerne übernachten. Der Burgherr kann ihm nur den Turm anbieten, in dem wilde bellende Hunde hausen, die schon manchen zerrissen haben. Aber der junge Mann hat keine Angst vor ihnen. Er kennt ja ihre Sprache. So unterhält er sich freundlich mit ihnen. Sie verraten ihm, dass sie nur deshalb so wild bellen, weil sie einen Schatz hüten. Sie zeigen ihm den Schatz und helfen ihm, ihn auszugraben. Dann verschwinden sie und das Land ist in Frieden."

Deine Krankheit könnte so ein bellender Hund sein, der den Schatz in dir hütet. Vielleicht hast du den Schatz in dir übersehen. Der Schatz, das ist dein wahres Selbst, das ist das unverfälschte Bild, das Gott sich von dir gemacht hat. Wo hast du an diesem Schatz vorbeigelebt? Solltest du sogar dankbar sein, dass dein Leib rebelliert, dass die Hunde in dir bellen? Sie wollen dich darauf aufmerksam machen, dass in dir noch ein anderes Bild ist als das, was du nach außen hin lebst. Du wirst die Sprache der bellenden Hunde nicht sofort verstehen. Aber wenn du dich geduldig hineinhörst in die Sprache deiner Krankheit, dann wirst du den Schatz in dir entdecken, dein wahres Selbst, deinen unverfälschten Kern, der sich zu Wort meldet, um aufs Neue beachtet zu werden. Keiner von uns ist immer in Berührung mit seinem innersten Kern. Wir brauchen die bellenden Hunde, die uns darauf aufmerksam machen, dass wir an unserem Schatz vorbeileben. Sie laden uns dazu ein, stimmiger und authentischer zu leben.

Krankheit als Frage

Deine Krankheit zeigt dir, dass du nicht alles planen kannst. Dein Leben ist nicht allein von deinem Willen abhängig. Da ist noch ein anderer Wille. Es ist Gott, der deine Pläne durchkreuzt. Aber dieser Gott ist kein Willkürgott, der dir nichts gönnt. Er ist der Gott des Lebens, der dich das Geheimnis des Lebens lehrt. Was möchte dich deine Krankheit lehren? Vielleicht möchte sie dich lehren, bewusster und achtsamer zu leben und dich nicht ständig von außen bestimmen und treiben zu lassen. Die Krankheit zeigt dir, dass es nicht selbstverständlich ist, dass dein Leben gelingt. Dass du gesund bist, ist nicht dein verbrieftes Recht. Es ist immer ein Geschenk, wenn du gesund bist. So möchte dich die Krankheit dazu führen, das Geschenk deines Lebens dankbar anzunehmen und es bewusst zu erleben. Deine Zeit ist begrenzt. Daher sollst du sie auskosten.

Aber was soll mich eine Krankheit lehren, die so sinnlos erscheint, die vielleicht sogar zum Tode führen wird? So fragst du dich. Ich kann dir darauf keine billige Antwort geben. Ich vertraue und hoffe darauf, dass auch eine todbringende Krankheit mich zum Schatz führen wird, zum wahren Leben, zum ewigen Leben, wie Johannes es in seinem Evangelium versteht. Ewiges Leben meint hier schon eine neue Lebensqualität. Es ist ein Leben, in dem die Ewigkeit hineinragt in die Zeit, in dem Zeit und Ewigkeit in eins zusammenfallen. Angesichts des Todes möchte ich jeden Augenblick intensiver erleben, dem Geheimnis des Lebens nachspüren: Was heißt das, dass ich atme, dass ich spreche, fühle, liebe? Was macht das Leben aus? Ewiges Leben meint aber auch, dass mein Leben nicht zerbricht, wenn ich sterbe, sondern dass es in seiner ganzen Fülle aufgehen wird. Jede Krankheit stellt aufs Neue die Sinnfrage.

Was hat es für einen Sinn, dass ich lebe? Was macht den Sinn des Lebens aus? Was macht meinen Wert aus? Besteht der Sinn meines Lebens darin, dass ich möglichst vielen geholfen habe? Nicht jedem ist es vergönnt, andern zu helfen. Und die Hilfe wird nicht ewig dauern. Was macht meinen Wert aus? Besteht er in meiner Leistung oder in der Anerkennung, die ich von Menschen erfahre? Von der Anerkennung allein kann ich nicht leben. Besteht der Sinn darin, dass ich geliebt werde? Die Liebe kann mein Leben verzaubern. Wenn ich mich geliebt fühle, spüre ich einen Sinn in meinem Leben. Aber ich fühle mich zugleich völlig abhängig von einem andern. Wenn ich mich nur dann wertvoll fühle, wenn ein anderer mich liebt, ist das gegen meine Würde. Der wahre Sinn meines Lebens besteht für mich darin, dass ich das einmalige Leben lebe, das Gott mir zugedacht hat, dass ich das Bild, das Gott sich von mir gemacht hat, in dieser Welt zum Leuchten bringe, dass ich Gott selbst in meiner Einmaligkeit zum Ausdruck bringe.

Welchen Aspekt von Gott möchtest du in dieser Welt aufleuchten lassen? Ist es die Barmherzigkeit, die Milde, die Klarheit, die Kraft oder ist es die Sanftmut und Güte? Glaube daran, dass du für diese Welt wichtig bist, dass du eine einmalige Ausstrahlung hast. Darin liegt der Sinn deines Lebens, dass du dein eigenes Leben lebst und dass du auf deine einzigartige Weise Gott in dieser Welt aufstrahlen lässt.

Krankheit als Wechselbad der Gefühle

Vielleicht stürzt dich die Krankheit in ein Wechselbad der Gefühle. Viele Menschen erleben in ihrer Krankheit verschiedene Phasen. Die erste Phase ist die, dass sie die Krankheit nicht wahrnehmen möchten. Sie verdrängen sie einfach. Sie beschäftigen sich nur mit den medizinischen Fakten, ohne die Krankheit persönlich an sich herankommen zu lassen. Wenn das Verdrängen nicht mehr gelingt, geraten sie in eine Phase der Wut über diese Krankheit, die ausgerechnet jetzt kommen muss. Sie wehren sich mit allen Kräften dagegen. Andere reagieren dagegen mit Verzweiflung. Sie fallen in tiefe Depression, in einen dunklen Abgrund und resignieren.

Oder sie suchen die Ursache ihrer Krankheit bei den Umständen, in die sie geraten sind, bei den Menschen, die sie so drangsaliert haben, bei den Ärzten, die manches versäumt haben. Sie wollen ihre Krankheit nicht anschauen, sondern weisen andern die Schuld an ihrer Krankheit zu.

Wenn nach all diesen Phasen die letzte Phase des Annehmens gelingt, dann findet der Kranke in sich einen tiefen inneren Frieden. Aber es ist nicht so leicht, sich mit seiner Krankheit auszusöhnen und sie zu akzeptieren. Man muss erst durch die Rebellion hindurchgegangen sein, um zu dieser versöhnten Annahme zu gelangen. Eine ganz natürliche Reaktion auf die Krankheit ist auch die Frage: „Warum gerade ich?“ Wenn es eine todbringende Krankheit ist, dann stellt sich die Frage: „Soll das alles gewesen sein? Warum muss mein Leben jetzt schon zu Ende gehen? Ich möchte doch noch so gerne leben.“ Manche versuchen dann, mit Gott zu verhandeln. Manche bitten Gott, dass er ihnen wenigstens noch fünf oder zehn Jahre schenken möge, dass sie doch noch so lange leben dürfen, bis die Kinder alle aus dem Haus sind. Jesus selbst kennt unsere Fragen und unsere Verhandlungsstrategien. Am Ölberg hat er eine ähnliche Erfahrung durchgemacht. Da muss er erkennen, dass es mit ihm zu Ende geht, dass er gegen die römischen Häscher keine Chance hat. Er wirft sich zu Boden und betet: „Mein Vater, wenn es möglich ist, gehe dieser Kelch an mir vorüber“ (Matthäus 26,39).

Jesus möchte nicht leiden und in den Tod gehen. Er möchte leben wie wir alle. Aber Jesus ringt sich durch, dass nicht sein Wille, sondern Gottes Wille geschehe. Ob mir das jemals gelingen wird, mich so in den Willen Gottes hinein zu ergeben, wie es Jesus getan hat, kann ich nicht sagen. Aber auch Jesus ist am Kreuz mit der bohrenden Frage an seinen Vater gestorben: „Mein Gott, mein Gott, warum hast du mich verlassen?“ (Matthäus 27,46) Das tröstet mich. Lukas deutet allerdings an, dass Jesus sich nach seiner Frage voll Vertrauen in Gottes Arme fallen ließ: „Vater, in deine Hände befehle ich meinen Geist“ (Lukas 23,46). Ich hoffe, dass ich durch alle Zweifel und Fragen hindurch das Vertrauen erreiche, mit dem Jesus seinen Weg bis zuletzt gegangen ist.

Krankheit und Gebet

Ich kenne Menschen, die in ihrer Krankheit nicht mehr beten konnten. Zu schrecklich war für sie die Nachricht, dass sie unheilbar krank waren. In ihnen war nur noch Aufruhr und kein Gebet. Für sie galt nicht, dass Not beten lehrt. Sie sind in ihrer Not verstummt. Wenn du in deiner Krankheit betest, so wirst du wohl in erster Linie darum bitten, gesund zu werden, die Krankheit gut zu überstehen. Du möchtest gerne weiterleben. Und du möchtest deine Angehörigen und Freunde nicht in Trauer stürzen. Dein Wunsch, gesund zu werden, ist berechtigt, selbst wenn dir die Ärzte vielleicht wenig Hoffnung machen. Gib dich nicht auf! Kämpfe um dein Leben! Schreie zu Gott, dass du noch gerne weiterleben möchtest, dass die Menschen dich brauchen.

Bitte Gott, dass er das Unmögliche möglich macht, dass er die Krankheit wendet und dich gesund wieder aufstehen lässt. All unser Gebet führt uns immer wieder auch an die Vaterunser-Bitte heran: „Dein Wille geschehe, wie im Himmel so auf Erden.“ Wenn du darum bittest, dass Gottes Wille an dir geschehe, so soll das keine Resignation sein, keine Selbstaufgabe. Vielmehr soll darin das Vertrauen zum Ausdruck kommen, dass Gott alles zum Besten führt. Ich weiß, wie schwer es vielen Menschen fällt, zu beten: „Dein Wille geschehe.“ Eine Frau, die Krebs hatte, konnte es jahrelang nicht beten. Doch nun, da sie den Krebs schon lange überwunden hat, betet sie diese Worte mit einem neuen Vertrauen. Vielleicht wendest du ein: Wenn ich gesund werde, kann ich diese Vaterunser-Bitte auch gut beten. Aber wenn ich diese Krankheit nicht überwinde, was ist dann?

Du sollst dich nicht dazu zwingen, diese Worte zu beten. Es genügt schon, wenn in dir eine Ahnung davon ist, dass dein Selbst auch durch die Krankheit nicht zerstört werden kann, dass es den Tod überdauert.

Mich hat immer das Gebet fasziniert, das drei Lübecker Kapläne vor ihrer Hinrichtung im Dritten Reich gebetet haben. Ich habe es oft meditiert und gebetet, die Hände zur Schale geöffnet, bis ich es innerlich nachvollziehen konnte:

Herr, hier sind meine Hände.
Lege hinein, was du willst.
Nimm hinweg, was du willst.
Führe mich, wohin du willst.
In allem geschehe dein Wille.

Welche Freiheit spricht aus diesen Worten und welches Vertrauen! Ich wünsche dir das Vertrauen dieser jungen Männer, die sich auch von den Nazischergen keine Angst vor dem Tod einjagen ließen, die erhobenen Hauptes durch das Tor des Todes geschritten sind, im Vertrauen, dass Gott sie auch dort noch führt, wo sie selbst nichts mehr tun können.

Krankheit und Klage

In deiner Krankheit wird dir viel Zeit geschenkt. Nutze die geschenkte Zeit! Überdenke dein Leben! Wie ist es bisher verlaufen? Kannst du dich aussöhnen mit allem, was war? Erinnere dich an die Augenblicke, in denen du voller Freude warst, in denen du ganz im Einklang warst mit dir, in denen du wolltest, dass die Zeit stillsteht und der Augenblick ewig dauert. Dort hast du das Geheimnis des Lebens gespürt. Dort war dir Gott nahe. Spürst du jetzt Gottes Nähe oder ist er dir eher fern? Bist du enttäuscht von diesem Gott, dass er dir diese Krankheit zumutet?

Sage Gott, wie du dich fühlst. Klage vor ihm, wenn du nicht einsehen kannst, warum du krank geworden bist. Du darfst auch mit Gott hadern. Aber versuche dann im Klagen und Hadern, hineinzuhorchen in die Stille. Vielleicht antwortet dir Gott, wie er dem Hiob geantwortet hat. Gott hat dem Hiob keine Antwort auf seine Frage gegeben, warum ihn das Leid getroffen hat. Er hat ihm nur die Größe und Schönheit seiner Schöpfung gezeigt. Da hat sich Hiob angesichts der Unfassbarkeit Gottes in Gott hinein ergeben. Doch zwinge dich zu nichts! Traue deinen Gefühlen! Und wenn in dir noch Wut und Verzweiflung vorherrschen, so lass sie zu! Sprich sie aus!

Vergrabe dich nicht in den Groll hinein! Wenn du aussprichst, was in dir ist, kann es sich auch wandeln. Und vielleicht steht am Ende ein neues Gottesbild und ein neues Verständnis für den unbegreiflichen Gott, der trotz allem seine gute Hand über dich hält und dich in seiner Hand trägt.

Wenn dich die Krankheit so aufwühlt, dass du nicht klar denken kannst, dass dir keine Gebetsworte über die Lippen kommen, dann kannst du es mit den Worten eines Psalms versuchen. Es gibt im Alten Testament den Psalm eines Kranken, in dem er sich aufbäumt gegen seine Krankheit und immer wieder von Neuem zu Gott schreit. Der Psalmist hat den Mut, Gott anzuklagen wegen seiner Krankheit. Er ist nicht bereit, sich sofort zu ergeben. Er klagt über sein Schicksal. Er wirft Gott vor, dass er ihn in diese

Situation geführt hat. Und er schildert voller Schmerz seine Kraftlosigkeit. Vielleicht kannst du dich in seinen Worten wiederfinden. Vielleicht geben sie dir Mut, Gott gegenüber alle deine Gefühle auszudrücken, auch deine Wut und deine Angst, deine Vorwürfe und deine Anklagen.

Mir schwären, mir eitern die Wunden.
Ich bin gekrümmt und tief gebeugt,
den ganzen Tag geh' ich traurig einher.
Denn meine Lenden sind voller Brand,
nichts blieb gesund an meinem Leib.
Kraftlos bin ich und ganz zerschlagen,
ich schreie in der Qual meines Herzens.
All mein Sehnen, Herr, liegt offen vor dir,
mein Seufzen ist dir nicht verborgen.
Mein Herz pocht heftig,
mich hat die Kraft verlassen,
geschwunden ist mir das Licht der Augen.
Herr, verlass mich nicht,
bleib mir nicht fern, mein Gott!
Eile mir zu Hilfe, Herr, du mein Heil!
(Psalm 38,6–11.22f)

Krankheit, Schmerzen und Neugeburt

Ich kenne deine Schmerzen nicht. Aber ich weiß, wie mörderisch sie sein können. Ich hoffe für dich, dass deine Schmerzen erträglich sind. Aber ich kenne es aus eigener Erfahrung, wie sie einen betäuben können. Man kann gar nicht mehr richtig denken. Man fühlt sich ohnmächtig, wund geschlagen, nur noch mit den Schmerzen beschäftigt. Es hilft dir nichts, wenn du dich dagegen aufbäumst. Natürlich sollst du die Medikamente einnehmen, die den Schmerz lindern. Aber wenn er immer noch da ist, kannst du einmal versuchen, dich in ihn hineinfallen zu lassen.

Wenn du dich aussöhnst mit deinem Schmerz, kann er sich vielleicht wandeln. Die Schmerzen erinnern dich, dass du Mensch bist. Sie zeigen dir deine Hilflosigkeit und Ohnmacht. Aber vielleicht entdeckst du darin auch deinen unverwüstlichen Kern, der den Schmerzen trotzt, auch wenn sie noch so wehtun. In dir ist etwas Unzerstörbares. Die Schmerzen wollen dich zu deinem unzerstörbaren und unvergänglichen Kern führen. Sie zerbrechen alles Äußere, was du um dich herum aufgebaut hast, deine Masken und Rollen, deine Selbstsicherheit und Kraft, deinen Willen, alles zu kontrollieren. Aber sie wollen dich selbst nicht zerbrechen. Sie wollen dich zu dir und deinem wahren Selbst führen. Dort bist du heil.

In dir ist ein Raum, zu dem die Schmerzen keinen Zutritt haben. Es ist der innere Raum der Stille, in dem Gott selbst in dir wohnt. Und in diesem Raum bist du ganz du selbst, unangefochten von den mörderischen Schmerzen. Ich wünsche dir, dass du mitten in deinen Schmerzen diesen Raum in dir entdeckst und dass du dort einen tiefen Frieden spürst, trotz aller äußeren und inneren Turbulenzen.

Die hl. Hildegard hat viel über Krankheit und Gesundheit geschrieben, über gesunde Ernährung und wohltuende Lebensweise. Dennoch ist sie immer wieder krank geworden. Sie hat die Krankheit jedes Mal als Chance erlebt, als Ort einer schmerzhaften Neugeburt. Sie wurde immer krank, wenn sich in ihr etwas Neues anbahnte, wenn sie einen Ruf spürte, ihn aber noch nicht verstand. Nach der Krankheit stand sie jedes Mal auf mit einer neuen Einsicht und einem neuen Auftrag. Sie meinte, die Kunst des Lebens würde darin bestehen, dass unsere Wunden zu Perlen verwandelt werden.

Ich wünsche dir, dass deine Krankheit sich für dich zu einer Perle verwandelt, dass sie für dich etwas Kostbares wird, das dir neue Wege aufzeigt. Offensichtlich brauchen wir immer wieder einmal eine Krankheit, um unser Leben neu zu überdenken. Ich hatte gedacht, ich würde gut auf mich und meinen Leib hören. Aber dann rebellierte meine Schilddrüse und ich musste ins Krankenhaus. Da spürte ich, dass ich doch einige Signale überhört hatte. Ich wollte sie nicht hören, weil sie nicht in mein Lebenskonzept passten. Vielleicht will dich deine Krankheit auch etwas lehren, was du ohne sie nicht lernen würdest. Ich wünsche dir, dass du wie die hl. Hildegard neu geboren aufstehst, mit einer neuen Einsicht, einem klaren Auftrag, einer neuen Lebensqualität und einer heilenden Ausstrahlung.

Krankheit und „Aufopfern"

Ich kenne alte Menschen, die ihre Krankheit für ihre Kinder und Enkel aufopfern. Ich würde für mich selbst nicht den Begriff des „Aufopferns" benutzen, aber wie diese Menschen mit ihrer Krankheit umgehen, das fasziniert mich. Sie jammern nicht, sie bedauern sich nicht selbst. Sie nerven nicht andere, indem sie immer nur über sich und ihre Krankheitssymptome reden. Sie verwandeln ihre Krankheit, indem sie sie als Aufgabe verstehen, sie anzunehmen und sie zum Ort des Gebetes für andere zu machen. Sie glauben daran, dass ihre Krankheit zum Segen für andere werden kann, wenn sie sie in Geduld ertragen und sie in Gebet umformen.

Ich kenne andere alte und kranke Menschen, die während ihrer Krankheit für ihre Kinder und Enkel immer wieder den Rosenkranz beten. Auf diese Weise sind sie nicht mit sich selbst beschäftigt, sondern denken im Gebet an die vielen, die ihnen anvertraut sind. Wenn sie Schmerzen spüren, dann nehmen sie die Schmerzen als Gebet für die andern. Ihre Schmerzen werden zum Ausdruck ihrer Liebe zu den Menschen.

Die Krankheit und die Schmerzen so zu sehen, ist eine hohe Kunst. Ich weiß nicht, ob es mir einmal gelingen wird, meine Krankheit für andere auszuleiden. Aber ich weiß, dass die Menschen, die das vermögen, zu einer Quelle des Segens werden für ihre Umgebung. Wenn man sie bedauert, sagen sie: „Es gibt Schlimmeres als meine Krankheit. Hauptsache, ich kann noch klar denken. Und ich kann noch für meine Kinder beten. Mein Leben ist nicht sinnlos. Meine Kinder brauchen das Gebet." Diese Menschen haben den Eindruck, dass sie selbst in ihrer Hilflosigkeit noch gebraucht werden. Denn beten können sie immer. Und sie glauben daran, dass das Gebet eines Kranken besonders wertvoll ist. Wer seine Krankheit zum Gebet macht, der wird darin Jesus Christus ähnlich, der ja für die frühe Kirche gerade am Kreuz der große Beter war. Als er selbst in größter Not war, ist er für uns zum Gebet geworden.

Der Evangelist Lukas legt Jesus am Kreuz die Worte von Psalm 31 in den Mund, die jeder fromme Jude täglich als Abendgebet sprach. Vielleicht kannst du diese Worte neu verstehen, wenn du sie gemeinsam mit Jesus sprichst, der am Kreuz mit dem Tod ringt und dennoch so beten kann:

Zu dir, o Herr, flüchte ich,
lass mich doch niemals scheitern,
befreie mich in deiner Gerechtigkeit!
Neige dein Ohr mir zu,
eile doch, mich zu entreißen!
Sei mir ein Fels der Zuflucht,
eine feste Burg, die mich rettet.
Denn du bist mein Fels und meine Feste.
Um deines Namens willen
wirst du mich führen und leiten.
Du führst mich heraus aus dem Netz,
das sie mir heimlich legten; denn du bist meine Zuflucht.
In deine Hände befehle ich meinen Geist.
Du hast mich erlöst, o Herr, du Gott der Treue.
(Psalm 31,2–6)

Krankheit und unsere Beziehungen

Du denkst in deiner Krankheit an deine Angehörigen. Sie machen sich Sorgen um dich. Du wolltest ihnen diese Sorgen ersparen. Aber du kannst ihnen die Realität nicht vorenthalten. Sie müssen sich damit aussöhnen, dass du ihnen nicht zur Verfügung stehst, dass du momentan nicht mehr kannst, dass du dich ausruhen musst. Deine Krankheit betrifft auch andere. Deine Angehörigen, deine Arbeitskollegen, deine Freunde müssen sich umstellen und darauf einrichten, dass sich auch ihr Leben durch deine Krankheit verändert. Versuche, nicht nur auf deine Krankheit zu schauen, sondern dich in die Angehörigen zu versetzen, sie zu fragen, wie es ihnen ergeht. Ich kenne kranke Menschen, zu denen andere kommen, weil sie sich von ihnen angenommen und verstanden fühlen. Sie haben ja auf ihrem Krankenbett viel Zeit. Die nutzen sie, sich ganz auf ihre Besucher einzulassen. Vielleicht haben deine Angehörigen Angst, du könntest diese Krankheit nicht überleben. Und du machst dir Vorwürfe, dass sie sich um dich ängstigen. Aber du kannst ihnen diese Gedanken und Gefühle nicht nehmen. Es ist ihre Aufgabe, sich mit deiner Krankheit auszusöhnen.

Wenn du befürchtest, dass du sterben wirst, dann wäre es wichtig, dass du den Kontakt zu deinen Angehörigen bewusst wahrnimmst und ihnen das sagst, was du ihnen schon lange sagen wolltest, was du dir aber immer verboten hast, weil es dir zu persönlich erschien.

Wie willst du deinen Angehörigen begegnen, was möchtest du ihnen vermitteln? Lass es dankbar geschehen, dass sich deine Freunde um dich kümmern, dass dich so viele Menschen lieben. Sag den Menschen, die du liebst, was du in deinem Herzen für sie empfindest. Sag ihnen, was sie dir bedeuten. Dann erneuert deine Krankheit die Beziehung zu ihnen. Wage es aber auch auszusprechen, was dich stört, was du nicht mehr möchtest. Wenn dich ihre wohlmeinenden Ratschläge stören, wenn die langen Gespräche deine Kraft überschreiten, wenn du gerne wieder alleine wärst, dann sage es deinen Besuchern freundlich, aber bestimmt. Vielleicht hast du zu lange aus falscher Rücksicht toleriert, was dir gar nicht bekommt. Habe den Mut zu sagen, was dich verletzt. Vielleicht sind die andern froh, endlich zu wissen, was du fühlst, was du möchtest und was nicht.

Vielleicht meinst du, jetzt, da du krank bist, kannst du nichts mehr für andere tun. Du musst dich von anderen Menschen umsorgen lassen, kommst dir vielleicht als Last für die andern vor. Aber wenn du deine Krankheit annimmst, dann kann an dem Ort, an dem du jetzt bist, ein Stück dieser Welt heiler und heller werden. Das zu verstehen ist sicher nicht einfach. Aber es ist eine Menschheitsüberzeugung, dass diese Welt nicht nur aktiv gestaltet und geformt werden muss, sondern dass es in dieser Welt auch etwas gibt, das nur passiv ausgelitten werden kann. Nur so wird es verwandelt. Dieses Ausleiden ist ein Dienst für die Menschen. Vielleicht bleibt dir nur dieser Dienst. Aber er ist genauso wichtig wie jede aktive Aufgabe. Wenn du dich in diesem Dienst in der Gemeinschaft Jesu weißt, dann kannst du darauf vertrauen, dass auch durch deine Krankheit Heil in diese Welt kommen kann.

Krankheit und Heilung

Im Neuen Testament werden uns viele Heilungsgeschichten erzählt. Da begegnet Jesus Menschen, die von vielerlei Krankheiten geplagt werden. Vielleicht denkst du, diese Kranken hatten es gut. Sie erfuhren von Jesus das Wunder ihrer Heilung. Ich möchte nur eine einzige Heilungsgeschichte herausgreifen, die zeigt, was der Kranke selbst tun kann, um von Jesus geheilt zu werden. Im Markusevangelium wird von einem Blinden erzählt, der an der Straße von Jericho saß und bettelte: „Als Jesus vorüberging, rief der Blinde laut: Sohn Davids, Jesus, hab Erbarmen mit mir! Viele wurden ärgerlich und befahlen ihm zu schweigen. Er aber schrie noch viel lauter: Sohn Davids, hab Erbarmen mit mir! Jesus blieb stehen und sagte: Ruft ihn her! Sie riefen den Blinden und sagten zu ihm: Hab nur Mut, steh auf, er ruft dich. Da warf er seinen Mantel weg, sprang auf und lief auf Jesus zu. Und Jesus fragte ihn: Was soll ich dir tun? Der Blinde antwortete: Rabbuni, ich möchte wieder sehen können. Da sagte Jesus zu ihm: Geh! Dein Glaube hat dir geholfen. Im gleichen Augenblick konnte er wieder sehen, und er folgte Jesus auf seinem Weg" (Markus 10,47–52). Diese Geschichte will dich einladen, genauso laut zu Jesus zu schreien, wie es dieser blinde Bettler getan hat. Du sollst dich selbst nicht aufgeben. Du hast das Recht, um Erbarmen zu schreien. Du wirst gehört, wenn du dich Jesus gegenüber bemerkbar machst. Das zweite, was der Blinde tut, ist, dass er seinen Mantel wegwirft, aufspringt und auf Jesus zugeht.

Den Mantel wegwerfen, das heißt, dass du alle deine Masken und Rollen beiseitelassen musst. Du sollst dich so, wie du bist, nackt und bloß, Jesus hinhalten. Du darfst deine Angst zeigen, deine Hilflosigkeit, deine Ohnmacht. Du sollst dir keine Vorwürfe machen, wenn du kein Vertrauen hast. Erlaube dir, so zu sein, wie du bist. Aber stehe auf, mache dich auf den Weg! Gehe auf Jesus zu! Du bist nicht allein mit deiner Krankheit. Du hast einen, an den du dich wenden kannst.

Jesus fragt dich: „Was willst du, dass ich dir tun soll? Was ist deine tiefste Sehnsucht? Was willst du wirklich? Willst du einfach gesund werden? Oder willst du dein Leben ändern? Spürst du, dass du anders leben möchtest als zuvor?" Frage dich, was du in der Tiefe deines Herzens willst, was Jesus dir tun soll. Der Blinde weiß sofort, was er will. Er will wieder sehen können. In dieser Antwort steckt nicht nur der Wunsch, wieder so zu werden, wie er vor der Krankheit war. Vielmehr möchte er wirklich sehend werden, er möchte die Wirklichkeit so sehen lernen, wie sie eigentlich ist, wie sie von Gott her ist. Er möchte seine Augen nicht mehr vor sich und seiner Wahrheit verschließen. Er möchte auch die blinden Flecken anschauen, die er so lange vor sich verborgen hat. Er möchte mit offenen Augen durch diese Welt gehen, mit Augen, die die Schönheit Gottes wahrnehmen, mit Augen, die das Gute im Menschen sehen, mit Augen, die Gott in allem schauen.

Jesus sagt zu dem Blinden: „Geh! Dein Glaube hat dir geholfen." Wenn du glaubst, siehst du jetzt schon mit anderen Augen auf dein Leben und auf diese Welt. Die Krankheit will dich lehren, mit neuen Augen zu sehen. Wenn du deine Blindheit aufgibst und sehen lernst, dann bist du jetzt schon heil und gesund, ganz gleich, ob du nun von deiner Krankheit geheilt wirst oder nicht. Ich wünsche dir, dass du in der Begegnung mit Jesus das Geheimnis in allen Dingen sehen lernst.

Wenn ich mich verletzt fühle

Wunden zu Perlen verwandeln

Jeder Mensch wird in seinem Leben verletzt. Verletzungen gehören zu unserer Lebensgeschichte. Ob es uns gelingt, ein reifer und ein versöhnter Mensch zu werden, das hängt von unserem Umgang mit den eigenen Wunden ab. Für die hl. Hildegard von Bingen besteht die Kunst menschlicher Selbstwerdung darin, diese Wunden zu Perlen zu verwandeln. Wenn ich mich aussöhne mit meinen Wunden, dann kann ich in ihnen etwas Kostbares entdecken, etwas, das meinen persönlichen Wert ausmacht und mir meine Lebensspur aufzeigt. Die Wunde hält mich lebendig auf Gott und auf die Menschen hin.

Aber solange die Wunde noch eitert, kann sie nicht zur Perle werden. Sie muss erst heilen. Nach Heilung sehnen sich heute viele Menschen. Der Gesundheitsmarkt boomt. Immer mehr Heilungswege aller Art werden angeboten. Schulmedizin, Naturheilkunde, Homöopathie, chinesische Medizin, indianische Medizin, verschiedene therapeutische Richtungen und esoterische Angebote werben um den Menschen, der sich nach Heilung sehnt. In der christlichen Tradition hat man dem Gebet und der Meditation heilende Wirkung zugetraut und darin oft genug Heilung erfahren.

Die Bibel berichtet von den Heilungen, die durch Jesus geschahen und die auch in unseren Tagen immer wieder geschehen, wenn Menschen sich vertrauensvoll an Jesus wenden. Eine besondere Weise christlicher Therapie wurde über Jahrhunderte hinweg in der Verehrung der Vierzehn Nothelfer praktiziert. Das Volk ist zu den Wallfahrtsorten gepilgert, in denen diese Vierzehn Heiligen verehrt wurden. Diese Menschen brachten ihre Wunden mit. Sie schauten sie im Licht der Heiligenlegenden an und hielten sie im Gebet Gott hin, damit er an ihnen das Wunder der Heilung wirke, das er an den Heiligen vollbracht hat.

Die Verehrung der Nothelfer hat den Menschen die Möglichkeit gegeben, sich den eigenen Wunden zu stellen und sich mit ihnen zu beschäftigen. Die Nothelfer haben ihre Wunden aufgedeckt und ihnen einen Weg der Heilung gezeigt. Für jede Krankheit gibt es andere Weisen der Heilung. Die Nothelfer haben den Menschen das Vertrauen geschenkt, dass Gott ein heilender Gott ist. Christus ist der wahre Arzt für Leib und Seele, damals wie heute. Aber er zaubert uns die Krankheit nicht einfach weg. Er zeigt uns vielmehr in den Legenden der Nothelfer, wie wir mit den Wunden umgehen sollen. Wir sollen sie anschauen und in die heilende Nähe Gottes halten. Oft zeigen uns die Legenden konkrete Wege, wie wir auf unser Kopfweh oder auf Halsschmerzen reagieren können, was wir bei Schwellenangst oder Beziehungskonflikten tun und wie wir mit Ausgebranntsein und Affektstau umgehen können. Und die Nothelfer verweisen uns auf die typischen Themen, die wir auf unserem Weg der Selbstwerdung behandeln müssen, damit unser Leben gelingt und wir in unserer Tiefe Heilung und Ganzwerdung erfahren.

Blasius und Achatius – Heilung von Ängsten

Angst sucht heute viele Menschen heim. Da ist die Angst, sich zu blamieren, die Angst, von andern abgelehnt zu werden, die Angst vor dem, was andere über mich denken. Andere haben Angst vor Krankheit und Tod, vor Einsamkeit und Versagen. Oft sind es auch diffuse Ängste, die wir nicht beschreiben und auch nicht erklären können. Sie überfallen uns unvermutet, wie aus heiterem Himmel. Viele leiden an Panikattacken und können sich nicht dagegen wehren.

Der Nothelfer, der uns die Befreiung von unserer Angst verheißt, ist der hl. Blasius. Blasius war Arzt und heilte Menschen und Tiere. Bekannt wurde er vor allem durch die Heilung eines jungen Mannes, der eine Fischgräte verschluckt hatte und sie nicht mehr herausbrachte. Seither wird an seinem Fest, dem 3. Februar, der Blasiussegen gespendet. Der Priester hält zwei gekreuzte brennende Kerzen an den Hals der Gläubigen und betet für sie.

Der Hals ist ein sehr sensibler Bereich. Manchmal ist unser Hals von Angst zugeschnürt. Wir können nicht richtig atmen und sprechen, weil uns die Angst die Kehle zudrückt. Wir bekommen keine Luft mehr.

Angst engt ein. Die Ängste rühren oft von frühkindlichen Erlebnissen her. Da blieb das Kind länger als sonst im Geburtskanal stecken. Oder es erlebte im Mutterleib schon traumatische Erfahrungen. Oder es wurde sehr früh allein gelassen und erfuhr keine Zuwendung, wenn es um Hilfe schrie. In der Angst erleben wir uns als hilflos. Wir haben Angst, an der Enge zu ersticken. Manchmal steckt die Angst wie ein Kloß in unserem Hals. Die Legende des hl. Blasius beschreibt die Angst im Bild der Fischgräte, die sich im Hals festgekrallt hat. So ähnlich erleben viele Menschen ihre Angst. Da krallt sich etwas in ihrer Seele fest und lässt sie nicht mehr los.

Die Heilung der Angst geschieht in der Legende des hl. Blasius auf sein Gebet hin. Wenn ich mit meiner Angst zu Gott gehe und im Gebet nicht nur mit Gott, sondern vor Gott auch mit meiner Angst spreche, dann kann sie sich langsam lösen. Durch das Gespräch mit meiner Angst entdecke ich, wo in mir der sensible Bereich ist, in dem sie sich festkrallt. Im Blasiussegen hält der Priester zwei brennende Kerzen an meinen Hals und bittet, dass Gott mich von allem befreie, was meinen Hals zuschnürt. Es ist eine zärtliche Zuwendung des Priesters gerade zur sensiblen Stelle des Halses, in der sich die Angst festgesetzt hat. Wenn ich gewaltsam meine Angst loswerden will, wird sie mich überallhin verfolgen. Nur das Hinhalten der erhellenden und wärmenden Liebe Gottes vermag sie zu verwandeln. Die Angst darf sein. Aber in sie dringt etwas von der Liebe Gottes ein und löst das Einengende auf.

So wünsche ich dir, dass du im Gebet Heilung und Befreiung von deiner Angst erfährst, dass die Angst dich nicht mehr im Griff hält, sondern dich loslässt und dir wieder freien Atem verschafft.

Der hl. Achatius wird bei Todesangst angerufen. Die Verehrung des hl. Achatius zeigt uns, dass die Todesangst durchaus auch

Christen befallen kann. Es ist eine Urangst, die man auch durch Vertrauen auf Gott nicht einfach beiseiteschieben kann. Der Schritt ins Ungewisse und Unbekannte macht Angst. Die existenzielle Psychotherapie weiß, dass der Prozess der Selbstwerdung nur gelingt, wenn wir uns unserer Todesangst stellen. Die Todesangst gehört wesentlich zum Menschen. Wer sie verdrängt, der flüchtet in tausend Aktivitäten, um seine Angst nicht zu spüren. Wer dem eigenen Tod ausweicht, läuft auch dem Leben hinterher. Der Engel, der Achatius während seines Lebens begleitet hat, geht auch diesen letzten Schritt über die Schwelle mit ihm. Er ist ein Hoffnungsbild, das auch uns von unserer Todesangst zu befreien vermag.

Barbara und Cyriakus – Befreiung zum Leben

Die Legende der hl. Barbara verweist uns auf die Not innerer Gefangenschaft. Viele fühlen sich heute gefangen in ihren Lebensmustern, in ihren neurotischen Zwängen oder in ihrer Angst und Enge.

Wenn wir die Geschichte der hl. Barbara anschauen, entdecken wir in ihr verschiedene Weisen des Gefangenseins. Barbara ist die Ausländerin, die Frau, die aus einer anderen Welt stammt, letztlich aus der Welt Gottes. Ihr Vater hat kein Gespür für ihre Einmaligkeit. Er sperrt sie in einen Turm ein. Er möchte, dass sie sich so entwickelt, wie er das für sie vorgesehen hat.

Das ist die erste Form der Gefangenschaft. Ich bin gefangen von den Erwartungen und Wünschen meiner Umwelt. Meine Umwelt bestimmt, wie ich zu sein habe. Sie stülpt mir ihr Korsett über. Manchmal übernehme ich auch die Erwartungen meiner Umwelt. Dann ist das eigene Über-Ich mein Kerkermeister, der mich in den Turm der eigenen Ideale oder Grundsätze steckt. Ich darf nicht selber denken, sondern muss mich nach den andern richten. Aus dieser Gefangenschaft bricht Barbara aus. Als der Vater auf Reisen geht, hat sie Zeit, in ihrem Turm über vieles nachzudenken. Ihr eigenes Denken befreit sie von den Denkmustern des Vaters. Sie lädt christliche Gelehrte zum Gespräch ein und bespricht sich mit denen, die anders denken als ihr Vater. Sie kommt auf neue Gedanken und bekehrt sich zum Christentum. Sie bricht mit ihrer Vergangenheit und dem Glauben ihrer Kindheit und geht ihren eigenen Weg.

Das zweite Bild der Gefangenschaft ist der Kerker, in den sie ihr Vater bringt. Der Kerker, in dem Barbara und viele Mitchristen gefangen gehalten werden, ist ein Bild für die Gefangenschaft, in die uns unsere Feinde werfen. Das können innere Feinde sein, wie die Depression, Zwänge oder fixe Ideen, die uns im Griff haben. Oder es sind die äußeren Feinde, Menschen, die uns verleumden und bekämpfen, die gewaltsam gegen uns vorgehen.

In diesen Kerker kommt ein Engel und reicht Barbara das Abendmahl. Barbara gibt es den Gefangenen weiter. Auf einmal entsteht mitten im düsteren Kerker ein helles Licht. Barbara wird durch den Engel zur Priesterin für ihre Mitgefangenen. Sie bringt ihnen das Heilige, das der Macht der Welt entzogen ist. So erfahren die Gefangenen mitten im Gefängnis eine innere Freiheit, die ihnen kein Kerkermeister zu rauben vermag. Bei den Römern sind die Priesterinnen Hüterinnen des heiligen Feuers. Barbara lässt das Feuer der göttlichen Liebe aufleuchten, sie erhellt und erwärmt so die Dunkelheit und Kälte des Kerkers.

An ihrem Fest, dem 4. Dezember, werden sogenannte Barbarazweige ins Wasser gestellt, die dann, mitten im Winter, an Weihnachten aufblühen. Barbara möchte auch in deine Gefangenschaft das Licht der Liebe bringen. Als Priesterin möchte sie in dir das heilige Feuer hüten, damit es auch in der Kälte deines inneren Kerkers nicht ausgeht. Und sie möchte dir das Brot der Engel reichen, damit auch dein Leben zur Blüte kommt und die göttliche Schöpferkraft in dir Neues hervorlockt.

Der hl. Cyriakus wird bei Besessenheit angerufen, weil er die besessene Tochter des Kaisers Diokletian geheilt hat. Auch heute fühlen sich viele Menschen besessen von fixen Ideen, Zwangsvorstellungen und heftigen Emotionen. Viele leiden an Zwängen. Sie stehen unter dem Zwang, sich ständig waschen, die Türe oder das Bügeleisen kontrollieren zu müssen.

Die Therapeuten nehmen heute ein Ansteigen von Zwängen wahr. Zwänge sind oft schwer zu therapieren. Es braucht einen langen Weg, um von solchen Zwängen frei zu werden. Denn hinter den Zwängen verstecken sich oft Ängste. Aber diese Ängste sind unklar. Der hl. Cyriakus gibt uns Anregungen, wie wir mit unseren Zwängen umgehen und davon frei werden können.

Cyriakus heißt: der dem Herrn gehörende. Wenn wir Christus gehören, dann haben fremde Mächte über uns keine Macht. Der hl. Cyriakus soll uns befreien von allem, was Macht über uns gewinnen möchte, von Zwängen, von fixen Ideen und von Menschen, die uns besetzen möchten.

Dionysius – Heilung von Kopfschmerzen

Kopfschmerzen sind eine Krankheit unserer Zeit. Migränepatienten bevölkern die Krankenhäuser. Es gibt viele Wege, Kopfweh zu behandeln. Da gibt es Medikamente, die die Verkrampfung lösen. Bei anderen wirkt eine Umstellung der Ernährung. Die Legende des hl. Dionysius zeigt einen anderen Weg der Heilung. Der hl. Dionysius wurde um das Jahr 285 enthauptet. Der Legende nach soll er sein Haupt in die Hände genommen und es zwei Meilen weit getragen haben zu dem Ort, an dem er bestattet werden wollte. So wird er immer dargestellt, wie er seinen abgeschlagenen Kopf vor sich hält. Dieses Bild scheint nur einen äußerlichen Zusammenhang mit der Heilung von Kopfweh zu haben. Denn wer keinen Kopf mehr hat, kann dort auch keine Schmerzen verspüren. Doch die Beziehung zwischen Bild und Heilung ist für mich tiefer.

Kopfschmerzen treten vor allem in Situationen auf, in denen wir unter starkem Leistungsdruck stehen oder in denen wir uns überfordert fühlen. Kopfweh hat mit dem Ehrgeiz zu tun. Wir möchten mit dem Kopf durch die Wand. Perfektionisten leiden oft unter Kopfweh. So weisen die Kopfschmerzen auf falsches Denken hin. Wir wollen alles mit Denken lösen. Wir grübeln und kommen nicht davon los. Und auf einmal tut der Kopf weh. Migränepatienten sind häufig perfektionistische Menschen. Sie unterdrücken ihre Aggressionen und ihre Feindseligkeit. Das alles setzt sich dann im Kopf fest und wird zu einem unerträglichen Schmerz. Der hl. Dionysius nimmt seinen Kopf in die Hand. Er hält ihn vor sich hin und bekommt auf diese Weise Abstand zu den Gedanken, die im Kopf herumschwirren. Und der Heilige drückt seinen Kopf ans Herz. Das ist ein schönes Bild für die Heilung unserer Kopfschmerzen.

Wir sollen nicht allein mit dem Kopf denken, sondern mit dem Herzen. Wir sollen unseren Kopf an unser Herz halten, damit er etwas von der Wärme und Liebe des Herzens mitbekommt. Wenn wir Kopf und Herz miteinander verbinden, werden wir nicht kopflastig. Dionysius schaut auf seinen Kopf herab. Wir sollen unser Denken von unserem Herzen her anschauen. Wo haben wir uns in unseren Gedanken festgebissen? Welche Gedanken schwirren in meinem Kopf herum? Wo gehe ich mit meinem Denken der eigenen Wahrheit aus dem Weg? Wo möchte ich die Wirklichkeit in mein Denken hineinpressen, anstatt sie barmherzig anzuschauen?

Wenn du Kopfschmerzen in dir spürst, dann versteife dich nicht auf deinen Kopf, sondern halte deine Hand ans Herz und versuche, die Wärme deines Herzens zu spüren. Und stelle dir vor, dass du in deiner Hand auch deinen Kopf ans Herz hältst. Lasse Gott in deine Gedankengänge hineinschauen und sieh mit einem milden Herzen in deine Überlegungen hinein. Es ist kein schneller Trick, der deine Kopfschmerzen verschwinden lässt. Aber vielleicht fühlst du dich dann in deinem Herzen geborgen, in dem nach der Legende des hl. Dionysius der Glanz von Gottes Liebe aufleuchtet, der auch dein Denken durchdringen möchte.

Georg und Margarete – Umgang mit den Schattenseiten

Je mehr wir unsere Schattenseiten verdrängen, desto tiefer verletzen sie uns. Wer seine Gefühle unterdrückt, bei dem zeigen sie sich als Sentimentalität, die ihn überfällt und beherrscht. Er kann sich nicht gegen die Flut seiner Gefühle wehren. Wer seine Aggression verdrängt, den zerfrisst sie, oder aber er wird bitter und hart. Er muss ständig etwas zerstören, um sich am Leben zu fühlen. Er vernichtet Menschen, weil er in sich zerrissen ist. Wer seine Sexualität verdrängt, wird von ihr bestimmt. Unser Leben gelingt nur, wenn wir gut mit unseren Schattenseiten umgehen.

Die Legenden des hl. Georg und der hl. Margarete zeigen uns zwei verschiedene Weisen, mit dem eigenen Schatten umzugehen. Die hl. Margarete wird dargestellt, wie sie einen Drachen an einem Bändchen führt oder auf ihm reitet. Dieses Bild steht für die Integration des Schattens. Wenn ich mich aussöhne mit meinen Schattenseiten, dann dienen sie mir. Sie stärken mein Selbst. Sie geben mir einen weiten Horizont. Aber wie gelingt die Integration des Schattens? Die Legende erzählt uns, dass Margarete die Tochter eines heidnischen Priesters war. Ihr Name heißt: Perle. Sie war eine kostbare Perle. Als Christin flieht sie vor dem Zorn des Vaters. Der Präfekt lässt sie brutal foltern und ins Gefängnis werfen. Nachts erscheint ein Drache und möchte sie verschlingen. Doch sie macht das Kreuzzeichen und setzt ihren Fuß auf ihn. Auf diese Weise wird er zahm und sanft wie ein Lamm.

Das ist ein schönes Bild für die Annahme des Schattens. Ich stelle mich dem Schatten, halte ihn in das Licht des Kreuzes und setze meinen Fuß darauf. Der Schatten wird zum Grund, auf dem ich stehe. Er gibt mir neue Kraft und dient mir. Der Schatten, den ich verdränge, bekämpft mich und hindert mich am Leben. Sobald ich ihn annehme, wird er zur Quelle neuer Kraft. Alle Schattenseiten möchten berücksichtigt und ernst genommen werden. Wenn ich sie frage, was sie mir sagen möchten, werden sie mir neue Wege zeigen. Die verdrängten Aggressionen lehren mich, mich besser abzugrenzen. Die verdrängte Sexualität wird zu einer Quelle von Fruchtbarkeit und Lebendigkeit. Die unterdrückten Bedürfnisse werden mich zu einer größeren Weite und Freiheit führen.

Der hl. Georg tötet den Drachen, dem die Tochter des Königs vorgeworfen werden sollte. Georg ist ein tapferer Soldat, ein Mann, der mit seiner Aggression auf gute Weise umgeht. Er kämpft nicht gegen andere Menschen, sondern für sie. Er kämpft für das Leben. Aber in diesem Kampf für das Leben tötet er den Drachen, der sich anschickt, die Tochter des Königs zu verschlingen. Der Drache bedrohte die ganze Stadt. Ihm mussten jeden Tag ein Schaf und ein Kind geopfert werden. Dieser verschlingende Drachen steht für die dämonischen Kräfte, die aus dem Sumpf unseres Unbewussten aufsteigen und alles in uns verschlingen möchten. Die Schafe stehen als Bild für unsere Vitalität, und das Kind als Bild für das unverfälschte und unberührte Bild Gottes in uns. C. G. Jung, der Schweizer Therapeut, der so viel von Schattenintegration geschrieben hat, meint, es gäbe auch Schattenseiten, die man nicht integrieren könne. Sie müsse man aus sich herauswerfen. Sie müsse man töten.

Georg ist der Drachentöter. Sein guter Umgang mit der Aggression befähigt ihn, den Schatten aus sich herauszuwerfen und ihn zu entmachten. Schaue deine Schattenseiten an. Du erkennst sie, wenn du deine übertriebenen Reaktionen betrachtest. Wo reagierst du besonders empfindlich? Was wird da in dir aufgewühlt? Welche Schattenseiten brauchen Beachtung und wollen integriert werden? Und welche dämonischen und bösen Tendenzen in dir musst du aus dir herauswerfen?

Bitte den hl. Georg und die hl. Margarete, dass sie dir den rechten Weg zeigen, wo du den Schatten integrieren und wo du ihn töten sollst. Bitte um die Klarheit der hl. Margarete und um die Tapferkeit und den Mut des hl. Georg.

Eustachius und Erasmus – Heilung von Beziehungskonflikten

In Gesprächen erzählen Ratsuchende häufig von Beziehungskonflikten. Sie haben Probleme mit ihren Ehepartnern, mit den Kindern, mit den Arbeitskollegen, mit den Vorgesetzten. Ein wichtiges Thema ist dabei der Umgang mit den Aggressionen. Viele fressen ihren Ärger in sich hinein. Oder aus Angst vor den Aggressionen der anderen passen sie sich an. Aber das führt dann häufig zu Magen- und Darmproblemen. Der Magenbereich zeigt uns, wie wir mit Aggressionen umgehen. Viele Menschen reagieren auf starke Spannungen mit einem nervösen Magen. Es verschlägt ihnen den Appetit. Sie können nicht mehr richtig verdauen. Magenprobleme zeigen häufig, dass ich mich nicht abgrenzen kann gegenüber den Spannungen meiner Umgebung.

Bei Magenkrankheiten wird der hl. Erasmus als Nothelfer angerufen. Seine Legende zeigt zwei Bilder der Heilung für unsere Magen- und Darmprobleme. Da ist einmal das Bild des Heiligen, der mitten im Gewitter gepredigt hat. Überall schlugen Blitze ein. Nur der Heilige blieb unversehrt. Blitz und Donner sind im Traum Bilder für einen Affektstau und für die körperlichen und seelischen Spannungen, die nach Entladung drängen. Erasmus vermag offensichtlich seine inneren Spannungen zu entladen. Er donnert aus sich heraus, was sich an Aggressionen in ihm festgesetzt hat, ohne dass er selbst oder andere dadurch Schaden erleiden.

Das zweite Bild ist das der Winde, mit der Erasmus dargestellt wird. Der Legende nach soll man dem Erasmus mit einer Winde die Eingeweide herausgezogen haben. Die Winde zeigt, wie wir mit unseren Aggressionen umgehen können. Ich muss das, was in mir ist, nach außen kehren. Ich muss anschauen, was unverdaut in mir liegt. Ich muss den Affektstau lösen, damit ich wieder richtig verdauen kann. Die Aggressionen sollen nicht einfach explodieren. Denn dann gibt es nur Scherben. Sie müssen eine nach der anderen herausgelassen werden. Dann ermöglichen sie mir das richtige Verhältnis von Nähe und Distanz. Dann zeigen sie mir, wo ich mich abgrenzen und wo ich mich einlassen soll.

Beziehungsprobleme haben häufig ihre Ursachen in der eigenen Lebensgeschichte. Die Verletzungen der Lebensgeschichte prägen die Beziehung zum Ehepartner und führen oft zu heillosen Verwicklungen. Die frühe Erfahrung von Verlassenheit führt zur Angst, der Partner könnte mich verlassen. So klammert man sich an ihn und überfordert ihn auf diese Weise. Bei Beziehungsproblemen haben die Menschen des Mittelalters ihre Zuflucht zum hl. Eustachius genommen. Eustachius hatte bei einer Überfahrt nach Ägypten seine Frau und Kinder verloren. Einsam und verlassen verdingte sich Eustachius als Knecht bei einem Bauern.

Erst als im Lande gewaltsame Konflikte und Krieg ausbrachen, suchte man ihn, denn er war früher ein berühmter Feldherr. Er wurde wieder in seine Ämter eingesetzt. Mitten im Kampf findet er seine Frau und seine beiden Söhne wieder. Sie danken Gott, dass er sie durch alle Leiden hindurch wieder zusammengeführt hat.

So können alle Menschen in der Legende des Eustachius Hoffnung schöpfen, dass auch ihre Ehe, ihre Partnerschaft, ihre Freundschaft durch Einsamkeit und Verlassenheit, durch Konflikte und Missverständnisse nicht zerbricht, sondern in eine neue Tiefe und Liebe hineingeführt wird.

Wenn du unter Beziehungskonflikten leidest, dann meditiere die Legenden des hl. Erasmus und des hl. Eustachius. Beide zeigen dir, dass es keinen Konflikt gibt, der nicht gelöst oder verwandelt werden kann. Jeder Konflikt will dich auf den tieferen Grund verweisen, auf den du dein Lebenshaus bauen sollst. Der Grund kann nie ein Mensch sein, sondern ist letztlich immer Gott.

Christophorus – Begleiter über die Schwelle

Einer der bekanntesten Nothelfer ist der hl. Christophorus. Er ist weniger Heiler bestimmter Krankheiten, sondern vielmehr Helfer und Begleiter auf dem Weg der eigenen Selbstwerdung. Christophorus ist der Heilige des Übergangs, der uns die Angst vor der

Schwelle nimmt und uns sicher durch die Fluten unseres Lebens trägt. Im Mittelalter hat man die Figur des hl. Christophorus an die Außenseiten der Kirchen gemalt. Man glaubte damals, sobald einer das Bild des Heiligen anschaue, wäre er geschützt und seine Lebenskraft würde bewahrt. Es waren zwei Ängste, gegen die der hl. Christophorus angerufen wurde: die Angst vor der Schwelle und die Angst, dass mir der Alltag meine Kraft raubt.

Nach der Legende sucht Reprobus, so heißt Christophorus ursprünglich, den mächtigsten Mann der Welt, um ihm zu dienen. Zunächst dient er einem König. Doch der hat offensichtlich Angst vor dem Teufel. Also folgt Reprobus dem Teufel. Als sie an einem Kreuz vorbeikommen, macht der Teufel einen Umweg. Er hat Angst vor dem Kreuz, weil Jesus Christus daran gestorben ist. Also macht sich Reprobus auf den Weg, um Jesus Christus zu dienen.

Ein Einsiedler schickt ihn an einen gefährlichen Fluss. Dort solle er die Reisenden von einem Ufer zum andern tragen. Lange Jahre dient er auf diese Weise den Menschen. Da will ein Kind hinübergetragen werden. Das Kind wird auf seinen Schultern immer schwerer. Der Riese meint, er würde die ganze Welt auf seinen Schultern tragen. Das Kind gibt sich als Jesus Christus zu erkennen und nennt ihn nun Christophorus, Christusträger.

Die Menschen hatten Angst, den Fluss sicher zu überqueren. Viele kamen in den Fluten um. Christophorus nimmt ihnen die Angst vor dem Übergang über die Furt. Schwellenängste tauchen immer dann auf, wenn es einen Übergang in unserem Leben gibt: beim Übergang von der Kindheit zum Erwachsenwerden, in der Krise der Lebensmitte, wenn die Kinder aus dem Haus gehen, beim Übergang zur Pensionierung und schließlich beim Übergang von dieser Welt in die jenseitige. Christophorus zeigt uns, dass wir nicht alleine sind bei den Übergängen unseres Lebens. Er will auch uns die Angst davor nehmen. Und er will uns davor schützen, dass das Leben mit seinen alltäglichen Konflikten uns die Kraft raubt. Manchmal haben wir den Eindruck, dass Menschen uns aussaugen, dass die Reibereien und Streitigkeiten uns die Kraft nehmen.

Christophorus zeigt dir: Wenn du Christus in deinem Herzen trägst, dann kann niemand die Kraft aus dir herausziehen. Dann wirst du sicher durch die Fluten deines Alltags kommen. Viele haben eine Christophorusplakette in ihr Auto gehängt. Für sie ist der hl. Nothelfer ein guter Reisebegleiter, der ihnen Vertrauen schenkt, dass die Reise gut ausgeht. Nimm Christophorus als Begleiter für deinen Weg, damit du sicher und ohne Angst über die Schwellen deines Lebens kommst. Christophorus gibt dir die Gewissheit, dass du auch die letzte Schwelle des Todes nicht allein überschreiten musst, sondern auf guten Händen über die Schwelle getragen wirst.

Katharina – Heilerin zerbrochener Lebensentwürfe

Katharina ist die reine und weise Frau. Und sie ist Königin. Sie herrscht über sich selbst und lässt sich von niemandem einschüchtern, auch nicht vom Kaiser Maxentius. Der lässt sie mit Ruten schlagen und ins Gefängnis werfen. Aber Engel heilen ihre Wunden. Katharina sieht blühender aus als je zuvor. Der Kaiser gibt den Befehl, sie an vier Eisenräder zu binden und sie zu Tode zu schleifen. Doch Engel zerstören das Räderwerk. Schließlich wird Katharina enthauptet.

Die Kunst hat die hl. Katharina immer mit dem zerbrochenen Rad dargestellt. Das Rad steht für unsere zerbrochenen Lebenspläne. Heute gibt es immer mehr Menschen, deren ursprüngliches Lebenskonzept scheitert. Ihre Ehe geht auseinander. Sie geben ihren Beruf auf. Sie geraten in Situationen, die alles zu zerbrechen scheinen, was sie bisher aufgebaut haben. So glauben sie, mit den Lebensplänen sei auch ihr Leben zerstört. Was zurückbleibt, ist ein einziger Scherbenhaufen.

Solchen Menschen will die Legende um die hl. Katharina Mut machen. Es war ein Engel, der das Rad des Lebens zerbrochen hat. Sonst hätte sich das Rad immer weiter gedreht und ins Verderben geführt. Es ist manchmal notwendig, dass ein Engel das Lebensrad zerstört. Sonst würden wir blind immer so weitermachen wie bisher. Das wäre der sichere Tod. Unsere Seele würde vor lauter äußeren Aktivitäten innerlich verarmen.

Durch das Zerbrechen unserer Vorstellungen kann wahre Weisheit wachsen. Katharina ist die Patronin der Weisheit. Weisheit erwächst oft nicht einem erfolgreichen Leben, sondern gerade, wenn manches in uns zerbricht. Wir werden dann aufgebrochen für die tiefere Dimension unseres Lebens, für die Hintergründigkeit des Seins, für unser wahres Selbst, für das Geheimnis der Liebe Gottes. Katharina will uns einweihen in das Geheimnis unseres Lebens, das gerade durch Gebrochenheit hindurch hineinwächst in die Gestalt wahrer Schönheit, in die ursprüngliche und unverfälschte Gestalt, in die Gott uns hineinformen möchte.

Als Katharina enthauptet wurde, floss der Legende nach kein Blut, sondern Milch aus ihrer Wunde. Milch ist ein Bild für die Nahrung der Seele. Die Weisheit, in die uns Katharina einweist, nährt uns. Sie wird auch zu einer nährenden Quelle für andere. Bei den vielen Worten, die täglich gesprochen und gedruckt werden, sehnen sich die Menschen heute nach Worten der Weisheit, die sie wirklich nähren, von denen sie leben können. Katharina zeigt uns, dass es ein Wissen gibt, das unsere Seele nährt. Es ist das Wissen um das Geheimnis von Gottes Liebe, die gerade dort ihre Macht erweist, wo grausame Menschen wie Maxentius scheinbar obsiegen. Aus der Wunde fließt die Milch. Aus der Verletzung strömt die Liebe, die unbesiegbar ist, weil sie an Gottes Liebe teilhat.

Schau dein Leben an mit seiner inneren Kontinuität, aber auch mit seinen Brüchen. Frage dich, ob manche Brüche nicht gut waren, damit Neues in dir wachsen konnte, damit du weise wurdest. Vertraue dem Engel, der auch dein Lebensrad zerbricht, damit du aufgebrochen wirst für Gott, der dich nicht ein vorgegebenes Rad drehen lässt, sondern dich auf deinen Weg schickt, der dich zum Leben und zur Weisheit führt. Und vertraue dem Engel der Weisheit, der auch deine Seele nährt und dir Worte der Weisheit schenkt, die für andere zur Quelle des Lebens wurde.

Aegidius, Pantaleon und Vitus – Anleitung zu neuem Leben

Für alle Nöte und Leiden werden die Nothelfer angerufen. Und sie sind Helfer auf dem Weg zum gelingenden Leben.

Zum hl. Aegidius betet, wer von einer unheilbaren Krankheit heimgesucht wird. Vor allem zwei Nöte sind es, die mit Aegidius verbunden werden: Aussatz und Krebs. Aegidius wird mit einem Pfeil in seinem Schenkel dargestellt. Obwohl er mit sich und Gott im Einklang lebte, traf ihn der Pfeil, den ein Jäger aus Versehen abgeschossen hatte. Aegidius hält seine Wunde offen. Die Wunde hindert ihn nicht daran, innerlich heil und ganz zu sein. Sie erinnert ihn vielmehr an Gottes Gnade, die gerade in seiner Schwachheit zur Vollendung kommt.

Hautkrankheiten deuten darauf hin, dass sich jemand in seiner Haut nicht wohlfühlt. Die Haut ist ein sehr sensibles Organ. Mit ihr nehmen wir Kontakt auf zur Umwelt. Viele leiden heute an Neurodermitis. Sie haben oft Angst, sich den anderen mit ihrer Haut zu zeigen, wie sie sind. So haben sie Probleme, das für sie angemessene Verhältnis von Nähe und Distanz zu finden. Das Kratzen und Jucken ist oft Ausdruck einer hohen Aggressivität, die sich aber nicht auf andere, sondern auf sich selbst richtet. Die Legende des hl. Aegidius gibt eine Antwort auf die Problematik, die Hautkrankheiten anzeigen.

Der Krebs dringt in uns ein wie der Pfeil, den ein Jäger aus Versehen abgeschossen hat und der den Heiligen am Oberschenkel getroffen hat. Reagieren wir wie der hl. Aegidius. Der söhnt sich aus mit seiner Wunde, braucht keine irdische Arznei. Wir sollen die Wunde unseres Krebses Gott hinhalten und vertrauen, dass er eine himmlische Arznei schickt. Diese Haltung hilft vielen Krebskranken, ganz im Augenblick zu leben, dankbar zu sein für die Spanne Zeit, die ihnen geschenkt ist. Auf einmal bekommen sie wie Aegidius eine milde und gütige Ausstrahlung. Sie spüren, dass durch die Krankheit hindurch Gottes zärtliche Liebe für sie aufleuchtet. Selbst unheilbare Krankheit kann unser wahres Selbst nicht zerstören. Denn in uns ist ein göttlicher Kern, der jeder Krankheit trotzt.

Der hl. Pantaleon war Arzt. Die Verletzungen, die man ihm zufügte, konnten ihm nicht schaden. Als er am Ölbaum angebunden mit Dornen blutig geschlagen wurde, da blühten überall, wo sein Blut hinfloss, Rosen, Lilien und Veilchen auf. Dürre Bäume begannen wieder grün zu werden. Das ist ein schönes Bild für die Verwandlung unserer Wunden zu Perlen. Wenn wir wie Pantaleon an Christus gebunden sind, dann kann uns nichts schaden. Selbst aus den Wunden kann neues Leben entstehen.

Gerade in unseren Wunden kann das neue Leben in uns aufblühen. Pantaleon wird dargestellt mit einem Nagel, der durch seine Hände in den Kopf eindringt. Daher wird er bei Infektionskrankheiten angerufen. Bei Infekten dringen feindliche Erreger in den Leib ein. Infektionskrankheiten sind oft Ausdruck innerer Konflikte, denen wir uns nicht stellen. Wenn die Infektion nicht ausgeheilt wird, kann sie den Leib auszehren.

Heute kennen wir Viruskrankheiten, die dem Menschen alle innere Kraft nehmen. Der hl. Pantaleon gibt sein Blut. Es kann aus ihm fließen, ohne dass er selber leer wird. Vielmehr wird sein Blut, das er aus Liebe zu Christus hingibt, zu einer Quelle neuen Lebens.

Wir müssen aufhören zu geben, weil wir brauchen. Vielmehr sollten wir lernen zu geben, weil wir empfangen. Wir empfangen ununterbrochen Gottes Liebe. Pantaleon zeigt uns, dass Gott selbst der Arzt für unsere Wunden ist. Die Menschen können uns noch so sehr verletzen. Sie können uns letztlich nicht schaden.

Wenn Gottes Liebe durch uns strömt, dann können wir geben, ohne uns zu verausgaben, ohne Schaden zu nehmen. Und dann wird es um uns herum blühen, so wie um den hl. Pantaleon auf einmal Rosen, Lilien und Veilchen aufgeblüht sind.

Immer dort, wo das Leben beeinträchtigt wird durch Krankheit, Angst, Zwanghaftigkeit, Besessenheit, fleht man zum hl. Vitus. Vitus ist der lebensfrohe Knabe. Sein Name sagt schon, dass er voller Leben ist. Der Legende nach ließ der Kaiser in Rom, der von dem wunderwirkenden Knaben Vitus hörte, diesen zu sich kommen, weil sein Sohn von Besessenheit gequält war. Vitus legte dem

Besessenen die Hände auf und im gleichen Augenblick fuhr der böse Geist aus. Der Kaiser verlangte nun von dem Knaben, er solle seinem Glauben abschwören und die Götter anbeten. Als er sich weigerte, wurde er ins Gefängnis geworfen. Doch in der Nacht fielen die Ketten von ihm ab und helles Licht umleuchtete ihn. Voller Wut ließ ihn der Kaiser in einen Kessel mit siedendem Pech werfen. Aber wohlbehalten stieg Vitus aus dem Kessel. Er wurde den Löwen vorgeworfen. Diese leckten friedlich seine Füße. Schließlich wurde er gefoltert. Da gab es ein furchtbares Unwetter und die Tempel der Götter fielen in Stücke. Der Kaiser floh und rief: „Weh mir, ein Kind hat mich überwunden!"

Weder Menschen noch Tiere noch siedendes Pech können Vitus schaden. Von Vitus geht etwas aus, das stärker ist als alles Feindliche, das auf ihn einströmt. Und es geht ein Lichtglanz von ihm aus, der seinen Vater blendet und die Häscher staunen lässt. Das göttliche Licht, das ihn umstrahlt, durchdringt selbst die äußerste Finsternis des Kerkers. So wird Vitus zum Bild eines Menschen, der ganz und gar von Gottes Licht und Gottes Liebe durchdrungen ist und so eine heilende und zugleich klärende Ausstrahlung hat auf die Menschen.

Und so sehen sie in Vitus die Verheißung, dass auch überall dort, wo in ihnen das Leben stockt, wo sie innerlich erstarrt und leer geworden sind, Gott wieder neues Leben schaffen und zur Blüte bringen wird. Wenn wir wie Vitus in Berührung sind mit der göttlichen Quelle in uns, dann wird uns unser Weg in immer größere Lebendigkeit, Freiheit und Liebe hineinführen.

Einer hilft immer

Die Vierzehn Nothelfer wollen dir sagen: Es gibt keine Wunde, die nicht zur Perle verwandelt werden kann. Es gibt keine Krankheit, die Gott nicht zu heilen vermag.

Doch die Heilung sieht nicht immer so aus, wie du es dir vorstellst. Manchmal darfst du im Gebet und in der Meditation Erleichterung und Heilung deiner Krankheit erfahren. Das Gebet ist zwar kein Trick, um jede Krankheit zu heilen. Es bringt dich aber ganz gewiss in Berührung mit deinem inneren Kern, der heil ist und ganz, der durch keine Krankheit zerstört werden kann.

Die Legenden, die sich um die Vierzehn Nothelfer ranken, wollen dich einladen, deine Wunden bewusst Gott hinzuhalten und darauf zu vertrauen, dass Gott auch deine Wunden zu heilen vermag. Die Legenden zeigen dir aber auch Wege auf, die du selbst gehen musst. Früher sind die Menschen lange Wege zu den Orten gegangen, an denen die Nothelfer verehrt wurden. Die Verwandlung deiner Wunden braucht Zeit. Du musst dich auf einen inneren Weg einlassen. Aber du darfst vertrauen, dass die Wunden, die dir das Leben geschlagen hat, dein Leben nicht auf Dauer behindern werden. Gott ist der wahre Arzt für Leib und Seele. Er wird auch deine Wunden heilen und sie in Perlen verwandeln.

Dann wirst du erkennen, wie du gerade in deinen Wunden deine wahren Stärken entdeckst, wie dich deine Wunden auf einen Weg führen, auf dem du immer lebendiger, klarer, weiser und barmherziger wirst. Dann werden auch deine Wunden zu einer Quelle des Segens für dich und für die Menschen um dich herum werden.

Wenn ich einen lieben Menschen verloren habe

Gebet um Trost

Barmherziger und guter Gott,
ich brauche Trost in meiner Trauer.
Ich bin traurig, weil ich
einen lieben Menschen verloren habe.
Stehe du mir bei.
Ich brauche keine Worte, die mich vertrösten.
Ich brauche einen, der mir zum Trost wird,
der zu mir steht und mein Weinen
und meine Verzweiflung aushält.
Sende mir solche Menschen als Trost
in meine Trostlosigkeit.
Sei du selbst mir ein Trost.
Ich vertraue darauf, dass du mich aushältst
und dass du bei mir bleibst,
auch wenn ich am liebsten
davonlaufen möchte.
Gib du mir mit deinem Trost wieder Festigkeit,
dass ich den Boden unter den Füßen spüre
und wieder zu mir stehen kann.

Trost und Trauer

Als Trauernder fühlt man sich oft allein gelassen. Freunde wechseln die Straßenseite, um uns aus dem Weg zu gehen. Und wenn wir bei Freunden eingeladen sind, dürfen wir dennoch nicht über das verstorbene Kind, über die verstorbene Mutter, über den verstorbenen Bruder sprechen. Schnell wird das Gespräch auf Themen gelenkt, die mit Tod und Trauer nichts zu tun haben. Das kommt nicht daher, weil unsere Freunde nicht für uns da sein wollen, sondern weil sie nicht wissen, was sie sagen, womit sie uns trösten könnten. Andere wiederum versuchen, unserer Trauer mit irgendwelchen beschwichtigenden Worten zu begegnen oder dem Tod durch Erklärungen einen Sinn zu geben. So verwehren sie unserer Trauer einen Raum und führen uns weiter hinein in die Einsamkeit. Wir haben das Gefühl, mit unserer Trauer nicht sein zu dürfen.

Doch trösten heißt nicht, dem anderen tröstende Worte zu sagen. Vor allem aber heißt es nicht, ihn mit frommen Worten zu vertrösten. Das deutsche Wort Trost hat seine Wurzeln im Wort Treue und bedeutet ursprünglich: Festigkeit. Trösten heißt also, beim anderen stehen zu bleiben, seine Tränen, seine Verzweiflung, seine Anklagen, seine Sinnlosigkeit mit ihm zusammen auszuhalten, anstatt die Sinnlosigkeit zu überspielen, indem man sofort mit biblischen Worten beweisen möchte, dass der Tod doch wohl einen Sinn hat. Trösten heißt, schweigend beim anderen auszuhalten, ohne mit irgendwelchen Worten etwas zu beschwichtigen.

Ich möchte dich hier ermutigen, zu deiner Trauer zu stehen. Ich biete dir keinen schnellen Trick an, die Trauer zu überwinden. Vielmehr wage ich mich beim Schreiben in deine Trauer hinein. Ich möchte deine Einsamkeit aushalten und mit meinen Worten bei dir bleiben.

Zuerst aber will ich dir zuhören, was du über deine Trauer und den Tod des lieben Menschen erzählen möchtest. Indem ich das schreibe, höre ich auf die Trauernden. Ich wünsche dir, dass du die Worte als Begleiter siehst, die dich in deiner Trauer nicht alleine lassen. Und versuche, in den Worten immer den zu entdecken, der diese Worte zu dir spricht und der dir in deiner Trauer zuerst einmal zuhört, so lange zuhört, bis du alles erzählt hast, was dich berührt. Mit meinen Worten möchte ich dich nicht vertrösten. Ich möchte deine Trauer nicht überspringen. In vielen Trauerseminaren habe ich erfahren, wie sensibel ich mit Worten des Trostes umgehen muss. Wenn Menschen tief in der Trauer stecken, dann können Worte, die zu schnell trösten wollen, verletzen. Der Trauernde wehrt sich gegen solche vertröstenden Worte.

Ich möchte versuchen, Trostworte in die verschiedenen Trauersituationen hineinzusprechen.

Wenn die Worte für dich nicht stimmen, dann versuche, für dich selbst Worte zu finden, die dir Halt geben in der Trauer, die für dich weiterführen. Und ändere meine Worte so lange, bis sie für dich passen.

Trauer und Betrauern

Wenn ein lieber Mensch stirbt, dann stürzt mich die Trauer in ein Gefühlschaos. Es ist der Schmerz über den Verlust des lieben Menschen. Am Anfang möchte ich es gar nicht wahrhaben, dass ich mit dem verstorbenen Vater, der verstorbenen Mutter, dem Freund, dem Kind nicht mehr sprechen kann. Ich verdränge die Trauer. Wenn ich sie zulasse, dann habe ich das Gefühl, den Boden unter den Füßen zu verlieren. Ich kenne mich nicht mehr aus. Auch der Glaube trägt nicht. Zumindest nimmt er mir den Schmerz nicht. Die Trauer ist von verschiedenen Gefühlen geprägt. Zunächst ist der Schmerz im Vordergrund.

Es ist ein unsagbarer Schmerz, diesen lieben Menschen verloren zu haben und von ihm für immer Abschied nehmen zu müssen. In den Schmerz mischt sich das Gefühl von Sinnlosigkeit. Wenn dieser Mensch, der mir so viel bedeutet hat, nicht mehr ist, dann weiß ich nicht, was ich mit meinem Leben noch soll.

Doch in den Schmerz und in die Trauer mischen sich auch andere Gefühle. Indem ich Abschied nehme von diesem Menschen, wird mir meine Beziehung zu ihm bewusst. Und diese Beziehung war nicht nur klar und liebevoll und harmonisch. Da gab es auch Konflikte. Da gab es Missverständnisse und Verletzungen. Wenn ich daran denke, dann kommt auch Wut hoch. Trauerarbeit bedeutet immer auch, dass ich mir der Beziehung zum Verstorbenen bewusst werde, dessen, was ich ihm verdanke, was er mir bedeutet, aber auch dessen, was mir mit ihm schwergefallen ist und was mich verletzt hat. Trauerarbeit heißt immer auch, meine Beziehung zum Verstorbenen zu klären und Ungeklärtes nochmals zu bearbeiten, um es dann loslassen zu können.

Ich trauere aber nie nur um den verstorbenen Menschen. Der Tod eines lieben Menschen fordert mich heraus, meine zerplatzten Lebensträume zu betrauern. Denn mein Leben, so wie ich es mir vorgestellt habe, an der Seite meines Mannes, meiner Frau, gemeinsam mit meinem Vater und meiner Mutter, gemeinsam mit meinem Kind, ist durch den Tod jäh infrage gestellt worden. Meine Vorstellungen vom Leben sind zerbrochen. Ich muss mich also selbst betrauern. Denn mein Leben geht nicht mehr so weiter, wie ich mir das gewünscht habe. Oft erinnert mich der Tod eines lieben Menschen auch an das eigene nicht gelebte Leben. So ist die Trauer immer auch Trauer über das bisher nicht gelebte Leben.

Die Psychoanalytikerin und Medizinerin Margarete Mitscherlich hat bei ihrer Beschäftigung mit der Trauer festgestellt, dass der, der die Trauer verweigert, innerlich erstarrt. Die Trauer um die zerplatzten Lebensträume, um die verpassten Chancen, um das ungelebte Leben tut weh. Aber sie führt auch in den Grund meiner Seele, in dem ich dann mit neuen Möglichkeiten meines Lebens in Berührung komme. Die Trauer wird aber nur gelingen, wenn ich bereit bin, meine Vorstellungen, die ich mir von mir selbst, von meinem Leben und von Gott gemacht habe, zerbrechen zu lassen. Für mich gibt es nur die Möglichkeiten: Entweder ich lasse meine Vorstellungen zerbrechen, dann werde ich durch die Trauer aufgebrochen zu neuen Lebensmöglichkeiten.

Oder aber ich halte an meinen Vorstellungen vom Leben fest. Dann werde ich zerbrechen an dem Verlust eines lieben Menschen. Eine Mutter erzählte vom Tod ihres 38-jährigen Sohnes, der jeden Sonntag in die Kirche gegangen war. Sie war voller Bitterkeit und Hass auf Gott, dass er ihr den Sohn genommen hatte. Ich drückte ihr mein Verständnis über die Anklage und Rebellion gegen Gott aus. Aber ich sagte ihr, die Rebellion müsse auch das Ziel haben, sich irgendwann in den unbegreiflichen Gott hinein zu ergeben. Doch meine Worte prallten ab. Da spürte ich: Die Frau hielt an ihren Vorstellungen vom Leben und von Gott fest. Gott muss ihren Sohn lange leben lassen, wenn er jeden Sonntag in die Kirche geht. Wenn das nicht so ist, dann will sie von Gott nichts mehr wissen. Doch wenn sie bisher 70 Jahre lang an Gott festgehalten hat, wird sie persönlich zerbrechen, wenn sie Gott aus ihrem Herzen herausreißt. Trauern würde bedeuten: Ich lasse meine Vorstellung zerbrechen, dass mein Sohn mich beispielsweise im Alter pflegt. Ich lasse meine Vorstellung von mir selbst zerbrechen, die ich mich immer nur als Mutter verstanden habe. Und ich lasse meine Vorstellungen von Gott zerbrechen. Dann werde ich aufgebrochen für neue Möglichkeiten meines Lebens, für mein wahres Selbst und für den ganz anderen Gott, der aber trotz aller Unbegreiflichkeit Liebe ist.

Eine neue Beziehung zum Verstorbenen finden

Wenn wir in Trauer sind, haben wir oft den Eindruck, dass sie gar nicht weggeht. Die Tränen fließen unentwegt. Wenn jemand uns an den Verstorbenen erinnert, beginnen wir zu weinen. Und oft erleben wir unser Leben als sinnlos. Die Trauer sollen wir nicht überspringen. Aber gerade wenn wir in der Trauer von chaotischen Gefühlen heimgesucht werden, ist es wichtig, dass wir an ein Ziel der Trauer glauben. Wenn die Trauer ein Ziel hat, dann können wir sie leichter durchstehen.

Ein Ziel der Trauer kann sein, dass sie mich zu einer neuen Beziehung zum Verstorbenen führen will. Wenn ich ihn im Tod losgelassen habe, kann ich auch eine neue Beziehung zu ihm aufnehmen. Er wird zu einem inneren Begleiter. Manchmal darf ich das in Träumen erleben, in denen mir der Verstorbene ein Wort sagt, das mich weiterführt, oder mir einfach schweigend zeigt, dass es gut ist, so wie es ist. Ich darf den Verstorbenen auch bitten, mich zu begleiten, mir den Rücken zu stärken und mir einen Weg zu zeigen, den ich gehen kann. Und ich kann ihn in meiner Trauer auch fragen: „Was ist deine Botschaft an mich? Und wie möchtest du, dass ich auf dein Leben und Sterben antworte? Wie soll ich jetzt ohne dich leben? Was ist dein Impuls?“

Der Verstorbene hat eine Botschaft für uns. Oft erkennen wir erst im Tod, was den Verstorbenen bewegt hat, was er mit seiner Person ausdrücken und vermitteln wollte. Wir haben ihn während seines Lebens immer auch mit seinen Grenzen erfahren. Jetzt ist er im Tod in seine wahre Gestalt hineingewachsen, in das Bild, das Gott sich von ihm gemacht hat.

Wenn wir die Botschaft der Verstorbenen verstehen, können wir mit unserem Leben darauf antworten. Dann sind wir gleichsam mit den Verstorbenen im Gespräch und geben mit dem, was wir denken und tun, eine Antwort auf das, was sie uns sagen wollen. Eine Frau, die Kinder durch Totgeburt verloren hatte, konnte nach Jahren der Trauer sagen: Meine Kinder sind wie Engel, die mich begleiten und mir bei meiner erzieherischen und künstlerischen Arbeit helfen. Sie war Malerin und durfte die Erfahrung machen, dass sie einen besonderen Zugang zu schwierigen Kindern hatte. Mit ihrer Kunst konnte sie Kinder erreichen und berühren, die sonst niemand bewegen konnte.

Wenn beispielsweise eine Frau ihren Mann verloren hat, kann sie sich vorstellen, dass ihr Mann ihr den Rücken stärkt, dass er ihr beisteht, wenn sie wichtige Entscheidungen treffen muss. Der Mann, der seine Frau verloren hat, kann sie bitten, dass sie ihn weiterhin mit ihrer Liebe begleitet. Und Eltern, die ein Kind verloren haben, können die Kinder als innere Begleiter sehen, als Engel, die bei ihnen sind und die ihrer Seele Flügel verleihen wollen.

Nach dem Tod muss die Beziehung zum Verstorbenen nicht blass werden. Sie kann sogar in neuer Klarheit und Echtheit gelebt werden. Jetzt stoßen wir uns nicht mehr an den Grenzen des anderen, an seinen Fehlern und Schwächen, die das eigentliche Bild von ihm verdunkelt haben. Jetzt erkennen wir, wer er oder sie wirklich war. Und so können wir auch auf neue Weise die Beziehung zu ihm oder ihr aufnehmen.

Neue Möglichkeiten in mir entdecken

Ein weiteres Ziel der Trauer kann darin bestehen, in den eigenen Seelengrund zu gelangen und dort neue Möglichkeiten in sich selbst zu entdecken. In der Trauer gehe ich durch den Schmerz hindurch, der meinen ganzen Leib, vor allem aber den Herzbereich beherrscht, um in den Grund meiner Seele zu gelangen. Dort liegen all die Fähigkeiten bereit, die Gott mir geschenkt hat. Manche Fähigkeiten habe ich als Mann oder Frau dieses Partners vernachlässigt. Jetzt wäre es meine Aufgabe, mich zu fragen: Wer bin ich selbst, wenn ich nicht nur Sohn oder Tochter dieser Eltern bin, wenn ich nicht mehr Mann oder Frau dieses Partners bin und nicht mehr Vater oder Mutter dieser Tochter oder dieses Sohnes? Ich werde die Antwort auf diese Fragen nicht sofort bekommen.

Aber es hilft schon, sich diese Fragen zu stellen und sie auf sich wirken zu lassen. Dann erahne ich, dass der Tod eines lieben Menschen nicht einfach nur ein Ende ist und mein Leben nicht sinnlos macht, sondern dass er mich auf neue Möglichkeiten verweist.

Das Leben, so wie ich es bisher geführt habe, ist durch den Tod des geliebten Menschen sinnlos geworden. Aber es hat seinen Sinn nicht in sich selbst verloren. Jetzt ist es meine Aufgabe, meinem Leben einen neuen Sinn zu geben, all die wunderbaren Möglichkeiten, die ich bisher in mir übersehen oder vernachlässigt habe, zu entfalten.

Allerdings geht der Weg zu diesem Seelengrund, in dem meine Lebensmöglichkeiten schlummern, immer wieder durch die Trauer hindurch. Ich lasse die Trauer nicht einfach hinter mir. Früher meinte man, man müsse die Trauer nach einem Jahr bewältigt haben. Dann dürfe sie nicht mehr sein. Heute sehen das die Psychologen anders. Denn die Trauer zeigt ja, dass wir den Verstorbenen geliebt haben und immer noch lieben. Und es darf wehtun, die geliebte Person nicht mehr bei sich zu haben. Der Schmerz über den Verlust darf immer wieder in mir hochkommen. Doch ich bleibe nicht im Schmerz stecken. Ich gehe dem

Schmerz auf den Grund. Und auf diesem Grund gelange ich in meinen persönlichen Raum des Friedens und in meinen Raum, der mich neue Möglichkeiten und Fähigkeiten entdecken lässt.

Gott meine Trauer hinhalten

Du hast einen lieben Menschen verloren. Vielleicht hast du damit gerechnet, weil dein Bruder krank oder deine Mutter schon alt war. Doch jetzt, in diesem Moment, hilft dieses Wissen nicht weiter, denn du spürst nur den Verlust. Du warst gewohnt, die Mutter regelmäßig anzurufen. Jetzt wirst du manchmal zum Hörer greifen und dann erst merken: Die Mutter ist ja gar nicht mehr da. Ich kann sie nicht mehr anrufen. Oder du vermisst den Vater. Er hat für dich immer Sicherheit ausgestrahlt. Du konntest dich an ihn lehnen. Du konntest dich auf ihn verlassen. Er hat dir in schwierigen Situationen geholfen, dir einen Rat gegeben. Jetzt bist du auf eigene Füße gestellt. Und oft wirst du den Vater vermissen.

Auch wenn der Tod für den Verstorbenen vielleicht eine Erlösung war, löst das die Trauer nicht auf. Jetzt vermisst du ihn oder sie. Und jetzt ist der Abschied endgültig. Den Schmerz darüber kannst du nicht überspringen. Aber du darfst versuchen, mitten im Schmerz Gott für den geliebten Menschen zu danken. Was hast du von ihm gelernt? Was hat er dir mitgegeben an Fähigkeiten und Weisheiten, damit du dein Leben bewältigen kannst? Danke dem Verstorbenen für alles, was er für dich getan hat. Aber vielleicht erinnerst du dich auch an Verletzungen, die er dir zugefügt hat. Vielleicht war die Beziehung nicht so, wie du sie gerne gehabt hättest.

Lass alle Gefühle zu und halte sie Gott hin. Halte auch die Verletzungen Gott hin. Und stelle dir vor, dass Gottes heilende Liebe deine Verletzungen verwandelt. Stelle dir aber auch vor, dass der Verstorbene jetzt bei Gott im Frieden ist, dass er, dass sie dich wirklich geliebt hat, auch wenn die Liebe für dich nicht immer so klar spürbar war. Bitte den Verstorbenen, dir den Rücken zu stärken und bei dir zu sein, um dir weiterhin den Raum von Geborgenheit und Angenommensein zu schenken.

Gott meine Schuldgefühle hinhalten

Oft tauchen in der Trauer auch andere Gefühle auf als der Schmerz über den Verlust. Da ist manchmal Wut darüber, dass uns der geliebte Mensch verlassen hat. Wir werfen dem Verstorbenen vor, dass er gestorben ist, dass er sich nicht genügend um seine Gesundheit gekümmert hat und krank geworden ist oder – bei einem Unfall – nicht ausreichend auf sich aufgepasst hat und leichtsinnig gewesen ist. Oder wir sind wütend auf Gott, dass er uns diesen lieben Menschen genommen hat. Wir verstehen ihn nicht mehr. Wir haben so viel gebetet, dass dieser Mensch gesund wird. Aber er ist gestorben. Wir haben gebetet, dass er friedlich stirbt, aber er ist voller Schmerzen und Verzweiflung gestorben. Wir verstehen die Welt nicht mehr. Wir sind maßlos enttäuscht. Und wir sind unfähig, weiter zu Gott zu beten. Wir haben den Eindruck, dass unsere Gebete leer verhallen.

Manchmal sind wir wütend über Verletzungen, die wir durch den Verstorbenen erfahren haben. Der Verstorbene hat uns manchmal nicht verstanden. Er hat uns übersehen. Er hat uns mit Worten verletzt. Manche trauen sich nicht, diese negativen Gefühle wie Wut und Gekränktsein zuzulassen. Sie fühlen sich schuldig, weil sie doch Schmerz und Trauer empfinden sollten. Vielleicht haben wir aber auch Schuldgefühle, weil wir zum Verstorbenen nicht liebevoll genug gewesen sind. Es fällt uns ein, was wir dem anderen nicht gesagt haben oder was wir ihm zum Abschied hätten sagen sollen. Wir fühlen uns schuldig, dass wir nicht gebührend Abschied von ihm genommen haben. Und wir fühlen uns schuldig, dass wir ihm auch im Leben nicht ganz gerecht geworden sind. Wir haben ihm oft nicht gesagt, was er uns wirklich bedeutet. Und wir fühlen uns schuldig, weil wir ihn verletzt haben. Wir haben ihn manchmal mit Nichtbeachtung bestraft, wenn wir uns verletzt fühlten. Wir haben auf seine Verletzungen mit Kränkungen reagiert. Wir haben manchmal unser Herz ihm gegenüber verschlossen. Wir waren zu sehr auf uns bezogen und haben uns zu wenig auf ihn eingelassen.

Es hat keinen Sinn, die Schuldgefühle zu verdrängen. Aber es hilft auch nicht, sich ständig durch Schuldgefühle zu zerfleischen, sich zu beschuldigen. Sonst ziehen wir uns ständig nach unten. Es hat aber auch keinen Sinn, sich zu entschuldigen und zu rechtfertigen. Denn dann müssen wir immer nach neuen Gründen suchen, warum wir recht haben.

Da hilft unser christlicher Glaube, dass Gott uns unsere Schuld vergibt. Wir sollten sie Gott hinhalten und vertrauen, dass er uns verzeiht. Manchmal kann eine Beichte, in der wir alle Schuldgefühle vor dem Priester aussprechen und dann die Absolution von Gott her ausgesprochen bekommen, helfen, die Schuldgefühle zu begraben und uns selbst zu vergeben.

Und wir sollten uns vorstellen: Der Verstorbene ist jetzt bei Gott. Er macht uns keine Vorwürfe. Er ist im Frieden mit Gott. Er ist auch im Frieden mit uns selbst. Er durchschaut all das, was gewesen ist, und schaut mit dem Blick Gottes auf uns, mit einem versöhnten und dankbaren Blick.

Eine neue Beziehung zu Gott

Die Trauer will mich auch in eine neue Beziehung zu Gott bringen. Die neue Beziehung zu Gott hat verschiedene Aspekte.

Da ist einmal das Bewusstsein: Der Gott, zu dem ich bete, ist der Gott, bei dem jetzt der Verstorbene ist. Gott bekommt gleichsam ein menschliches Antlitz. Ich kann nicht an Gott denken, ohne an die Verstorbenen zu denken, die jetzt sein Angesicht schauen. Ich bete zu dem Gott, der die Verstorbenen auferweckt hat, genauso wie er seinen Sohn Jesus Christus von den Toten auferweckt hat. Und ich bete zu dem Gott, an den der Verstorbene geglaubt, auf den er gehofft und den er geliebt hat. Der Verstorbene verweist mich auf Gott. Gott hat ihn durch sein Leben begleitet. Gott galt seine Sehnsucht. Indem ich an Gott denke, fühle ich mich zugleich verbunden mit dem Verstorbenen, für den Gott das Ziel seines Lebens war und der jetzt dort angekommen ist. Die Beziehung zu Gott lässt sich also von der Beziehung zum Verstorbenen nicht trennen.

Aber die neue Beziehung zu Gott hat auch noch einen anderen Aspekt. Der Verstorbene ist jetzt im Himmel. Aber ich bin hier auf der Erde. Ich kann mich nicht mehr so auf die Verstorbene, den Verstorbenen stützen wie zu Lebzeiten. Jetzt will Gott der eigentliche Grund meines Lebens sein. Und so stellt sich für mich die Frage: Wer ist Gott für mich? Ist er wirklich der Grund, auf dem ich mein Lebenshaus baue? Ich kann im Gebet die Gemeinschaft mit dem Verstorbenen erfahren. Aber zugleich spüre ich auch den Schmerz über das Alleingelassensein. So ist die Trauer die Herausforderung, mich ganz und gar Gott anzuvertrauen mit meinem Schmerz, mit meiner Verlassenheit.

Die Trauer öffnet mich für Gott. Und im Schmerz erahne ich, dass Gott auf dem Grund meiner Seele wohnt. Der Schmerz führt mich in die Tiefe meiner Seele. Dort berühre ich Gott. Und wenn ich Gott in mir berühre, verwandelt sich mein Schmerz in eine Verbundenheit mit ihm und in die Ahnung, dass Gott meine tiefste Sehnsucht erfüllt und dass er die Quelle der Liebe ist, die in mir strömt und die nie versiegen wird. Es ist letztlich die göttliche Quelle der Liebe, an die mich die Verstorbene, der Verstorbene immer wieder erinnert. Ich kann die Liebe zum Verstorbenen nicht mehr so genießen wie früher. Ich spüre die Liebe und zugleich den Schmerz über den Abstand, den der Tod für mich darstellt.

Doch wenn ich mich von dieser schmerzerfüllten Liebe in den Abgrund meiner Seele führen lasse, erkenne ich darin Gott als die Liebe, die stärker ist als der Tod.

Die Phasen der Trauer

Der Trauerprozess durchläuft normalerweise vier verschiedene Stufen. Es kann hilfreich sein, sich diese vier Phasen bewusst zu machen. Man muss dabei aber beachten, dass es keinen typischen Verlauf der Trauer gibt. Jeder Todesfall ist anders, und jeder Mensch trauert auch anders.

Die Psychologin Verena Kast hat die vier Phasen der Trauerarbeit beschrieben. Zuerst ist da das Verleugnen des Todes. Man will ihn nicht wahrhaben. Es kann doch nicht wahr sein. Die Angehörigen wachen morgens auf mit dem Gefühl, sie hätten vom Tod nur geträumt. In Wirklichkeit würde der Sohn, die Tochter, die Ehefrau, der Ehemann noch leben. Viele verdrängen den Verlust eines lieben Menschen, indem sie sich voll auf die Organisation der Beerdigung konzentrieren.

Der zweite Schritt sind die Gefühle, die nun hochkommen. Manche Menschen sind verwirrt, wenn ihre Emotionen ein Gefühlschaos aus Leid, Schmerz und Trauer, aber auch Wut, Neid und sogar Eifersucht und Schuld sind. Sie erschrecken über Wut und Eifersucht, die der Tod eines geliebten Menschen in ihnen auslöst. Sie verbieten sich diese Gefühle und empfinden sie als unpassend. Aber alle diese Gefühle haben ihren Sinn und sie wollen und müssen angeschaut und bearbeitet werden. Da ist eine Frau wütend, dass der Mann sie mit ihren drei Kindern allein gelassen hat. Andere empfinden Schuld, wenn sie das Gefühl haben, dem Verstorbenen gegenüber etwas versäumt zu haben, ihn verkannt oder nicht verstanden zu haben. Oder da ist Wut über Verletzungen, die wir durch den Verstorbenen erfahren haben.

Manche trauen sich nicht, diese negativen Gefühle zuzulassen. Aber auch das gehört zur Trauer. Sie will unsere Gefühle zum Verstorbenen klären. Nur wenn wir alle Gefühle zulassen, können sie sich wandeln, kann sich die Wut in Dankbarkeit wandeln und der Schmerz in Freude und das Gekränktsein in Offenheit.

In der dritten Phase suchen wir nach dem Verstorbenen, nach dem, was uns noch von ihm bleibt. Erinnerungen werden wie

Schätze gesammelt. Immer wieder erzählt man sich, was man mit dem Toten erlebt hat. Oft ist es hilfreich, Briefe nochmals zu lesen, die wir von dem Verstorbenen empfangen haben.

Ich schaue mir nochmals die Bilder an, die ich von ihm/ihr habe. Ich höre die Musik an, die der/die Verstorbene gerne gehört hat. Im Hören seiner Lieblingsmusik erahne ich, was ihn dabei bewegt hat. Und zugleich fühle ich mich im Hören eins mit ihm.

Ich gehe seine Lieblingswege nach. Vielleicht ist er immer den gleichen Spazierweg gegangen. Ich gehe mit ihm und fühle mich im Gehen eins mit ihm.

Natürlich wird da oft auch der Schmerz hochkommen, dass ich jetzt allein diesen Weg gehen muss. Vor allem, wenn wir diesen Weg oft gemeinsam gegangen sind. Ich kann an die Lieblingsorte fahren, die die Verstorbene so gerne besucht hat. Auch hier werde ich oft den Schmerz spüren, dass ich jetzt allein an diesem Ort bin. Aber ich kann dabei auch erahnen, was sie an diesem Ort bewegt hat. Und ich kann mich an die gemeinsamen Erfahrungen erinnern. Vielleicht erscheinen sie mir heute in einem ganz anderen Licht.

Der letzte Schritt besteht darin, eine neue Beziehung zu mir selbst zu finden. Wer bin ich selbst? Wer bin ich ohne den Verstorbenen? Was hat der Verstorbene in mir angerührt? Womit hat er mich in Verbindung gebracht? Was hat er mir über mich selbst gezeigt? Ich soll vom Verstorbenen immer auch auf mich selbst schauen. Die Beziehung zum Verstorbenen bringt mich in eine tiefere Beziehung zu mir selbst. Ich entdecke das Potenzial, das Gott mir geschenkt hat und das der Verstorbene in mir geweckt hat. Ich schaue dann nicht nur wehmütig nach dem Verstorbenen. Ich weiß, dass er in meinem Herzen wohnt.

Die Prozesse der Trauerarbeit enden aber nicht in einem völligen Aufhören der Trauer, wie es bei manchen Beschreibungen des Trauerprozesses den Anschein hat. Trauerarbeit ist nicht dazu da, die Trauer möglichst schnell zu überwinden und den Schmerz für immer verschwinden zu lassen. Es geht in der Trauer nicht um das eigene Davonkommen, sondern auch um den Verstorbenen, um das Hochhalten der Erinnerung an ihn. In der Trauer spielt auch die Treue zum Betrauerten eine Rolle. Weil ich ihm die Treue halte, will ich die Trauer nicht für immer vergessen.

Natürlich wandelt sich die Trauer. Aber wir dürfen uns nicht für krank halten, wenn sie auch nach Jahren immer wieder einmal aufbricht.

Es gibt aber auch die Überforderung in der Trauer. Wir sollen auf der einen Seite nicht meinen, wir könnten die Trauer loswerden. Auf der anderen Seite sollten wir nicht darin stecken bleiben. Trauer ist dazu da, sich großem Schmerz und Verlust zu stellen. Aber auch dazu, um eine neue Beziehung zum eigenen Leben aufzubauen. Es ist immer eine Gratwanderung, die für jeden anders aussehen wird.

Konkrete Hilfe in der Trauer

Ich möchte dir eine Übung vorschlagen. Es braucht den Mut, über die Hemmschwelle zu gehen, die sich dagegen in uns aufrichtet. Aber wenn du über die Hemmschwelle gehst, wirst du spüren, dass dir die Übung guttut.

Nimm dir 20 Minuten Zeit, an den verstorbenen Partner, den verstorbenen Elternteil, das verstorbene Kind einen Brief zu schreiben. Schreibe alle Gefühle auf, die dich bewegen. Schreibe alles, was du dem Verstorbenen gerne sagen möchtest. Denke dir nicht viel aus, sondern versuche, ganz im Schreiben zu sein.

Nach 20 Minuten nimmst du ein anderes Blatt Papier. Jetzt schreibst du einen Brief von deinem verstorbenen Elternteil, von deinem verstorbenen Partner, von deinem verstorbenen Kind an dich selbst. Vielleicht denkst du, das gehe doch nicht, das sind doch meine eigenen Gedanken. Natürlich bist es du, der diesen Brief schreibt. Und es sind deine Gedanken. Aber sie kommen aus einer Tiefe, die du sonst nicht kennst. Versuche auch hier, nicht „im Kopf“ zu sein, sondern „in der Hand“.

Es kann sein, dass dir beim Schreiben viele Tränen kommen. Aber durch den Schmerz hindurch wirst du nachher spüren: Ja, der Verstorbene ist in Beziehung zu mir. Meine Beziehung zu ihm ist gut. Ich spüre sie oder ihn. Und ich will antworten auf sein oder ihr Leben und Sterben.

Rituale und Orte der Trauer

Die Rituale der Beerdigung hast du hinter dir. Das Ritual, das uns mit den Verstorbenen verbindet, ist die Eucharistie. Während wir hier das Mahl Jesu feiern, feiern die Verstorbenen im Himmel das himmlische Hochzeitsmahl. Die Grenze zwischen Himmel und Erde, zwischen Lebenden und Verstorbenen wird aufgehoben. Wir erfahren dadurch intensiv die Gemeinschaft mit den Verstorbenen. Und wenn wir dabei das Vaterunser beten, können wir uns vorstellen, dass wir dieses Gebet jetzt als Glaubende und Zweifelnde beten, während es die Verstorbenen als Schauende beten. Wir können uns beim Beten vorstellen, wie die Verstorbenen diese Worte gebetet und wie sie mit ihnen ihr Leben bewältigt haben

Das gilt nicht nur für das Vaterunser, sondern für alle Lieblingsgebete des Verstorbenen. Wenn ich seine Lieblingspsalmen bete, dann werde ich eins mit ihm. Er betet diese Psalmen und das Vaterunser jetzt als Schauender, während ich sie als Glaubender bete. Das Gebet ist also der Ort, an dem ich eine tiefe Gemeinschaft mit dem Verstorbenen erfahren darf.

Ein Ort, an dem ich die Beziehung zum Verstorbenen erfahre, ist das Grab. Natürlich wissen wir, dass der Verstorbene jetzt bei Gott ist. Aber unsere Trauer braucht einen Ort, eine Heimat. Und dieser Heimatort der Trauer ist das Grab. Dort können wir unsere Liebe zum Verstorbenen auf handfeste Weise ausdrücken. Wir pflegen das Grab. Wir schmücken es mit Blumen. Indem wir das Grab schmücken, bekommt unsere Liebe zum Verstorbenen einen greifbaren Ausdruck. So wie wir den Verstorbenen im Leben herzlich umarmt haben, so drücken wir jetzt unsere Liebe zu ihm aus, indem wir liebevoll das Grab pflegen. Wir schauen auf das Grab und glauben daran, dass der Verstorbene jetzt bei Gott ist und uns auch zu Gott führen möchte. Während wir das Grab pflegen, sind wir im Zwiegespräch mit dem Verstorbenen. Wir erinnern uns an das, was er uns einmal gesagt hat oder wie wir ihn als Mensch erlebt haben.

Auch während des Jahres gibt es viele Rituale, um die Gemeinschaft mit dem Verstorbenen zu spüren, ohne ihn festhalten zu wollen. Da ist die Kerze, die wir an seinem Geburtstag, an seinem Namenstag vor seinem Bild oder die wir an Weihnachten für ihn anzünden und an die Krippe stellen. Dann stellen wir uns vor, dass der Verstorbene mit uns Weihnachten feiert, dass er im Himmel das Geheimnis der Menschwerdung versteht, während wir immer nur versuchen, das Geheimnis von Weihnachten zu erahnen. An Ostern zünden wir eine eigene Osterkerze an für den Verstorbenen. Wir können diese Kerze verzieren mit Symbolen, die etwas über den Verstorbenen aussagen. Dann verstärkt diese Kerze unseren Glauben, dass er auferstanden ist und uns jetzt vom Himmel aus Licht schickt in unsere Dunkelheit.

Segensworte für unterwegs

Segen am Morgen

Barmherziger und guter Gott,
segne diesen Tag.
Du hast ihn mir geschenkt,
damit ich ihn erlebe als eine heilige Zeit –
als eine Zeit, in der du selbst
bei mir bist.
Segne alles, was ich heute in die Hand nehme.
Lass meine Arbeit gelingen.
Segne die Gespräche, die ich führe.
Segne die Begegnungen,
damit ich in jedem Menschen
dein Antlitz aufleuchten sehe.
Segne die Menschen,
die mir am Herzen liegen.
Lass sie nicht allein auf ihrem Weg.
Begleite sie und sende deine heiligen
Engel, damit sie ihre Wege mitgehen
und sie beschützen.
Segne diesen Tag, dass ich ihn im Bewusstsein
deiner heilenden und liebenden Nähe lebe.
Und segne mich, damit ich selbst
zu einer Quelle des Segens werden darf
für die Menschen, die mir heute begegnen.

Segen am Abend

Herr, segne diese Nacht,
dass sie für mich eine heilige Zeit wird,
eine Zeit, in der du selbst
zu mir sprichst im Traum.
Segne meinen Schlaf, damit ich mich erholen
und morgen mit neuer Kraft

wieder aufstehen kann,
um das zu vollbringen,
wozu du mich berufen hast.
Segne mich in dieser Nacht,
damit ich in deinen guten und zärtlichen Händen
geborgen und getragen bin.
Bewahre mich vor Krankheit und Tod.
Sende deine heiligen Engel,
damit sie mich in Frieden behüten.
Und segne auch alle,
die heute Nacht weinen, weil sie traurig sind.
Segne die, die nicht schlafen können.
Zeige ihnen, dass du deine gütige Hand
über sie hältst.
So segne mich und alle,
die mir lieb sind,
der gütige und barmherzige Gott,
der Vater, der Sohn und der Heilige Geist.

Segensgebet

Barmherziger und guter Gott,
du bist die Quelle allen Segens.
Ich bitte dich, segne mich
und segne all die Menschen,
die mir am Herzen liegen.
Halte schützend deine segnende Hand
über die Menschen.
Segne das Werk meiner Hände,
damit meine Arbeit zum Segen wird
für die Menschen.
Segne heute diesen Tag, damit alles,
was ich in die Hand nehme,
gelingen möge.

Segne die Gespräche, die ich heute führen werde,
damit ich ein Gespür bekomme für das,
was die anderen wirklich brauchen.
Segne die Begegnungen,
die du mir heute schenkst,
damit sie zum Segen werden für mich und für die,
denen ich begegne.
Segne all die Menschen, die sich ungeliebt fühlen.
Sende ihnen deinen Segen als Liebe.
Sende deinen Segen als Hoffnung
zu den Hoffnungslosen und Verzweifelten,
als Lebendigkeit zu den Erstarrten,
als Licht zu denen,
in deren Herzen es dunkel geworden ist.
Segne die Menschen, die krank sind
und an sich selbst leiden,
damit sie neue Hoffnung schöpfen.
Segne die Sterbenden, dass sie in ihrem Sterben
das Zeitliche segnen und so zum Segen werden für alle,
die noch in der Zeit sind.

Segne uns alle, damit wir füreinander zum Segen werden.
Erfülle mit deinem Segen die ganze Welt,
damit wir die Welt als Segen erfahren dürfen.
Erfülle alle Menschen, die mir nahe sind,
mit deinem Segen.
Lass uns heute überall deinen Segen erfahren,
in der Stille, im Gebet, in den Begegnungen,
in den Gesprächen, bei der Arbeit und in allem,
was wir erleben.
So segne uns und alle, die uns nahestehen,
der gütige und barmherzige Gott,
der Vater, der Sohn und der Heilige Geist.

Segen der Eltern für ihre Kinder

Guter Gott, segne heute meine Kinder.
Halte schützend deine Hand über sie,
dass sie ihre Wege unter deinem Segen gehen.
Schütze sie vor allem,
was sie vom richtigen Weg
abbringen möchte.
Segne sie, damit sie voll Vertrauen
ihren Weg gehen.
Und segne sie, damit sie klar erkennen,
was ihr Weg zum Leben
und in die Wahrheit ist.
Segne sie,
dass sie sich heute immer und überall
von deinem Segen umgeben wissen,
dass sie sich als Gesegnete fühlen –
als Menschen, die einmalig und wertvoll sind,
die selbst zum Segen werden für andere.
Segne meine Kinder,
dass sie sich nicht durch Enttäuschungen
entmutigen lassen und dass sie nicht resignieren,
wenn etwas nicht nach ihren Vorstellungen geht.
Schenke ihnen Kraft, dass sie sich dem Leben
mit seinen Herausforderungen stellen
und so innerlich wachsen und stärker werden.
Begleite du sie mit deinem Segen dorthin,
wo ich sie nicht begleiten kann.
Ich sende ihnen meine Liebe und mein Wohlwollen.
Aber ich weiß nicht,
ob sie meine guten Gedanken immer spüren.
Ich vertraue deinem Segen,
der sie begleitet und ihre Wege beschützt,
damit sie immer mehr in das Bild hineinwachsen,
das du dir von ihnen gemacht hast.

Segen für einen lieben Menschen

Barmherziger und guter Gott, segne meine Schwester,
meinen Bruder (mein Kind, meinen Freund, meine
Freundin, meinen Mann, meine Frau).
Halte deine schützende Hand über sie/ihn und lass
sie/ihn überall deine heilende und liebende Nähe spüren.
Durchdringe sie/ihn mit deinem Heiligen Geist.
Lass deinen heilenden Geist eindringen
in alle Abgründe ihrer/seiner Seele.
Heile ihre/seine Wunden.
Belebe, was in ihr/ihm erstarrt ist.
Befruchte in ihr/ihm, was vertrocknet ist.
Bringe sie/ihn in Berührung mit der Quelle des Segens,
die in ihr/ihm sprudelt.
Mache sie/ihn so, wie sie/er ist,
zum Segen für die Menschen, denen sie/er begegnet.
Schenke ihr/ihm das Vertrauen,
dass du ihre/seine Wege segnest.
Geh du mit ihr/ihm ihren/seinen Weg,
damit dieser Weg in immer größere Lebendigkeit,
Freiheit und Liebe hineinführt.

Segen für dich

Der barmherzige und gute Gott segne dich.
Er umhülle dich mit seiner
liebenden und heilenden Gegenwart.
Er sei mit dir, wenn du aufstehst
und dich niederlegst.
Er sei bei dir, wenn du aus dem Haus gehst
und wenn du wieder zurückkehrst.
Er sei mit dir, wenn du arbeitest.
Er lasse dein Werk gelingen.

Er sei mit dir in jeder Begegnung
und öffne dir die Augen für das Geheimnis,
das dir in jedem menschlichen Antlitz aufleuchtet.
Er behüte dich auf all deinen Wegen.
Er stütze dich, wenn du schwach wirst.
Er tröste dich, wenn du dich einsam fühlst.
Er richte dich auf, wenn du gefallen bist.
Er erfülle dich mit seiner Liebe,
mit seiner Güte und Milde.
Er schenke dir inneren Frieden.
Das gewähre dir der gute Gott:
der Vater, der Sohn und der Heilige Geist.
Amen.